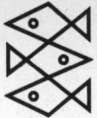

Über dieses Buch Mit beeindruckender Quellenkenntnis breitet der Autor die Geschichte der Hofnarren von der Antike bis in die Neuzeit aus, wobei er besonderen Wert auf die Interpretation ihrer symbolischen Bedeutung legt.

Die Hofnarren waren – sofern es sich nicht um geistig Behinderte gehandelt hat, über die man im Mittelalter grausam lachen konnte – eine Institution, die unter dem Schutz des Königs den König kritisieren, ihm seine Nichtigkeit und die der Welt vor Augen führen durfte.

In Levers Buch finden sich detaillierte wie spannende Lebensbeschreibungen von berühmten Hofnarren, die Geschichte gemacht haben. Sie zeigen, wie wichtig die Stellung des Hofnarren als Symbol und Ausdruck einer sanktionierten Stimme des Volkes war, als Repräsentant des Antihöfischen, dem Redefreiheit gewährt wird, solange er die Wahrheit im Spiegel der Narrheit verkündet und durch Vorgaukeln einer Scheindemokratie die bestehende Ordnung garantiert. Nachdem mit der Abschaffung des absolutistischen Königtums auch die Stunde des Narren geschlagen hat, findet die närrische Kritik der Herrschenden im 19. Jahrhundert in der satirischen Presse Zuflucht, um in unserer Epoche die Züge der subversiven Komik künstlerischer und philosophischer Exzentriker anzunehmen.

Der Autor Maurice Lever, geb. 1935, ist Directeur de Recherche am CNRS, Paris. Veröffentlichungen zu Themen des 17. und 18. Jahrhunderts. Zuletzt erschien eine große Biographie über den Marquis de Sade.

Maurice Lever

Zepter und Schellenkappe

Zur Geschichte des Hofnarren

Aus dem Französischen
von Kathrina Menke

Fischer Taschenbuch Verlag

Das vorliegende Buch ist eine Neuübersetzung
des 1983 unter dem Titel
›Zepter und Narrenkappe. Geschichte des Hofnarren‹
im Dianus-Trikont-Buchverlag, München,
erschienenen Buches.

Veröffentlicht im Fischer Taschenbuch Verlag GmbH,
Frankfurt am Main, August 1992

Die französische Originalausgabe erschien unter dem Titel
›La Sceptre et la Marotte. Histoire des Fous de Cour‹
bei Librairie Arthème Fayard, Paris 1983
© 1983 Librairie Arthème Fayard, Paris
für die deutsche Ausgabe:
© 1992 Fischer Taschenbuch Verlag GmbH, Frankfurt am Main
Lektorat: Walter H. Pehle
Umschlaggestaltung: Buchholz/Hinsch/Hensinger
Gesamtherstellung: Clausen & Bosse, Leck
Printed in Germany
ISBN 3-596-10502-1

Gedruckt auf chlor- und säurefreiem Papier

»Foolery, Sir, walks about
the orb like the sun.
It shines every where.«
Shakespeare,
Twelfth night, III, 1

Inhalt

Erstes Kapitel
Die heilige Torheit 9

Zweites Kapitel
Der Mann mit dem Narrenzepter 29

Drittes Kapitel
Die Gemeinschaft der Narren 60

Viertes Kapitel
Der Hofnarr 83

Fünftes Kapitel
Der Narr als Institution 106

Sechstes Kapitel
Der kluge Narr 140

Siebtes Kapitel
Der Narr im Barock 163

Achtes Kapitel
Der Narr als politische Figur 181

Neuntes Kapitel
»Ein finsteres Vergnügen« 220

Nachwort
Der Narr in heutiger Zeit 238

Anmerkungen 245

Erstes Kapitel
Die heilige Torheit

»Gott hilft den Kindern und den Narren... Alles was sie wissen, sprechen sie aus oder sehen es durch einen göttlichen Instinkt voraus.«
Brantôme

Die Bischöfe des Mittelalters sahen dem Weihnachtsfest jedes Jahr mit Sorge entgegen. In einigen Tagen, bis zum Dreikönigsfest, würden sich die Kirchen in Schauplätze seltsamer Zeremonien verwandeln, die uns unter den Namen »Narrenfest«, »Fest der Dummen« oder auch »Fest der Unschuldigen« bekannt sind. Die Frage war: Welche Wende wird die Raserei des Bildersturms diesmal nehmen, die das Volk Gottes in jenen Tagen mit sich reißt? Bis wohin wird die Gewalttätigkeit gehen? Wird sich auch in diesem Jahr die Ordnung nach dem Chaos wiederherstellen? – Niemand vermochte dies vorauszusagen. War die kollektive Hysterie einmal entfacht, so wurde alles möglich – oder schien zumindest alles möglich zu werden. Ungefähr eine Woche lang gab sich die Gemeinschaft der Christen gleichsam einem fortgesetzten Psychodrama hin.

Diese aus dem Heidentum überlieferten Praktiken hatten eine lange Geschichte. Der heilige Augustin prangerte sie bereits im 5. Jahrhundert an, und die Kirche hat ihre Exzesse seit dem Konzil von Toledo im Jahre 633 gebrandmarkt. Doch der niedere Klerus ignorierte diese Verdammungen, die häufig mit der Drohung der Exkommunikation verbunden waren, und setzte dies schier unvorstellbare Bacchanal weiterhin jedes Jahr in Szene. Denn seltsamerweise rekrutierten sich die Akteure des Narrenfestes nicht aus einfachen Laien, die gegen die Institution der Kirche rebellierten, sondern aus jungen Klerikern, Diakonen und Subdiakonen, die die Gemeinden betreuten (von daher auch der Beiname *festum hypodiaconarum*, »Fest der Subdiakone«). So war das Narrenfest also im Schoße der Kirche entstanden und dank des Eifers dieser Priester jahrhundertelang lebendig geblieben – trotz der Drohungen, die ihre Vorgesetzten über sie verhängten.

»Man sollte dieses Fest eher ›Fest des Teufels‹ nennen, wegen der schrecklichen Unverschämtheiten, der entsetzlichen Skandale und abscheulichen Schandtaten, die mit ihm einhergehen«, schimpfte ein wakkerer Pfarrer im 17. Jahrhundert.[1] Was trug sich in jenen Tagen wirklich zu? Die Bräuche des Narrenfestes sind uns detailliert überliefert, und zwar ausgerechnet durch die Edikte, die ihr Verbot forderten, insbesondere das Rundschreiben von 1444, das die theologische Fakultät von Paris an die Prälaten und Stifte sandte. Zum Weihnachts- oder Dreikönigsfest, je nach Region verschieden, wurde die Meßfeier zu einem richtigen Faschingsfest. Diakone, Subdiakone und Chorknaben traten mit rußverschmierten oder grotesk maskierten Gesichtern in den unglaublichsten Kostümen auf: Einige erschienen als Frauen verkleidet, andere im Narrengewand mit Schellenkappe und Narrenzepter und wieder andere in Theaterlumpen. An diesem Tage drängten sich die Gläubigen zuhauf, um inmitten des allgemeinen Trubels den Klerus »öffentlich und feierlich« die Messe lesen zu sehen.

Während der Messe schritt die Festgesellschaft zur Wahl eines Narrenbischofs (oder Narrenpapstes, nämlich in den Kirchen, die unmittelbar dem Heiligen Stuhl unterstanden). Gewöhnlich wählte man einen einfachen Bettler, dem man mit großem Prunk die Weihen verlieh und das Bischofsornat überzog. Sobald der Neugewählte eingesetzt war, waltete er seines »bischöflichen Amtes«: Mit der Mitra auf dem Haupt und dem Kreuz in der Hand erteilte er dem Volk seinen feierlichen Segen. Dann führte ihn der Klerus mit Tanz und Gesang in den Chor. Beim Altar angelangt, stopfte man sich vor der Nase des Priesters mit Blut- und Bratwürsten voll, bediente sich aus den randvoll mit Wein gefüllten Ziborien, rief sich Flüche und Blasphemien zu, mischte die heiligen Texte mit derben Scherzen, spielte Karten und Würfel... und gab sich noch viel schwerwiegenderen Verstößen hin, die wir uns mühelos vorstellen können, selbst wenn die Zeitgenossen sie nicht genauer beschreiben.

Es gehörte auch zum Brauch, alte Schuhe in den Weihrauchfässern zu verbrennen, um an der heiligen Stätte üble Gerüche zu verbreiten. Nach der Messe strömte der fröhliche Haufen in die Straßen der Stadt und zog auf Kippkarren voll mit Abfällen und Exkrementen umher, mit denen die Gaffer händeweise beworfen wurden. Diesen lärmenden Aufzug begleiteten Tänze, obszöne Gesänge, *lazzi*, Flüche und unwürdige Blasphemien, die den Namen Christi und die übelste Skatologie vermengten. Die wimmelnde Menge, vom Wein erhitzt, steigerte sich nun selbst zur Raserei; auf dem Höhepunkt ihres frevelhaften Treibens ergoß sie sich wie ein Strom glühender Lava durch die Stadt und schleuderte ihre gottlosen Gesänge gen Himmel. Im Mittelpunkt dieses Aufruhrs thronte, »mit Stab, Mütze und Mitra«, der neue Narrenbischof, den witzige Zurufe, ironische Gesten der Verehrung und possenhafte, mit sarkastischen Späßen vermengte Gebete auf seinem Wege begrüßten. Erst dem visionären Genie eines Victor Hugo gelang es (im *Glöck-*

ner von Notre-Dame), diese fantastische Prozession wiederauferstehen zu lassen – wenn nicht in ihrer geschichtlichen Wahrheit, so doch in ihrer Farbigkeit, ihrer Lebendigkeit und ihrem überschwenglichen Taumel.

Vignette aus dem 17. Jahrhundert:
Die Narrheit als Königin der Welt.

Auch wenn man es kaum glauben mag: Bisweilen befanden sich unter den Zuschauern dieser Saturnalien sogar veritable Würdenträger der Kirche. Dies ist eine bewiesene Tatsache. In der Diözese von Reims sah man sogar Bischöfe und Erzbischöfe höchstpersönlich an den Vergnügungen teilnehmen. Wir wissen auch, daß sich die hohen Herren ohne Zögern äußerst freigiebig zeigten und die Kosten der Darbietungen übernahmen. So ließ Philipp der Kühne, Herzog von Burgund, sonst von legendärer Großzügigkeit, der Kirche gegenüber aber ziemlich knauserig, am 1. Januar 1372 in den Händen seiner Kapläne von Dijon sechs schöne Golddinare erklingen, damit sie das Narrenfest in seiner Kapelle würdig in Szene setzen konnten. Ein andermal überreichte derselbe Fürst dem Narrenbischof von Tournai sechs Pfund, weil dieser ihn zur »Erbauung seiner Durchlaucht«[2] mit seinen Gefährten aufgesucht hatte.

Ferner besaßen diese »Karnevalsprälaten« wie die richtigen Bischöfe das Recht der Münzprägung, um der Erinnerung an ihre vorübergehende Würde Dauer zu verleihen. Einige seltene Exemplare finden sich noch in der Bibliothèque Nationale in Paris. Diese Münzen unterschei-

11

den sich von anderen nur darin, daß sie aus Blei sind. Sie tragen den Namen des Gewählten, das Datum seiner Wahl und ein sarkastisches Bilderrätsel an Stelle des Wappens. Selbstverständlich wurden sie von niemandem ernstgenommen, da sie ja offiziell keinen Kurswert besaßen. Dennoch bleibt, daß diese Münzen noch deutlicher als die groteske »Bischofsweihe«, die »Bischofsinsignien« und die burleske »Segnung« zeigen, welchen Stellenwert diese Feierlichkeiten im Bewußtsein des Volkes besaßen. – Wurde nicht das Bild der »verkehrten Kirche« in das Metall der Geschichte eingeprägt, um es vor dem Vergessen zu bewahren?

Der Narrenbischof.
Nach einer Skulptur in der Kirche Saint-Spire
de Corbeil-Essonnes (15. Jh.).
Aus den *Antiquités nationales* von Millin.

Im Mittelalter existierten verschiedene Varianten des Narrenfestes, die wir hier nicht alle vollständig aufzählen können. Die bekannteste, genannt das »Eselsfest«, wurde in mehreren Ortschaften Frankreichs gefeiert, nirgends jedoch so prachtvoll wie in der Kathedrale von Sens. Dieses Verdienst gebührt Pierre de Corbeil, der Anfang des 13. Jahrhunderts Erzbischof der Diözese war. Er hatte selbst dafür gesorgt, daß das Ritual durch eine negative Liturgie geregelt wurde, das sogenannte

»Missale* des Esels«. Das Manuskript stammt, wie es scheint, vollständig aus seiner Feder und wird heute in der Bibliothek der Stadt aufbewahrt. An sich haftet dem Eselskult nichts Erstaunliches an, wenn man bedenkt, welche herausragende Rolle die Heilige Schrift diesem Tier zuweist.[3] Doch waren die Ehren, die der niedere Klerus ihm zuteil werden ließ, vor allem ein Vorwand für eine subversive Parodie.

Wir können die schier endlose Eselsmesse, wie sie uns mit ihren Dialogen, der Musik und den Psalmworten überliefert ist, nicht in all ihren Details beschreiben. Dem Meßbuch nach zu urteilen, muß sie fast ebenso lange gedauert haben wie die damaligen Mysterienspiele, nämlich mehrere Stunden (übrigens steht die Eselsmesse diesen Mysterien auch in Dramaturgie und Inszenierung sehr nahe). Die Eselsmesse begann mit einer langen Prozession, bei der sich die Propheten des Alten Testaments unterhielten. Diese Dialoge wurden durch ein- oder mehrstimmige Gesänge unterbrochen. Danach, genau in dem Augenblick, als die Priester den Introitus *Puer natus est* anstimmten, öffneten sich die beiden Flügel des Haupttors der Kathedrale und ließen den Held des Tages erscheinen: einen Esel in einem reichbestickten Kardinalsrock. Übrigens kam es auch vor, daß das Tier rückwärts am Schwanz hereingezogen wurde. Dann begaben sich zwei Domherren zu ihm, verneigten sich respektvoll und führten das Tier zum Altar, während unter dem Gewölbe, zum Klang der Drehleiern und Blockflöten, die Hymne der Freude und Anbetung ertönte, die diesem bescheidenen Geschöpf gewidmet war:

> *» Lux hodie, lux laetitiae! me judice, tristis*
> *Quisquis erit revomendus erit solemnibus istis*
> *Sint hodie procul invidiae, procul omnia moesta*
> *Laeta volunt, quicumque asinaria festa.«*[4]

Die Narrenmesse wurde nicht nur in den Domen und Stiftskirchen gefeiert; vielmehr hatte sich der Brauch bis in die Klöster der Mönche und Nonnen ausgebreitet. Begünstigt durch deren Isolierung und relative Selbständigkeit gegenüber der weltlichen und religiösen Macht, konnte er sich dort länger erhalten als anderswo. So erfahren wir aus einem Brief des ehemaligen Kartäusers Marthurin de Neuré an seinen Freund, den Philosophen Gassendi, daß das Fest der Unschuldigen in bestimmten Klöstern der Provence *mitten im 17. Jahrhundert* zu Ritusübertretungen führte, die des Mittelalters würdig gewesen wären. Bei den Franziskanern von Antibes wurde an diesem Tag die Messe nicht vom

---

* Meßbuch (Anm. d. Ü.)

Klerus gefeiert, sondern von den Laienbrüdern, den sogenannten *frères coupe choux* (wörtlich: Kohlschneider-Brüder), die gewöhnlich die niederen Dienste verrichteten. An diesem Tag aber streiften sie sich umgedrehte, zerrissene Meßgewänder über, hielten die heiligen Bücher verkehrt herum und taten so, als würden sie mit Brillen darin lesen, deren Gläser durch Apfelsinenschalen ersetzt worden waren. Sie pusteten in die mit Asche gefüllten Weihrauchgefäße und beschmierten sich gegenseitig das Gesicht. »In diesem Aufzug«, so entrüstet sich unser Kartäuser, »singen sie weder Hymnen noch Psalmen, noch die Messe wie gewöhnlich, sondern murmeln wirre Worte und stoßen Schreie aus, die ebenso verrückt, unangenehm und mißtönend sind wie das Grunzen einer Schweineherde.«[5] – Und das unter der Regentschaft von Anna von Österreich und der Regierung Mazarins!

Münzen eines Narrenpapstes aus Chartres und des Erzbischofs der »Innocents« aus Amiens.

Die Kirche setzte alle ihr zur Verfügung stehenden Mittel ein, um diesen »abergläubischen und heidnischen« Brauch aus dem Bewußtsein des Volkes auszumerzen. Doch weder die zornigen Hirtenbriefe aus Rom noch der Kirchenbann, weder die Kirchenausschlüsse noch die Verbote aller Art, die von den verschiedenen Konzilen erlassen und vom Bistum bestätigt wurden, vermochten diesen Bräuchen ein Ende zu setzen. Die periodische Übertretung des Kirchenritus war zu tief im Bewußtsein des Volkes verwurzelt, um sich der Autorität zu beugen. Kurz gesagt: Das heilige Ritual schien das Bild seiner eigenen Lächerlichkeit wie einen unabdingbaren Gegensatz selbst hervorzurufen. Dazu kam, daß die höheren Ortes verkündeten Verdammungen selten in die Praxis umgesetzt wurden, obgleich sie zweifellos die offizielle Lehre der Kirche ausdrückten. Und es ist ja durchaus verständlich, daß der Klerus nicht tatenlos zusehen konnte, wie die Maskenumzüge vorsätzlich die heiligsten Gesetze vergewaltigten, die heilige Messe entweihten, die heilige Liturgie parodierten und der Priesterwürde ins Gesicht schlugen.

Dennoch wurde das Narrenfest im allgemeinen, wenn nicht akzeptiert, so doch weitgehend toleriert. Es fanden sich sogar Leute mitten in der Kirchenhierarchie, die das Narrenfest verteidigten. Zum Beispiel ein ehrenwerter Doktor der Sorbonne, der in einem Rundbrief zu erklären versuchte, daß dieser uralte Brauch nicht nur ungefährlich, sondern sogar heilsam sei: »Wir treiben alle diese Dinge nicht im Ernst, sondern nur zum Spiel, um uns nach alter Sitte zu belustigen, damit die Torheit, die uns naturgegeben ist und angeboren scheint, sich mindestens einmal im Jahr austobt und verflüchtigt. Würde man nicht manchmal den Zapfen herausziehen, um den Weinfässern Luft zu verschaffen, so würden sie bersten. Nun, auch wir sind alte Flaschen und schlecht gefügte Fässer, die der Wein der Weisheit zum Platzen brächte, wenn wir ihn durch ständige fromme Ergebenheit im Dienste Gottes zum Kochen bringen würden.« Dieser verständige Theologe, dessen Name leider nicht überliefert ist, hat vollkommen richtig erkannt, daß die rituelle Übertretung der Norm sogar in ihren Auswüchsen ein unersetzliches Ventil bildete, denn sie entlastete mit einem kurzen Ausbruch das Bewußtsein, das das ganze Jahr hindurch von einer starren Liturgie erdrückt wurde. Im ganzen betrachtet, sicherte also die vorübergehende Unordnung den Fortbestand einer dauerhaften Ordnung.

Nur wenige erkannten damals diese reinigende Funktion des Festes. Die Kirchenautoritäten als solche wollten in dieser Posse niemals etwas anderes sehen als ein skandalöses Fortbestehen heidnischer Riten innerhalb des Christentums und einen untragbaren Angriff auf die sakrosankte Hierarchie der Kirche. Völlig unrecht hatten sie damit nicht. Es ist mehr als wahrscheinlich, daß das Narrenfest die römischen *Saturnalien* fortsetzte, die ab dem 16. Tag der Kalenden des Januars (unserem 17. Dezember) gefeiert wurden und ungefähr eine Woche lang dauerten. Während dieser Zeit fand eine völlige Umkehrung der sozialen

Klassen statt. Die Herren wurden zu Dienstboten ihrer eigenen Sklaven: Diese konnten nun ungestraft Befehle erteilen, die Herren behandeln, wie sie wollten, sie beschimpfen, ihnen befehlen, zu singen, zu tanzen und unanständige Posen einzunehmen, um sie dem Gelächter der Zuschauer auszusetzen. Unter dem Gejohle der Menge mußten die Herren allen Anweisungen ohne Widerrede Folge leisten. Sie hatten weder das Recht, den Gehorsam zu verweigern, noch ihre Sklaven zu bestrafen. Darum wurde dieser Brauch auch »Dezemberfreiheit« genannt. Durch die Umkehrung der Werte ließ die Zeit der *Saturnalien* den Gleichheitsmythos des Goldenen Zeitalters wiederauferstehen, ein Zeitalter, in dem es weder Herren noch Sklaven, weder Arme noch Reiche gibt, sondern »wo das Korn ohne Säen wächst und die Milch in Strömen fließt« (Lucien de Samosate). Im Grunde genommen stellte die Zeit der Auflösung und Narrheit also die Ungeschiedenheit des ursprünglichen »großen Ganzen« wieder her. Auch das Narrenfest, das ja in direkter Linie die Erbschaft der Saturnalien antrat, beruhte auf der Umkehrung der Herrschaftsverhältnisse innerhalb der Kirchenhierarchie. Übrigens wurde diese In-version (Um-kehrung) oder eher Subversion (Um-sturz) offen gefordert, wie u. a. folgende Zeile aus dem *Magnificat* belegt, die bei der »Messe der Unschuldigen« mehrmals gesungen wurde: *»Deposuit potentes de sede et exaltavit humiles.«*

Obgleich nur die kirchliche Hierarchie offen verspottet wurde, ging die Bedeutung des Narrenfestes weit darüber hinaus. Tatsächlich führte es die Vorstellung von einer universellen Umkehrung der Werte und die Kritik jeglicher Machtinstanz ein, sei es der kirchlichen, sei es der gesellschaftlichen oder politischen Ordnungsmacht. Es ist sicher kein Zufall, daß das Narrenfest gerade in dem Augenblick verschwand, als sich die Herrschaftsverhältnisse verhärteten. Der Unterdrücker erträgt das Lachen niemals; dies ist gleichsam der Tribut, den er der Macht des Gelächters zollt.

Weit davon entfernt, die Kirche zu schwächen oder zu gefährden, hatten diese periodischen Krämpfe also eher eine heilsame Wirkung. Die Kirche ging aus diesen Prüfungen gestärkt, erneuert und in gewisser Weise gereinigt hervor. Sicherlich hätten die Ausschweifungen, deren Schauplatz sie wurde, eine schwächliche Frömmigkeit verunsichern können. Aber die Christen des Mittelalters waren aus anderem Holz geschnitzt. Ihre Seele war kräftig und rauh wie die Steine der Kathedralen, die in zahlreichen Reliefs noch die Spur dieser närrischen Tage tragen. Sobald das Fest vorbei war, kehrte man mit neuer Kraft zu den Bräuchen der Väter zurück. Der Leib, der das ganze Jahr über geleugnet wurde, war in seinen wesentlichen Rechten anerkannt, und seine elementarsten Bedürfnisse waren gerechtfertigt. Indem sich das Volk der Christenheit am Fuße des Altars von seinen Trieben befreite, hatte es sich vor Gott in seiner ganzen Nacktheit enthüllt und ihm gleichsam das Opfer seiner geheimsten Wunden dargebracht. Recht betrachtet, hat das Narrenfest also niemals die Konstellation des Heiligen verlassen.

Der Rundbrief von 1444 hatte nicht mehr Wirkung gezeigt als die zahlreichen Drohungen zuvor. Es blieb erst der Erlaß des Parlaments von Dijon vom 19. Januar 1522 abzuwarten, bis das Narrenfest endgültig verschwand. Dieser Erlaß, der Bräuchen ein Ende setzte, die die religiöse Macht seit fast 10 Jahrhunderten vergeblich bekämpft hatte, wurde bezeichnenderweise von der weltlichen Macht verabschiedet. Darin zeigt sich, daß die weltliche Macht mittlerweile an die Stelle der kirchlichen Autorität getreten war. Andererseits sollte man nicht vorschnell daraus schließen, daß sich ein weltliches Parlament dort durchsetzte, wo die höchsten Instanzen der Kirche versagt hatten. In Wirklichkeit war die Schlacht praktisch schon vorher entschieden; der Erlaß von Dijon besiegelte lediglich eine gewisse Ermüdungserscheinung gegenüber diesen Vergnügungen. Trotz vereinzelter Relikte war die kollektive Trunkenheit schon seit langem von selbst verschwunden oder der Routine gewichen. Das Volk war nicht mehr mit dem Herzen dabei. Es wird niemanden wundern, daß dieses Abflauen der Begeisterung mit dem Aufstieg der Renaissance zusammenfällt. Mit dem Narrenfest verschwand einer der wichtigsten Bestandteile der mittelalterlichen Geisteshaltung.

Ein Esel mit Mitra.
Rundbogen der Kirche
Saint-Pierre d'Aulnay
(12. Jh.).

Stich nach einer Zeichnung von Holbein im »Lob der Torheit« von Erasmus.
(Sammlung C. Quétel. Rechte geschützt).

Auf dem Seitenrand des Buchs *Lob der Torheit*, das sein Freund Erasmus gerade veröffentlicht hat, wirft Holbein mit rascher Feder eine ungewöhnliche Skizze auf das Papier: einen Christuskopf mit Schellenkappe. – Wahrhaftig eine merkwürdige Anspielung, denn eins der ersten Bilder christlicher Kunst stellt ausgerechnet einen Gekreuzigten mit Eselskopf dar. Es handelt sich um eine Wandzeichnung aus dem

3. Jahrhundert, die in Pompeji auf der Mauer einer Gefängniszelle gefunden wurde.[6] Außerdem wäre – uns zeitlich näher – auf Georges Rouault zu verweisen, der sich ebenfalls nicht gescheut hat, das Antlitz Christi in die Welt des Zirkus zu versetzen und ihm die pathetischen Züge des weißen Clowns zu verleihen. Was symbolisiert diese merkwürdige Ikonographie, die sich auch in den Skulpturen des Mittelalters wiederfindet, wenn nicht das tiefe Band zwischen Narrentum und Heiligem? Das Bild von »Christus als Gaukler« mag unserer zeitgenössischen Einstellung widernatürlich und als Sakrileg erscheinen, unsere frühen Vorfahren nahmen instinktiv die komische Dimension des Heiligen wahr, ungeachtet der Vorbehalte der Kirchenhierarchie.

Während die mittelalterliche Kirche den vorgetäuschten Irrsinn als Mittel der Verhöhnung, wie z. B. beim Narrenfest, verdammte, verehrte sie umgekehrt den Wahnsinn in seiner wirklichen Gestalt. Besonders wenn er die Züge des Unschuldigen oder des »Armen im Geiste« annahm, der vom Bösen (und daher auch vom Guten) nichts weiß, da ihm die Natur den Vernunftgebrauch versagt hat. Falls erforderlich, liefert uns die Etymologie den Beweis: *crétin* (dt. Kretin, Schwachsinniger) bedeutet nichts anderes als *crétien* (dt. Christ); das alte *crestian* heißt *cagot* (dt. Frömmler), und *benêt* (dt. Einfaltspinsel) kommt direkt von *benedictus*.

Jesus Christus selbst begnügte sich nicht damit, den »Armen im Geiste« glücklich zu preisen; er hat diese schmerzhafte Erfahrung selbst durchlebt. Als er sich vor Pontius Pilatus zum König der Juden erklärte, hielt ihn die Menge für einen Verrückten. Und als ihm die Soldaten nach dem Urteilsspruch seine Kleider auszogen, einen Purpurmantel um die Schultern legten, ihn mit der Dornenkrone krönten, ihm ein Schilfrohr in die rechte Hand drückten und schließlich vor ihm niederknieten und höhnisch riefen: »Heil dir, König der Juden!«, machten sie ihn gewissermaßen zu einer lebenden Karikatur des römischen Kaisers. In der letzten Phase seiner Menschwerdung nahm Christus also die Züge des Unschuldigen, des »Narren wider Willen« auf sich, der das Gelächter des Pöbels hervorruft und schweigend erduldet. In dieser Szene erkennt man die zentrale Figur des gedemütigten Hanswurst, des traurigen Clowns wieder, die unsere Phantasie immer noch heimsucht und der von Kunst und Literatur die unterschiedlichsten Gesichter verliehen wurden, angefangen vom Pierrot lunaire, dem Kasperle, bis hin zu Buster Keaton und den Clochards Samuel Becketts.

Der »Arme im Geiste«, das ist der »Tor, den Gott liebt«, der »Erste im Himmelreich wie auch auf Erden«, weil nur er allein in seinem armseligen, zerrütteten Hirn am geheimen Denken des Allmächtigen teilhat.

Gott gibt ihm die Wahrheit ein, wie er sie den Kindern eingibt. Und was ist der Tor anderes als ein »zurückgebliebenes« Kind, das wie durch ein Wunder in der Gnade der Unschuld verharrt? Wenn die vernunftsbegabten Menschen den Narren verachten, so deshalb, weil sie seine Botschaft nicht kennen oder nicht hören wollen, weil die Wahrheit, die er ausspricht, sie erschreckt. Daher legte die Kirche, die sich gegenüber den Bettlern und sogar den Kranken bisweilen so hart zeigte, den Schwachsinnigen gegenüber eine unendliche Fürsorge an den Tag. Sie bot ihnen Aufnahme in ihren Klöstern, sie nährte und schützte sie. Nicht so sehr, weil die Irren aus der Gesellschaft ausgestoßen sind, sondern eher weil sie den seinen Häschern ausgelieferten Christus verkörpern. Die Kirche achtete sie gleichsam als »Treuhänder« der göttlichen Weisheit. Daher kommt zweifellos das unermeßliche Privileg der Hofnarren, alles sagen zu dürfen, was ihnen durch den Kopf ging. Ursprünglich waren die Hofnarren nämlich wirkliche Schwachsinnige. In den archaischen Gesellschaften besaß der »Arglose« die Freiheit, alles zu sagen und zu tun. Mehr noch: Sein Wort war moralischer Maßstab, dem die abergläubischen Geister Rechnung trugen.

»Was die Welt für töricht hält, hat Gott erwählt, um die Weisen zu beschämen«, erklärte der heilige Paulus in seinem *Ersten Brief an die Korinther.* »Wenn einer unter euch glaubt, weise zu sein in dieser Welt, so werde er (erst) ein Tor, um (wirklich) weise zu werden, denn die göttliche Torheit ist weiser als die Menschen.« Und derselbe Apostel, den man auch gerne den *Kirchenvater der Nationen* nennt, nahm für sich selbst freimütig den Titel des Toren in Anspruch: »Ich spreche töricht, bin ich's doch mehr als sonst einer.« Und rief nicht auch der große König Salomon, der »Gerechte unter den Gerechten«, »der Weise unter den Weisen«, ohne zu erröten aus: »Ich bin der törichtste unter den Menschen!«?

In der Antike wurde dem Irrsinn große Hochachtung entgegengebracht. Man setzte ihn der Epilepsie gleich und schrieb ihn göttlicher Eingebung zu. Daher der Name »heilige Krankheit« (*morbus sacer*) oder im Französischen *haut mal* als Ehrentitel. Man nahm an, daß der Verrückte die Gabe der Weissagung besaß und die Zukunft lesen konnte. Seine Rede erscheint uns nur deshalb zusammenhanglos, weil sie aus der Sprechweise der Orakel hervorgeht und weil wir unfähig sind, den Willen des Himmels zu entziffern. Außer dieser prophetischen Gabe wurde dem Verrückten die Fähigkeit zuerkannt, Sprachen zu sprechen, die er niemals gelernt hatte, zu wissen, was tausend Meilen entfernt geschieht, und sich in Bereichen auszukennen, die ihm eigentlich unbekannt sein müßten. Aus all diesen Gründen flößte der Verrückte eine Mischung aus Furcht und Verehrung ein: Er faszinierte und beängstigte zugleich. Niemand dachte im Traume daran, ihn einzusperren, und noch viel weniger, ihn zu heilen, denn er gehörte in die Ordnung des Heiligen. Man glaubte, seine außergewöhnlichen Fähigkeiten kämen daher, daß seine Seele teilweise aus der Bindung an den Körper entlassen sei und unmittelbar mit den Kräften kommuniziere, die uns beherrschen. So teilte er mit den Sterbenden das Vorrecht, als Prophet zu sprechen. – Ähnlich zeigt der erst kürzlich entstandene Film »Willkommen, Mr. Chance«, wie ein Individuum, das jede Verbindung zur äußeren Wirklichkeit verloren hat, allein wegen seiner Schizophrenie als Orakel unseres Zeitalters gilt…

Obgleich die Renaissance diesem Aberglauben abgeschworen hatte, bewahrte sie eine starke Erinnerung an ihn. In Rabelais' *Gargantua und Pantagruel* überredet zum Beispiel Pantagruel den Panurge, den Rat eines Narren einzuholen, um zu erfahren, ob er heiraten soll und in der Ehe glücklich sein werde. Pantagruel beschwatzt Panurge mit folgenden Worten: »(Ich) hab' oft gehört, daß ein Narr zehn Weise zu belehren vermöcht… Du weißt, daß durch Worte, Rat und Prophezeiungen von Narren schon viel Fürsten, Könige und Staatsmänner vor Schaden bewahrt, viel Schlachten gewonnen, viel Schwierigkeiten gelöst wurden.« Dann erklärt er ihm die Gründe für die Sehergabe der Narren: »Um… durch göttlichen Einfluß vorseherisch… zu erscheinen«, muß einer »sich selber vergessen, aus sich herausgehen, Sinn und Geist von aller irdischen Bedrängnis und Menschensorge rein halten und sich völligem Unbekümmertsein hingeben. Was man so ohnehin gewöhnlich Narrheit schimpft«.[7] Man könnte fast meinen, die Anweisungen für den Werdegang zum Asketen zu lesen. Alles in allem ist ja der Abstand zwischen einem Narr und einem großen Mystiker nicht allzu groß. Noch dazu genießt ersterer den unbestreitbaren Vorteil, daß er von Natur aus und ohne jede Anstrengung das besitzt, was der andere selbst nach Jahren der Kasteiung zu erringen nicht sicher ist. Wie dem auch sei, diese Textpassage zeigt sehr schön, daß zur Zeit Rabelais' die gleichsam heilige Darstellung des Wahnsinns noch nicht vollständig verschwunden war, selbst wenn der Glaubensinhalt hier in ironischem Tonfall abgehandelt wird.

Der Wahnsinn besitzt noch eine andere Macht, die nicht weniger magisch erscheint als die vorher erwähnten, nämlich die Macht, »Götter und Menschen aufzuheitern«, wie Erasmus sagte.[8] Was für ein einzigartiges, scheinbar untrennbares Paar sind doch – recht bedacht – Lachen und Wahnsinn, die sich in der Gestalt des Narren vereinen. Und noch seltsamer ist die Verbindung der »tollen« – d. h. fröhlichen, phantasiereichen, ausgelassenen und derb komischen – Narrheit mit der Religion.

Wer weiß heute schon, daß sich manche Prediger von der Höhe ihrer Kanzel durch ihren apostolischen Eifer zu den unwahrscheinlichsten Verrücktheiten hinreißen ließen? »Bei Gott, wie sie gestikulieren, wie sie die Stimme in allen Lagen spielen lassen, wie sie sich aufrichten, wie schnell sie die Masken ihrer Mienen wechseln, wie sie die ganze Kirche mit ihrem Lärm erfüllen«, spottete Erasmus (ebd.). Die Nachwelt hat uns die Namen Michel Menot, genannt *langue d'or* (Goldzunge), und Olivier Maillard überliefert, die zu ihrer Zeit für ihre Späße berühmt waren. Ersterer war ein Franziskanermönch, der von 1480 bis 1500 in Paris Theologie lehrte. Die Gläubigen liefen zu seinen Predigten wie zu einem Jahrmarktsspektakel. Er hielt sie nämlich in einem Kauderwelsch, das zur einen Hälfte aus Küchenlatein und zur anderen aus einem burlesken Französisch bestand, und spickte die Geschichten aus den Evangelien mit zweifelhaften Scherzen, Wortspielen und mehr oder weniger gewagten Anspielungen, die sein Publikum zum Lachen brachten. Als er beispielsweise eines Tages gegen die Putzsucht der Frauen predigte und darüber, wie lange sie bräuchten, um sich zurechtzumachen, rief er aus: »Eher hat man einen Pferdestall mit 44 Pferden ausgemistet, als daß eine Frau ihre Toilette beendet hat!« Und in diesem Tonfall ging es weiter.

Sein Zeitgenosse Maillard, gleichfalls Franziskaner und Doktor der Sorbonne, zog seine Pfarrherde ebenso erfolgreich an. Man mußte ihn gehört haben, wie er bei seinen Predigten zu Advent und zur Fastenzeit hustete, spuckte, rülpste, mit dem Schluckauf kämpfte, Lautmalereien oder Tierschreie von sich gab und lustige Lieder sang. Was die Derbheit seiner Ausdrucksweise anging, übertrumpfte er seinen Rivalen sogar. Übrigens fehlte es diesem Mann durchaus nicht an Mut. Er nahm niemanden von seinen sarkastischen Bemerkungen aus, selbst den gefürchteten Ludwig XI. nicht, dem gegenüber er sich besonders bissig zeigte, obgleich er sein Hofprediger war. Als er einmal die Gläubigen zu größerer Freigiebigkeit aufforderte, um die Messe für die Seelen im Fegefeuer zu lesen, rief er: »Wenn sie hören, wie die gespendeten Münzen im Becken oder Opferstock erklingen, *ding ding ding*, beginnen sie zu lachen und machen *ha ha ha, hi hi hi*!« Das war die Art von Späßen, die die Gemeinde damals belustigten. Doch es kommt noch besser: Ein anderer Franziskaner (der Orden der Franziskaner war offenbar immer zu Streichen aufgelegt) predigte einmal die Leidensgeschichte Jesu. Er begann ein Kreuzzeichen, sprach das *in nomine patris*, hielt inne, zögerte, begann von neuem *in nomine patris*, hielt wiederum inne usw. und sagte schließlich: »Ich suche den Sohn und kann ihn nicht finden. Was ist aus ihm geworden? Ah, er ist der Raserei seiner Feinde erlegen und wahrscheinlich tot. Ja, meine Brüder, er ist tot. Und ich werde euch sagen, wie dies geschah…«

Und was soll man erst zu Gabriel Barletta sagen, einem neapolitanischen Dominikaner im 15. Jahrhundert, der ebenfalls für seine drastischen Predigten berühmt war und eines schönen Tages seine verblüfften Zuschauer fragte, an welchem untrüglichen Zeichen die Samaritanerin erkannt hatte, daß Christus ein Jude war…

Diese Schrulligkeiten zogen nie einen Tadel von seiten der Kirchenautoritäten nach sich. Offenbar schien hier mehr Nachsicht geboten als anderswo. Die Redner wandten sich schließlich an ein Volk von Kindern, dessen Aufmerksamkeit sie mit allen Mitteln fesseln mußten, sei es auch durch zweideutige Witze. Nun erfüllten diese »Ein-Mann-Shows« hervorragend ihren Dienst; sie brachten Männer und Frauen auf die Kirchenbänke, die eine rauhe Sprache sprachen und gerne über einen derben Scherz lachten. Zudem sollten wir nicht vergessen, daß die meisten mittelalterlichen Laienbrüder eng mit den Leuten aus dem Volk zusammenlebten. Sie teilten ihre Sitten, ihren Geschmack und ihre Lebensweise und amüsierten sich über dieselben Dinge. Damals legte die Kirche noch nicht jene säuerliche Miene an den Tag, die sie später aufsetzte; sie verstand es noch, zu lachen.

Christus
mit Eselskopf.
Graffiti aus dem
3. Jahrhundert.

Brauchen wir noch einen weiteren Beweis für die enge Verwandtschaft zwischen Heiligem und Narrentum? – Nun, manche Spaßmacher am französischen Königshof oder an den Fürstenhöfen gehörten gleichzeitig dem Klerus an, ohne daß der Dienst an Gott der Unterhaltung der Fürsten zu widersprechen schien. Neben dem berühmten Narren Triboulet unterhielt zum Beispiel Franz I. einen Possenreißer namens Ortis, einen zum Christentum übergetretenen Mohammedaner. Ortis hatte sein Gelübde bei den Dominikanern abgelegt, bevor er zum Narrenzepter griff. Das hinderte ihn keineswegs daran, seinen Mönchstitel beizubehalten oder sich in der Ordenskutte beerdigen zu lassen. Ihm zu Ehren verfaßte der Dichter Clément Marot folgende Grabschrift:

> *Sous cette tombe gît, et qui?*
> *Un qui chantait la cochiqui.*
> *Ci-gît que dure mort piqua*
> *Un qui chantait le cochiqua:*
> *C'est Ortis! Oh! Quelles douleurs!*
> *Nous le vîmes de trois couleurs*
> *Tout mort, il m'en souvient encore:*
> *Premièrement, il était more;*
> *Puis en habit de cordelier,*
> *Fut enterré sous ce pilier;*
> *Et avant qu'eût l'esprit rendu*
> *Tout le sien avait despendu.*
> *Par ainsi mourut le folâtre,*
> *Aussi blanc comme un sac de plâtre,*
> *Aussi gris qu'un foyer cendreux,*
> *Et noir comme un beau diable ou deux.**

In den Aufzeichnungen mancher Memoirenschreiber ist öfters von Narren die Rede, die ihren Herren »eine Predigt halten«. Wahrscheinlich taten sie dies zum Spaß und gebrauchten noch mehr Frechheiten und Wortspiele dabei als die Pfarrer. Dennoch bleibt, daß hier das Verb »predigen«, das sonst nie eine komische Nebenbedeutung besaß, eine Parallele zwischen der Sprechweise des Verrückten und des Gottesdieners bzw. der Sprechweise der Verspottung und des Glaubens zieht –

---

* Unter diesem Grabstein liegt einer, aber wer?/ Einer, der sang trallali./ Vom Tode getroffen liegt hier/ Einer, der sang trallala./ Es ist Ortis! Oh, welch ein Schmerz!/ Wir sahen ihn in drei Farben,/ selbst tot erinnert er mich noch daran:/ Erstens war er ein Mohr/ zweitens wurde er in Mönchskutte/ unter diesem Stein begraben/ Und bevor er noch den Geist aufgab/ war all seine Habe dahin./ So starb der Närrische/ ebenso blank wie ein Sack Gips,/ ebenso grau wie ein Herd voller Asche/ und schwarz wie ein hübscher Teufel oder gar zwei.

so als ob beide ihre Eingebung einer gemeinsamen Quelle verdanken oder als ob beide, je auf ihre Art, ein und dieselbe Wahrheit verkünden würden.

Wenn man über das Verhältnis zwischen Narrentum und Religion spricht, muß man auch etwas zu den *Goliarden* sagen. Mit diesem Wort wurden im Mittelalter bestimmte Geistliche bezeichnet, die ihr Gelübde gebrochen hatten und, all ihrer Verpflichtungen ledig, die Welt als Gaukler durchstreiften. Diese Außenseiter der Kirche – nicht zu verwechseln mit den Wanderpredigern, die es zu allen Zeiten gegeben hat – verbreiteten sich im 12. und 13. Jahrhundert über ganz Europa, besonders aber in Frankreich und Deutschland. Sie gaben sich als Schüler eines sagenhaften Bischof Golias aus, dem Prototyp des heruntergekommenen Klerikers, dem zahlreiche zotige Lieder zugeschrieben wurden. Das Phänomen der Goliarden hat nur selten die Aufmerksamkeit der Geschichtsschreiber auf sich gezogen, obgleich es durchaus verbreitet war, nach den zahlreichen Verweisen und Verurteilungen der Synodaldekrete zu urteilen. Zum Beispiel verbot das Konzil von Cahors den Kirchenleuten, den Beruf des Gauklers, Goliarden und Narren auszuüben (*quod clerici non sint joculatores, goliardi, seu buffones*), wenn sie nicht ihre Kirchenprivilegien verlieren wollten. Das war allerdings eine harte Strafe, wenn man bedenkt, daß diese Vorrechte den Kirchenleuten erlaubten, sich der weltlichen Gerichtsbarkeit zu entziehen. Eins der Statuten des Konzils von Treves (1227) wies die Pfarrer an, Strolchen und anderen fahrenden Scholaren oder Goliarden (*alios vagos scolares aut goliardos*) zu verbieten, nach dem *Sanctus*, dem *Agnus dei* oder während der heiligen Messe Lieder zu singen, da sie die Empörung der versammelten Gläubigen hervorriefen. Das Konzil von Château-Gontier (1231) ordnete an, daß heruntergekommene Kleriker, »besonders die, die man Goliarden nennt«, sich den Schädel kahl rasieren müßten. Und im Jahre 1289 verlangten die Synodalstatuten der Diözese von Rodez, diejenigen Priester hart zu bestrafen, die trotz dreimaliger Verwarnung ein Jahr oder kürzer als Goliarden oder Komödianten gelebt hatten (*in goliardi vel in histrionatu*). Gegen Ende des 13. Jahrhunderts schienen die Kinder Golias' jedoch in den Schoß der Kirche zurückgekehrt zu sein; zumindest machten sie immer weniger von sich reden.

Letztendlich weiß man nur wenig über die Sitten dieser fahrenden Kleriker oder »Vaganten«, wie sie auch genannt wurden. Die Kirchenhierarchie warf ihnen besonders ihr Komödiantenmetier und Vagantentum vor. Das Konzil von Salzburg, das 1291, also am Vorabend des Verschwindens der Goliarden, in Paris zusammentrat, brachte indes schwerwiegendere Anklagen vor: Angeblich spazierten die Goliarden nackt in der Öffentlichkeit umher, suchten Schenken, Spielhöllen und Dirnen auf, begingen Gewalttätigkeiten gegen Kirchen und Klöster und griffen den ordentlichen Klerus an. Dennoch sollten wir nicht alle, wie sie da sind, für gewöhnliche Strauchdiebe halten, die die Bürger ausplünderten, die jungen Frauen vergewaltigten und auf ihrem Weg Angst und Schrecken verbreiteten. Leute dieser Art bildeten sozusagen nur die Unterwelt der Goliarden, ihre unkontrollierten Elemente. Auch wenn sie die fade Suppe der Kirchengeschichte mit etwas Pfeffer versehen, dürfen sie nicht den Blick auf das Phänomen der Goliarden in seiner Gesamtheit verstellen. Wir kennen nämlich das Goliardentum von innen, und zwar durch eine genuine Literatur, die sogenannten »goliardischen« Schriften, die eine Sammlung von Hymnen und Gedichten umfassen, darunter auch die berühmten *Carmina Burana*. Bei der Lektüre dieser meist satirischen Werke überrascht vor allem die ungeheure Gelehrsamkeit, von der sie geprägt sind. Das Latein mit seinen Anspielungen auf Vergil und Ovid, das solide theologische Wissen und die elegante Rhetorik sind untrügerische Beweise dafür. Waren die Goliarden Rebellen und Protestler? – Zweifellos. Und ungebildet? – Keineswegs. Diese Leute hatten eine gute Schule hinter sich, hatten eine solide Ausbildung durchlaufen und auch durchaus gute Manieren gelernt. Nur beschlossen sie eines schönen Tages, alles hinzuwerfen und mit dem Bündel über der Schulter auf gut Glück loszuziehen, weil sie die Landstraße und den frischen Wind der Ferne dem Weihrauchgeruch der Sakristeien vorzogen. Wir kennen heute die Arbeiterpriester. Eine ähnliche Sonderrolle spielten damals diese fahrenden Kleriker, die das Leben von Minnesängern führten und von Schloß zu Schloß zogen, wo sie ihre Verse vortrugen oder ihre Farcen vor dem jeweiligen Herrn aufführten (manchmal sogar vor einem Kirchenfürsten), der sie mit einem Almosen, einem Napf voll Essen oder einem Bett im Stroh für die Nacht belohnte. Am nächsten Tag aber zogen sie von neuem auf die Landstraße, neuen Abenteuern entgegen…

Folgten diese fahrenden Mönche, die den kalten heiligen Stätten der Christenheit den Rücken kehrten, nicht dem Beispiel von Christus selbst, der die Pracht der Tempel verließ, um ein Leben als herumziehender Wanderprediger zu führen und auf seinem Weg das kleine Volk von Galiläa aufzurütteln? Wer verkörpert besser als Christus das Ideal des heiligen Possenreißers, der Reichtum und Macht verachtet und die Frohe Botschaft in einfachen, naiven Gleichnissen, gewürzt mit einer guten Dosis Humor, verkündet? Wie die Goliarden wurde auch Jesus manchmal von reichen Leuten eingeladen, um zur Freude des Hausherrn Geschichten zu erzählen oder Wunder zu vollbringen. Seine sarkastischen Ausfälle gegen die Mächtigen zeugen durchaus von satirischer Begabung. Und schließlich gleicht auch sein Tod dem eines Karnevalskönigs, begrüßt vom Gelächter der Menge, zu deren Belustigung er ein Schild trägt, das ihn als »König der Juden« verspottet.

Auch die Goliarden schöpften ihren Glauben aus dieser ursprünglichen Quelle, in der sich Spiel und Gebet ununterscheidbar vermischen, um das Bild von »Christus als Gaukler« oder von »Christus als Clown« wiederzubeleben. Geschah dies aber auf Kosten der Transzendenz? Ganz im Gegenteil, so lautet eine These von Harvey Cox, der wir uns nur anschließen können: »Der Clown weigert sich, in der gegenwärtigen Welt zu leben. Er ahnt eine andere Realität voraus. Er trotzt den Gesetzen der Schwerkraft, verhöhnt die Ordnungshüter und macht die anderen Mitspieler lächerlich…«[9] Andere zeitgenössische Theologen, wie Scott und Berger, stimmen ebenfalls darin überein, daß »in gewissem Sinne der Geist der Komik dem Christentum näher steht als der Geist der Tragik«.[10]

Selbst kirchliche Würdenträger, die eifrig die Abschaffung der Narrenmesse und die Exkommunizierung der Gauklerprediger betrieben, genierten sich nicht, einen Possenreißer bei sich aufzunehmen, der sie unterhalten sollte (dies gilt zumindest für diejenigen, die ein einigermaßen angesehenes Haus führten). Der Brauch ging scheinbar weit bis ins hohe Mittelalter zurück, denn 789 wurde den Bischöfen, Äbten und Äbtissinnen ausdrücklich untersagt, sich Narren zu halten, ebenso wie Jagdhunde, Falken und Sperber. Noch erstaunlicher ist, daß man den Kirchenleuten verbot, selbst diesen Beruf auszuüben! Das ganze Mittelalter über stellten sich die Prälaten jedoch taub und behielten ihre Narren. Wahrscheinlich erachteten sie die Possenreißer als ebenso unentbehrlich für das Ansehen ihrer Stellung wie die Zwerge, Musiker, Jongleure, Tänzer und anderes fahrendes Volk, mit dem sie sich gerne umgaben. Man muß allerdings hinzufügen, daß das entsprechende Vorbild von höchster Stelle kam. Unter bestimmten Päpsten verschmähte es selbst der Heilige Stuhl nicht, diesen Leuten Gastfreundschaft zu gewähren. Bei der berühmten Unterredung in Aigues-Mortes (1539) schenkte beispielsweise Franz I. einem gewissen Le Roux, der in den königlichen Abrechnungen als »Spaßmacher« von Papst Paul II. (Alessandro Farnese) geführt wird, Stoffstücke aus Gold- und Silberfäden sowie eine Goldmedaille im Wert von 13 Pfund.[11]

1212 erneuerte das Konzil, das zur Reform der Kirchensitten in Paris zusammengetreten war, das Verbot für Kirchenleute, Narren in ihren

Dienst aufzunehmen. Freilich wurde diese neue Fassung ebensowenig befolgt wie die alte. Der Konzilsbeschluß sah keinerlei konkrete Sanktionen gegen die Schuldigen vor: Man konnte ja wohl kaum die Subdiakone mit dem Narrenzepter bestrafen und ihre Brotherren, die Exzellenzen, straffrei lassen. So blieb diese unschuldige, obgleich der kirchlichen Würde widersprechende Belustigung noch lange erhalten. Noch 1624 warf der flämische Geschichtsschreiber Antoine Sandner den Bischöfen und Äbten vor, sich mit Possenreißern und Freudenmädchen zu amüsieren, anstatt »sich beim Studium zu entspannen«.

Nur als Kuriosum sei erwähnt, was Pierre-Jean Grosley vom »Narren« des Kardinals von Fleury zu berichten wußte. Grosley hatte den Spaßmacher 1738 im Schloß de la Muette gesehen, wie sein Herr in Kardinalstracht gekleidet: »Er trug ein rotes Käppchen, einen Hut mit Goldschnur, rote Strümpfe und ein violettes oder purpurnes Gewand. Er saß auf einem Maultier, dem eine Decke übergelegt war wie dem der Kardinäle in Rom, und wurde von den Höflingen ›Exzellenz‹ genannt. Der Mann, ein Provencale, war ungefähr sechzig Jahre alt, sehr tölpelhaft, ziemlich eingebildet und ein bißchen dumm...« Allerdings sollten wir unseren Chronisten nicht allzu wörtlich nehmen, denn er erlaubte sich selbst gerne einen Scherz. Tatsächlich war das eigentliche Amt des Hofnarren im Zeitalter der Aufklärung bereits verschwunden. Der Spaßmacher des Kardinals von Ludwig XIV. spielte wahrscheinlich eine ganz ähnliche Rolle für seinen Herrn wie der »spaßige Abt von Broisrobert« für Richelieu oder wie Bautru für Mazarin. Letztere waren nämlich zugleich Günstlinge, Vertraute und Sekretäre, vor allem aber Männer von Geist, der eine wie der andere gefürchtet wegen seiner beißenden Spottlust.

Zweites Kapitel
Der Mann mit dem Narrenzepter

Gegen Ende des Mittelalters betritt eine schillernde Gestalt die Bühne unserer Bilderwelt. Ihr Gesicht wird von einer Schellenkappe mit Eselsohren umrahmt, und in der Hand hält sie ein Narrenzepter. Ihr Bild, das bereits um 1350 flüchtig auf dem Seitenrand eines Würzburger Psalters aufgetaucht war, konnte sich dank der Erfindung Gutenbergs vervielfältigen und im ganzen Abendland verbreiten. Je bekannter und populärer diese Gestalt wurde, um so stärker wurde ihr Symbolgehalt. Besonders ein Buch hat ihr einen festen Platz im Bewußtsein der Menschen verschafft.

Am Karnevalstag 1494, als sich ein Strom von fröhlichen Menschen durch die Straßen von Basel drängte, nahm der Drucker Bergmann von Olpe die letzten Seiten des *Narrenschiffs* aus der Druckerpresse. Auf fast allen Seiten dieses Werks findet sich ein grobkantiger Holzschnitt, der von Bannsprüchen des Theologen Sebastian Brant umrahmt wird. Mehr als die Hälfte dieser Holzschnitte stammt von Albrecht Dürer, dem Meister aus Nürnberg. Dürer war das Bild des Narren aus seiner Kindheit wohlbekannt. Zweifellos hatte er die Karnevalsspiele miterlebt, die alljährlich in seiner Heimatstadt stattfanden; möglicherweise hatte er sogar selbst an dem sogenannten *Schembartlauf* teilgenommen, bei dem die Zünfte in einem fröhlichen Zug durch die Straßen defilierten. Wenn ihn auch keine wirkliche geistige Gemeinschaft mit dem Straßburger Theologen verband, einte sie doch eine gemeinsame Bilderwelt: die gesamte Menschheit – ein heilloses Durcheinander von Narren, die sich auf einem überfüllten, ziel- und steuerlos umherirrenden Schiff drängen. Dieses Bild war in Dürers Augen sicherlich sehr verführerisch, gingen doch für ihn die tragische Seite der Dinge und die Grimasse des Spotts untrennbar Hand in Hand.

Es ist sicher kein Zufall, daß das *Narrenschiff* mitten im Karneval erschien. Brant bediente sich gerade des Festspaßes, um den Spaßverderber zu spielen. Seine Antwort auf den schwindelerregenden Reigen, der die Christen an diesem Tage mit sich riß, war dieser Nachen voller mißgestalteter Gnome, die sich inmitten einer wirren Kaskade von Eselsohren, die in alle Richtungen abstehen, aneinanderklammern und ihre Schellen gen Himmel schütteln. Den heiteren Karnevalsmasken setzte Brant verzerrte, leidende Gesichter entgegen, Gestalten mit gerunzelter Stirn und stumpfsinnigem, krampfhaftem Lachen, mit leeren

Blicken und hochgezogenen Lefzen wie verängstigte Affen, die sich gegen die Reling drängen oder über Bord springen. Karneval und *Narrenschiff* verhalten sich zueinander wie die beiden Seiten ein und derselben Metapher: einerseits die spielerische Narrheit, die im Gegensatz zum pathologischen Irrsinn steht und für kurze Zeit die anarchischen Kräfte des Instinkts freisetzt. Und andererseits – dies ist die Seite Dürers und Brants – der Irrsinn des Sünders, der die Leidenschaft und Laster der pflichtvergessenen Menschheit anklagt und für den *ordo humanitatis* eintritt.

In dieser Zeit, Ende des 15. Jahrhunderts, übte die stereotype Narrengestalt eine Faszination aus, die der Stärke ihres Symbolgehalts entsprach: »Drohung und Verlachen, schwindelerregende Unvernunft der Welt und unbedeutende Lächerlichkeit des Menschen«.[12] Die Gestalt des Narren tauchte überall auf, besonders in den zahllosen *Narrenschiffen*, die dem von Brant folgten, aber auch bei Bosch und Brueghel und sogar in den mittelalterlichen Flugschriften. Der Narr war das Spiegelbild der *conditio humana*. Er veranschaulichte den Satz des *Ekklesiastikus*, der zum Credo einer ganzen Epoche wurde: *Stultorum numerus infinitus est* (Die Zahl der Narren ist unendlich). Bezeichnend hierfür ist ein Bild aus der *Schelmenzunft* von 1512, demselben Jahr, in dem auch die berühmte *Narrenbeschwörung* von Thomas Murner erschien. Auf diesem Bild sieht man einen Narren, der in einem um den Hals geknoteten Saattuch eine Vielzahl kleiner Narren trägt, die ihm alle

Der Narrensämann. Holzschnitt aus
dem 19. Jahrhundert nach der *Schelmenzunft* (1512).
Foto: Rechte geschützt.

Holzschnitte von Dürer aus dem *Narrenschiff* von S. Brant (1494).
Foto: Stadtbibliothek von Caen (Sammlung C. Quétel).

Antichri=
stus.

Nauis sancti petri.

gleichen und die er auf einem Acker aussät. Die Allegorie spricht für sich: Narrheit bringt nur Narrheit hervor; der Irrsinn vermehrt sich unaufhörlich, bis ins Unendliche. Der Narr wurde also niemals als eine Laune der Natur, in seiner Einzigartigkeit und Individualität aufgefaßt; er galt vielmehr als Vertreter eines Stammes, den der Antichrist beherrscht. Durch eine merkwürdige Umkehrung der Werte, die von der pathologischen Ordnung (der Narr als monströse Ausnahme) zu einer universell gültigen metaphorischen Ordnung übergeht, büßte das Konzept der Narrheit die positiven Werte ein, die ihm bisher beigelegt wurden, um nun gleichsam von der Hölle dieser Welt Rechenschaft zu geben.

Der mittelalterliche Mensch betrachtete den Irrsinn als Sinnbild des Bösen schlechthin. Der Narr bietet der Unordnung und spontanen Raserei Raum, die die Pfeiler der Moral und der Religion erschüttern. Als Feind jeglichen organisierten Systems arbeitet er am Untergang der Gesellschaften und Kulturen, er verdirbt und zersetzt. In ihm leben sich die zerstörerischen Triebe des Unbewußten hemmungslos aus. Während sich die Narrheit im ursprünglichen, eigentlichen Sinn (*sens propre*) eher positiv darstellte, erweist sie sich im figurativen Sinn (*sens figuré*) eindeutig als negativ besetzt. Dies gilt besonders für das Begriffsbild (*concept-image*) des »Manns mit dem Narrenzepter«. Ohne Zögern verlieh ihm das Mittelalter die Züge des Dämons, doch nicht die jenes schlauen, perversen Dämons, den man den »Bösen« nennt, sondern die eines anderen, noch gefährlicheren und heimtückischeren, nämlich des Dämons der Unschuld, der Regression ins Unartikulierte, Niedrige und Tierische. Im ewigen Konflikt zwischen Schatten und Licht erschien der Narr als Abgesandter der Finsternis. Sein stereotypes Bild verbannte ihn ein für allemal in den Bereich der animalischen Triebe. Dennoch blieb der Narr weiterhin zutiefst unschuldig. Da er nicht über sich selbst verfügte, ließ er sich widerstandslos in die dunklen Tiefen des Animalischen ziehen. Beständig mit dieser gleichsam tierhaften Gestalt konfrontiert, nahm der mittelalterliche Mensch diese Vorstellung unvermittelt, *naiv* und restlos in sich auf: Das Monstrum war Teil seiner alltäglichen Landschaft.

Der Narr als Sinnbild der Negativität spielte seine Rolle teilweise bis zur völligen Vernichtung. Tatsächlich fand der Tod in einer verrückten Laune zuweilen Gefallen daran, Leichentuch und Sichel gegen Schellenkappe und Narrenzepter auszutauschen. In mehr als einem *Totentanz* trat er in dieser Verkleidung auf. Nicht nur, wenn er einen Narren mitnimmt – was alles in allem nicht außergewöhnlich wäre, denn der Tod nähme nur die Gestalt seines Opfers an, wäre buchstäblich *sein*

Der Narr als Gotteslästerer. Holzschnitt aus dem 15. Jahrhundert.
Foto: Stadtbibliothek von Caen (Sammlung C. Quétel).

Der Narr als Antichrist. Holzschnitt aus dem 15. Jahrhundert.

Tod –, sondern auch, wenn er eine andere Person holen kommt, sei es einen Kaplan wie im *Totentanz* in der Bibliothek von Heidelberg (um 1465) oder eine Königin wie im *Totentanz* von Holbein. In manchen Szenen des *Triumph über den Tod* setzte auch Brueghel dem Tod die berühmte Eselskappe auf. Und als Holbein wiederum einen Narren zeichnete, der dem Tod gehorsam folgt, erfaßte er eine charakteristische Geste des Unvernünftigen: Der »Blinde im Geiste« weiß nicht, wohin man ihn führt.[13] Diese Gleichsetzung von Narr und Tod veranschaulicht die Wende, die sich in der zweiten Hälfte des 15. Jahrhunderts vollzog und die Michel Foucault anschaulich folgendermaßen beschrieb: »Die Zerstörung durch den Tod bedeutet nichts mehr, weil sie bereits alles bedeutet, denn das Leben selbst besteht nur aus Abgedroschenheit, hohlen Worten, leerem Geklingel und Narrenschellen. Der Kopf, der zum Schädel werden soll, ist bereits leer. Der Wahnsinn ist die bereits hergestellte Präsenz des Todes.«[14]

Dieses Negativbild der Narrheit, das durch das Alte Testament und die Kommentare der Schriftgelehrten überliefert worden war, fand seinen vollendeten und stärksten Ausdruck im *Narrenschiff*. Sebastian Brant bediente sich des Irrsinns als Instrument der Unterdrückung; er versuchte, die monströse Sinnlosigkeit eines Universums aufzuzeigen, in dem es keine Gesetze und Verbote mehr gibt. Gleichzeitig aber übte die Gestalt des Narren, gerade weil sie das Böse in sich kristallisierte, stellvertretend eine befreiende Wirkung aus. Sie nahm die Schwächen, Sünden und Laster der Menschheit auf sich; sie dämmte die Gewalt ein, lenkte sie von ihrem Objekt ab – mehr noch: Sie garantierte die Aufrechterhaltung der Ordnung. Im Durchgang durch die imaginäre Bilderwelt nahmen die Kräfte der Übertretung rituelle Formen an und verwandelten sich in ein Schauspiel. Unordnung und Unruhe gehörten nicht mehr zur Realität, sondern in die Ordnung des Spiels. In gewissem Sinne erfüllte das Begriffsbild des Narren die gleiche Funktion wie das Narrenfest.

Genaugenommen wurde das Bild des Narren weder von einem Körper noch von einem Gesicht geprägt, sondern von einem Gewand und bestimmten symbolischen Attributen. Das Hauptrequisit des Kostüms, die Kapuze, Kappe oder Haube, gehörte ursprünglich zur allgemeinen Tracht. Im 13. und 14. Jahrhundert trug sie jedermann, Bauer wie Bürger, Fürst wie Magistrat oder Kurtisane, ja sogar der König selbst. Doch in der Zeit, als man die Kappe dem Narren aufsetzte, war sie bereits aus der Mode gekommen. Es handelte sich also um ein unzeitgemäßes Beiwerk, das genauso lächerlich erschien wie heutzutage die Melone oder der Zylinder, die ebenfalls beide von den Clowns aufgegriffen

Die Narrheit nimmt die Züge des Todes an (1540 und 1541).
Nationalbibliothek (Sammlung C. Quétel).

wurden. Tatsächlich ist festzustellen, daß die Verulkung oft den Trödelkram zu einem zweiten Leben erweckt. So stellt der dumme August, wie wir ihn heute kennen, eine Karikatur der Mode und ihres Regelsystems dar.

Die Kapuze mit den langen, schellengeschmückten Eselsohren faßte den Kopf des Narren vollständig ein und ließ nur das Gesicht frei, so daß das Ganze einem Tierkopf glich, auf dem eine menschliche Maske sitzt. – Aber warum ausgerechnet ein Esel? Zum einen verkörperte dieser Vierbeiner von jeher Unwissenheit und Sinnlichkeit; vor allem aber wurde er lange mit dem Motiv des Wahnsinns in Verbindung gebracht. Martial berichtete bereits im 1. Jahrhundert nach Christus, daß die Narren auf ihrem spitzen Kopf lange Ohren trügen, die sich wie die eines Esels bewegten (*quasi sic moventur ut sollent asellorum*).[15] Und seit den *Etymologiae* von Isidor von Sevilla deutete man das Wort *asinus* als *in-sania* (un-vernünftig). Während die Eselin in der Mythologie häufig eine positive Rolle spielt (z. B. in der Geschichte vom falschen Propheten Balaam oder als Reittier von Jesus Christus beim Einzug in Jerusalem), ist die des Esels fast immer negativ besetzt. Ob beim Eselsfest, im *Goldenen Esel* von Apulejus oder in der Legende vom König Midas, er verkörpert stets den gefallenen Menschen. Übrigens parodierten die beiden Eselsohren, die aus der Kappe des Narren hervorragen, die beiden Spitzen der Bischofsmütze, welche ihrerseits, den Liturgien zufolge, das Alte und das Neue Testament symbolisieren. Im 16. Jahrhundert stößt man sehr häufig auf die Redensart vom *gehörnten Bischof* (*episcopus cornutus*).[16] Da die Kappe schließlich nur noch von Narren und Mönchen getragen wurde, gab diese doppelte Verwendungsweise zu zahlreichen boshaften Anspielungen Anlaß, wie man sich vorstellen kann. Ein Beispiel ist die Verwandlung eines Mönchs in einen Narren der *Basoche** von Clément Marot.

> *Attachez moi une sonnette*
> *Sur le front d'un moine crotté,*
> *Une oreille à chacun côté,*
> *Du capuchon de sa caboche,*
> *Voilà un sot de la Bazoche.*[17]**

---

* Die Basoches waren eigentlich die Standesorganisationen der Gerichtsbeamten an jedem wichtigen Gerichtsort. Die Basoche des Parlaments von Paris umfaßte später nur noch die, die für die Prokuratoren arbeiteten. Sie war militärisch in Kompanien unterteilt und hielt Umzüge und Paraden närrischen Charakters ab. Unter anderem führten sie öffentlich Moralsatiren auf. (Anm. d. Ü.)

** Befestigt ein Glöckchen/ an der Stirn eines schmutzigen Mönchs,/ Ein Ohr an jeder Seite/ der Kapuze seiner Kutte,/ und fertig ist ein Tölpel der Basoche.

Titelseite der *Grands et inestimables chroniques du grand et énorme géant Gargantua* (1532).

Das Narrenkostüm wurde durch einen Kittel vervollständigt, der am Rand in Zacken ausgeschnitten war, die – ähnlich wie die Rauten des Harlekinkostüms – im Gegensatz zur strengen, geraden Linie Zerstreutheit, Unstetigkeit und Phantasie signalisierten. Dieses Gewand wurde in der Taille von einem Gürtel zusammengehalten, in dem auf der einen Seite ein goldenes Holzschwert steckte, auf der anderen ein Stab, an dem eine aufgeblasene Schweinsblase hing, die wiederum mit einer Handvoll getrockneter Erbsen gefüllt war. In *Gargantua und Pantagruel* schenkt Panurge dem Triboulet genau solch eine Blase, um sich seiner Gunst zu versichern: »Alsbald schenkt' ihm Panurg eine stattliche und wohlklingende Schweinsblase – denn es waren Erbsen drin –, ferner ein vergüldet Holzschwert, ein klein Jagdtäschlein (usw.).«[18] Wie der Leser bereits erraten haben wird, sollte die Schweinsblase den leeren Kopf des Narren symbolisieren. Schon die

Römer gebrauchten ja die Redewendung *pisa in utre perstrepentia* (»in einem Schlauch klappernde Erbsen«) im Sinne von »ein Schwall leerer Worte«.

Doch der ganze Narr war gleichsam ein Klangkörper: Ein schrilles Klingeln begleitete all seine Gesten und kündigte sein Erscheinen an. Der unharmonische Mißklang der meist wild geschwungenen Glöckchen deutete auf die unorganisierte Materie, das ursprüngliche Chaos hin. Im Mittelalter glaubte man, daß die Geisteskranken einen Stein, den sogenannten »Narrenstein« im Kopf hätten, und manche Scharlatane behaupteten, ihn durch einen Einschnitt in der Stirn herausholen zu können. Zu diesem Thema gibt es eine Fülle von satirischen Bildern. Auf einem dieser Stiche, der Lukas von Leyden zugesprochen wird, sieht man einen solchen »Chirurgen« ein Operationsmesser halten, das kurioserweise von einer Schelle geziert ist. Wollte man damit beweisen, daß der Arzt geschickt genug sei, das Glöckchen nicht zum Klingeln zu bringen? Oder sollte angedeutet werden, daß er genauso verrückt war wie sein Patient? Oder wurde damit auf einen Zusammenhang zwischen dem Stein im Kopf des Patienten und dem kleinen Glöckchen in der Schelle hingewiesen? Wie dem auch sei – wo Schellen sind, herrscht Unordnung, Fest und Narretei. Wurden nicht die Sistern* bei den Initiationsfeiern von Isis und Bacchus von Schellen begleitet? Und heißt es nicht andererseits auch, daß die Schellen ähnlich wie die Kirchenglocken Dämonen und böse Geister vertreiben? Schaffen sie nicht in diesem Sinne eine Aura der Unschuld um den Narren?

Die Schelle hat noch mit einer anderen Art Stein zu tun, nämlich mit den *klingenden Steinen*, die Gargantua gierig verschlingt. Diesen Vergleich hat Jean-Marie Lhôte in seinem bemerkenswerten Buch *Le Symbolisme des jeux* aufgestellt. Er verweist besonders auf eine Figur, die auf der Titelseite der *Grandes et inestimables chroniques du grand et énorme géant Gargantua* (1532) wiedergegeben ist. Diese Gestalt trägt auf dem Rücken eine riesige Kugel, die einer Schelle ähnlich sieht, aber ebensogut die Erdkugel darstellen könnte. Der Stein symbolisiert die *Mutter Erde*, und die Schelle, die die Narrenkappe oder die Kinderrasseln ziert (die ja auch meist kugelförmig sind), ist ein klingender, magischer Stein, dem eine mächtige Symbolkraft innewohnte.[19]

Das wesentliche Attribut des Narren, das Sinnbild seiner Macht, war freilich das Narrenzepter, das spöttische Gegenstück zum Herrscherstab. Bis auf wenige Varianten sah das Narrenzepter immer gleich aus: Es bestand aus einem Stab, an dessen Ende ein Narrenkopf mit einer

* Musikinstrument (Anm. d. Ü.)

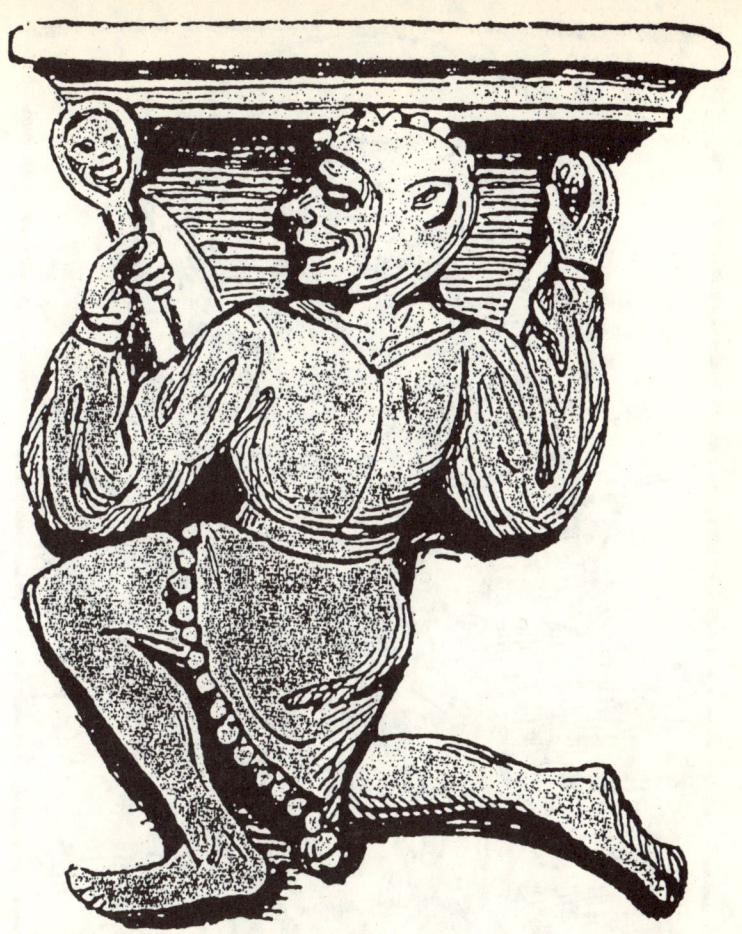

Chorstuhlmiserikordie (15. Jh.). Ein Narr mit Zepter, der in der rechten Hand einen Narrenstein hält. Ehemalige Kirche in Diest (Belgien). Nach L. Maeterlinck, *Le genre satirique, fantastique et licencieux dans la sculpture flamande*. Foto: Rechte geschützt.

Schellenkappe befestigt war. So wie der Narr den lächerlichen Doppelgänger des Königs darstellte, war das Narrenzepter die Dublette des Narren selbst, dessen eigenes verkleinertes Abbild. Das Narrenzepter reflektierte den Narren gleichsam ins Unendliche; es war der »Narr des Narren«, sein Spiegelbild und Widerschein. Übrigens ist das französi-

Ein Narr, der die Welt auf seinem Rücken trägt.
Holzschnitt aus dem 15. Jahrhundert.
Fotos: Stadtbibliothek Caen (Sammlung C. Quétel).

sche Wort *marotte* (»Narrenzepter«) eine Verkleinerungsform von *Marie*, das im Argot *mariolle* (s. *faire la mariolle*, »angeben, sich aufspielen«) ergeben hat und im Mittelalter eine Heiligenfigur oder eine Puppe bezeichnete. Daß das Narrenzepter einen phallischen Ursprung hat, ist mehr als wahrscheinlich. Es leitete sich von dem *phallus* ab, dem Fruchtbarkeitssymbol, das in den Prozessionen der Dionysosfeiern mitgeführt wurde und, wie Suidas beschreibt, aus einem langen Holzstab bestand, an dessen Ende ein erigierter Penis aus Leder als Symbol befestigt war. Noch Anfang des 13. Jahrhunderts konnte man in Clermont während der Silvesterfeiern junge Männer, maskiert und als Narren verkleidet, durch die Straßen laufen sehen, mit Schlegeln bewaffnet, »die mit Stroh oder Füllhaar als Ruten geformt waren, mit denen sie Männer und Frauen schlugen«.[20]

Man könnte fragen, ob zwischen den verschiedenen Insignien des Narren und denen der Geisteskranken im Mittelalter eine Verbindung bestand. Was die Kapuze angeht, ist das nicht sicher. Die Schellen hingegen könnten wie die Klapper der Aussätzigen dazu gedient haben, die Menschen vor ihrem Kommen zu warnen. Und was das Narrenzepter betrifft, so entwickelte es sich vermutlich aus der Keule, mit denen sich die Schwachsinnigen gegen diejenigen verteidigen konnten, die sie mit Steinen bewarfen.

Das Narrengewand war üblicherweise in Gelb oder Grün gehalten, den Farben des Wahnsinns. Vor allem die gelbe Farbe hatte im Mittelalter einen äußerst schlechten Ruf, der sich zum größten Teil den unheilvollen Wirkungen verdankte, die dem Safran zugeschrieben wurden. Diese im Volksmund »Krokus« genannte Pflanze soll tatsächlich eine ätherische Substanz enthalten, die stark auf das Nervensystem einwirkt und Gelächter, ja sogar Anfälle von Wahnsinn hervorruft, wenn man ihren Duft zu lange einatmet. Von daher das Sprichwort *crocus stultus non eget* (»Der Narr braucht keinen Safran«) und die Redewendung *crocum edisse* (»Safran gegessen haben«), womit man denjenigen bezeichnete, der bei jeder Gelegenheit in Lachen ausbricht. Früher sagte man von einer untreuen Frau, *sie bereite ihren Mann mit Safran zu* (Gelb ist auch heute noch die Farbe des Hahnreis), und von einem Mann, der schlechte Geschäfte macht, daß er *am Safran sei*. Außerdem heißt es, die Gelbsucht komme vom Ärger, und in der Gewerkschaftssprache ist ein »Gelber« ein Streikbrecher. Verwiesen sei auch auf die sogenannte *gelbe Gefahr* mit ihren Nebenbedeutungen von Hinterlist und Grausamkeit und auf das »gelbe Fieber«, das allerdings im Spanischen *vomito negro* heißt. Wie man sieht, hat die Angst und Abscheu vor der Farbe Gelb zahlreiche Spuren in unserem Wortschatz hinterlassen.

Im Mittelalter war Gelb die Farbe der Niedrigkeit und des Schand-
pfahls sowie der Lakaien, namentlich der Knechte, die bei den Hinrich-
tungen der Hohen Justiz mitwirkten. Außerdem wurde sie der Prosti-
tution und den Verrätern zugeordnet. So kennzeichnete der Henker
das Haus des Hochverräters mit dem Schandmal, indem er dessen Tür
gelb anmalte. Eine Darstellung aus der Zeit Ludwigs XII. zeigt einen
öffentlich Abbuße leistenden Franziskanermönch, der ein halb gelbes,
halb grünes weltliches Gewand trägt und in der Hand einen bunten
Strohwisch in denselben Farben hält. Gelb war auch das Schandmal der
Juden. Das Konzil von Arles hatte 1254 die Anordnung erlassen, daß
die Juden auf der Brust ein rundes Stück Stoff – das Rädchen – tragen
mußten, damit man sie von den Christen unterscheiden konnte. Und
Ludwig der Heilige forderte wiederum, daß dieses Zeichen gelb sein
müsse. Miniaturen aus dem 14. und 15. Jahrhundert zeigen Juden, die
nicht nur das Schandmal tragen, sondern ganz in dieser fluchtbeladenen
Farbe gemalt sind. Wie man sieht, brauchte das Dritte Reich nur an
diesen mittelalterlichen Antisemitismus anzuknüpfen, als es das auser-
wählte Volk zum Tragen des gelben Sterns – diesem Zeichen unheilvollen Angedenkens – zwang. Übrigens teilten die Juden dieses traurige
Vorrecht mit den Ketzern, von deren gelben Bußgewändern – eine Art
Kittel, das die Opfer der Inquisition auf ihrem Weg zur Hinrichtungs-
stätte trugen – sich das Andreaskreuz farblich abhob. Bußfertige Ketzer
mußten ihr ganzes Leben lang eine Mönchskutte ohne Kapuze mit gelben Kreuzen auf der Vorder- und Rückseite tragen.[21]
Die Farbe Grün genoß keinen besseren Ruf als das Gelb (sein Nachbar
im Farbenspektrum). Während Grün in unserem Zeitalter als Symbol
der Hoffnung gilt, war es im Mittelalter das Sinnbild für Schande und
Zerfall. Bei den Autodafés wurde in der Prozession ein grünes, mit
schwarzem Flor umwundenes Kreuz mitgetragen, hinter dem die Fürsten und Personen von Rang in schwarz-weißen Mänteln schritten.
Grün war auch die Mütze, die man dem bankrotten Kaufmann am
Pranger der Markthallen aufsetzte, und das Käppchen jener Galeeren-
sträflinge, die rückfällig geworden waren oder einen Fluchtversuch un-
ternommen hatten.
Grün und Gelb waren aber nicht die einzigen Farben des Irrsinns.
Manchmal verbanden sie sich mit der Farbe Rot zu einem dreifarbigen
Anzug, und es kam auch vor, daß das Narrenkostüm ganz rot war. Das
Gewand von Meister Hainselin Coq, dem Narren von Karl VI., bestand
beispielsweise aus purpurrotem Stoff. Und Triboulet, der Narr von
Ludwig XII., später von Franz I., wohnte der Hochzeit seines Herrn
mit Maria von England in einem »gelb-roten Kittel« bei. Eine ähnliche

Vielfalt zeigt sich auf den Miniaturen des 15. Jahrhunderts, in den *Stundenbüchern* des 16. Jahrhunderts sowie in den Kostümen, die die Zunftmitglieder der Narrenvereinigung *Mère folle de Dijon* bei ihren Versammlungen und grotesken Zeremonien trugen. Die Gewerbebriefe der *Narrenzunft* von Kleve waren hingegen mit 35 Siegeln aus grünem Wachs versehen, »der Farbe der Narren«, wie Du Tilliot betont. Und als Gonella, der Narr von Nicolas III., Herzog von Ferrara, 1435 dem Maler Van Eyck Modell stand, war er genauso wie jeder andere am Hofe gekleidet, außer daß sein Gewand rot, grün und gelb gestreift war.[22] Im Gegensatz zu den beiden Farben Gelb und Grün, die jeweils ihren spezifischen Symbolgehalt haben, weist die Farbenvielfalt, gleichgültig aus welchen Elementen sie bestehen mag, auf vielfältige und wechselnde Einflüsse hin.

Drei Narren. Stich von Hondius nach Brueghel (1642). Nationalbibliothek (Sammlung C. Quétel).

Im Mittelalter siedelte sich der Verrückte in einer Randzone menschlicher Existenz, an der Grenze zum Animalischen an. Er war gleichzeitig Monstrum und Antichrist. Sich das Gewand des Narren überzu-

47

streifen bedeutete, sich aus der sozialen Gemeinschaft auszuschließen, in die Kloake der Deklassierten hinabzutauchen und sich auf den Rang eines Zwergs, Affen, Kriminellen oder Leprakranken herabzubegeben. Umgekehrt wurden manchmal Verbrecher dazu verurteilt, sich öffentlich im Narrengewand auszustellen, um dem Volke ihre Verkommenheit vor Augen zu führen. Am 19. April ermordete ein Vikar in Paris seinen Pfarrer: »Für diese Mordtat wurden selbigem Vikar zu Notre-Dame die kirchlichen Weihen aberkannt, dann wurde er, *mit dem Narrengewand angetan*, dem Vogt Meister Jehan Morin ausgeliefert, nach dessen Urteilsspruch ihm die Hand abgeschlagen wurde. Dann wurde er mitsamt dem Schwert, mit dem er den Mord begangen hatte, an den Pranger gebunden... und anschließend lebendig verbrannt.«[23]

1533 wurde ein anderer Priester, Etienne le Court, aus der Diözese von Séez wegen Ketzerei vor der Kathedrale von Rouen aus der Priesterschaft ausgestoßen und ebenfalls dazu verurteilt, das schändliche Narrengewand anzulegen, bevor man ihn zur Hinrichtung führte. Diese Maskerade am Fuße des Scheiterhaufens hatte durchaus einen Sinn: In beiden Fällen (das beschriebene Verfahren schien den Geistlichen vorbehalten zu sein) gibt sie zu verstehen, daß kein Priester, der im Vollbesitz seiner geistigen Kräfte ist, imstande wäre, ein solches Verbrechen zu begehen. Indem man einem Geistlichen die Zipfelmütze aufsetzte, nahm man ihm seine Identität als Kirchenmann und sprach ihm zugleich die Unverantwortlichkeit eines Schwachsinnigen zu. Alles hat den Anschein, als würde der Narr den vernünftigen Menschen für unschuldig erklären und die Strafe an seiner Stelle auf sich nehmen.

Weniger tragisch, ja sogar recht komisch ist folgendes Mißgeschick, das 1605 einem gewissen Le Jau de Vertau, Oberschatzmeister von Châlons, widerfuhr: Vertau hatte – unvorsichtigerweise – öffentlich den Machtmißbrauch des Herzogs von Nevers, damals Gouverneur der Champagne, angeprangert. Darauf ließ der Herzog ihn von vier berittenen Männern entführen und nach La Cassigne bringen, wo sie ihn als Narr verkleideten und auf einem Esel durch die ganze Stadt trieben. Kaum war er wieder frei, schickte unser armer Schatzmeister ein Schreiben an den König, um sich über die schlechte Behandlung zu beklagen, die ihm widerfahren war. Die Schmach hat ihm jedenfalls nicht den Verstand verwirrt, denn kein Detail seines Aufzugs war ihm entgangen. Vertau beschreibt sein Kostüm mit der peniblen Genauigkeit eines Kurzwarenhändlers: »(Das Gewand) bestand aus Sergebändern, die zur Hälfte grün, zur anderen gelb waren. Da, wo die gelben Bänder saßen, waren grüne Borten, und auf den grünen Bändern wiederum waren gelbe Borten. Zwischen den Bändern war auch grüner und gelber Taft, der zwischen besagte Bänder und Borten genäht war. Von den Strümpfen, die an den oberen Teil genäht waren, bestand einer aus grüner Serge, der andere aus gelber, und dazu gehörte eine halb gelbe, halb grüne Kappe mit Ohren.«[24]

Stellte die Narrenkappe das Sinnbild der Erniedrigung dar, so war sie zugleich das Emblem der Verspottung. Auf der Spitze der Eselsohren tanzt fast immer die Spottlust, und häufig läuten die Schellen einen sarkastischen Scherz ein. Wenn man den grausamen Herzog von Alba, den Schlächter der Niederlande, mit der lächerlichen Kapuze auf dem Kopf, umringt von grotesken Gestalten darstellt – wie dies Théodore de Bry tat, der seinem Bild den Titel *Le Capitaine des Folies* (Der Hauptmann der Tollheiten) gab –, so bedeutet dies: den Hochmut mit rachlustigem Gelächter zu beantworten, die Tyrannei gleichsam zu beschwören, sie zu Boden zu zwingen, kurz: das Übel symbolisch auszutreiben.

Obgleich das Narrenkostüm und die beschriebenen Attribute tatsächlich auf den verschiedenen Darstellungen des Narren wiederzufinden sind, obgleich sie als sozusagen »obligatorische« Bestandteile zu seinem stereotypen Bild gehören, dürften die bezahlten Narren, die ihre Talente am Königshof oder bei den Edelleuten ausübten, diese Insignien kaum jemals getragen haben (außer zu offiziellen Feierlichkeiten). Jedenfalls findet sich in den Abrechnungen des Königshauses keinerlei Indiz dafür. Zwar ist in zwei Eintragungen von »Glöckchen« die Rede, die jedoch nicht für die Gaukler bestimmt waren. Im ersten Fall handelt es sich vielmehr um eine Art Brosche, mit der König Karl XV. und sein Bruder nach damaliger Mode ihre Gewänder schmücken wollten. Unter dem Datum des 4. Dezember ist zu lesen: »... kleine vergoldete Silberglöckchen für den König und den Herzog der Touraine zum Anstrecken an weite Mäntel.« Die zweite Eintragung, datiert von 1487, teilt uns mit, daß Karl VIII. von einem Tuchhändler ein Narrengewand aus »verschiedenfarbiger Seide mit Glöckchen, Knöpfen und Quasten« für den kleinen Péronet, den »Sohn des Herrn von Bourbon«, liefern ließ. Nun übte dieses Kind ganz bestimmt nicht das Narrenamt aus; vielmehr wünschte der König einfach, es in diesem Gewand auf einem Fest oder Maskenball zu sehen.

Obgleich die Hofnarren also nicht ihre charakteristische »Amtstracht« trugen, brauchten sie sich über ihre Bekleidung nicht zu beklagen. Im allgemeinen achteten ihre Herren darauf, sie wie die höchsten Fürsten des Königreichs zu kleiden. Die Rechnungsbücher belegen, daß für ihren Unterhalt unglaubliche Ausgaben getätigt wurden: Nichts war zu teuer oder zu aufwendig – und das bevor die Gaukler am Hofe die hochrangige Stellung einnahmen, die ihnen seit der Renaissance zuge-

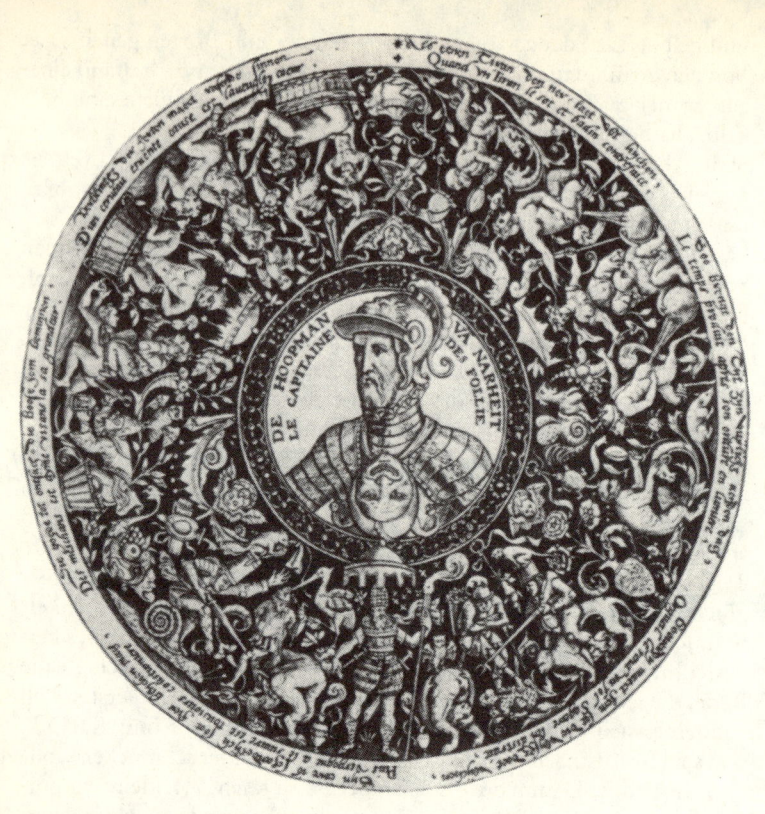

sprochen wurde. In den Rechnungsbüchern der Herzöge von Burgund
wimmelte es nur so von scharlachroten, mit Marderpelzen gefütterten
Umhängen, von hermelinbesetzten, mit Eichhörnchenfell gefütterten
Kapuzen, von Wämsern aus Goldbrokat mit Perserfransen, von gold-
verbrämten Gewändern und lammfellgefütterten Mänteln. All diese
Kostbarkeiten waren für die lange Reihe von Narren und Närrinnen
bestimmt, die bei Philipp dem Kühnen und seiner Frau, Margarete von
Flandern, in Dienst standen.[25]

Die Possenreißer am bretonischen Hof brauchten ihre burgundischen
Kollegen um nichts zu beneiden. Was König René d'Anjou angeht – ein
in jeder Hinsicht prunkliebender Freund der Künste und Literatur –, so

In beide Richtungen lesbare Karikatur
des Herzogs von Alba, von Théodore de Bry.
Foto: Stadtbibliothek von Rouen (Sammlung C. Quétel).

legte er gegenüber seinem Narren Triboulet eine unerhörte Großzügigkeit an den Tag. Dieser Triboulet war der erste Träger dieses Namens,
weshalb wir ihn Triboulet I. nennen wollen, um ihn von jenem anderen
Triboulet, dem Narren von Franz I., zu unterscheiden, den das Drama
von V. Hugo und die Oper *Rigoletto* von Verdi verewigt haben.[26] Die
Kleidung dieses Triboulets unterschied sich nicht wesentlich von der
Tracht der Adligen im 15. Jahrhundert, sie hätte sogar, kostbar wie sie
war, der königlichen Garderobe Konkurrenz machen können. Außer
einer Jacke aus Samt, einem damals sehr wertvollen Stoff, besaß Triboulet ein langes Gewand aus »purpurrotem, wie Goldbrokat gemu-
stertem Satin«. Dieser Stoff allein kostete bereits 49 Gulden, wozu noch

Triboulet II., Narr von Franz I.: Zeichnung der Schule Clouet. Chantilly, Musée Condé (Foto: Giraudon).

eine Kappe aus Eichhörnchen- und Lammfell kam. An seinem Hochzeitstag erhielt er ein herrliches, fahlrotes, mit Marderschwänzen gefüttertes Damastgewand sowie ein etwas bescheideneres Hochzeitsgeschenk: ein »Goldnetz«, das für 1 Taler, 27 Sous und 6 Heller erstanden worden war. Dafür übernahm sein großzügiger Herr die gesamten Kosten des Festes, inklusive der Bezahlung der beiden Musikanten, die für die Neuvermählten Tamburin spielten, und sogar die Spende an den Pfarrer von St. Aignan, der die Hochzeitsleute getraut hatte.[27] Nun wird man einwenden, daß es sich hier um Festtagsgewänder handelte. Sicherlich, doch die Alltagskleidung dieses Gauklers war ebenso teuer, wenn auch weniger auffällig. Beispielsweise besaß Triboulet ein graues Kleid, das mit Pelz gefüttert und an Kragen und Ärmeln mit Marderfell besetzt war, ganz wie das des Königs.

Der französische Königshof konnte selbstverständlich nicht hinter den Herzögen und Edelleuten des Reiches zurückstehen. Wir werden dem Leser die endlose Aufzählung der Kleider und Schmuckstücke ersparen, die fast 400 Jahre lang an den bunten Reigen der Narren gingen. In den Rechnungsbüchern finden sich zu diesem Kapitel der königlichen Ausgaben unzählige präzise Eintragungen.[28] Ihre Lektüre zeigt, daß die festangestellten Possenreißer durch alle Wandlungen der Mode hindurch meist reichlich ausgestattet waren. Inmitten dieser Fülle von Stoffen und kostbarem Pelzwerk fällt indes ein Detail auf, nämlich die unglaubliche Menge von Schuhen, die die Narren in einem Jahr verbrauchen durften. Um ein extremes Beispiel zu nennen: Hainselin Coq, dem Narren von Karl VI., wurden in einem einzigen Jahr, 1404, 47 Paar Schuhe bewilligt, während sein Diener Jacques Coiffart in demselben Zeitraum »nur« 7 Paar Schuhe erhielt, was ja auch nicht schlecht ist. In Verschwendung von Schuhen übertraf Hainselin sogar einen Zwerg am Königshof des vorhergehenden Jahrhunderts, der 1319 nicht weniger als 32 Paar Schuhe erhielt, wogegen er weit hinter Guillaume Fouel zurück blieb, für den die Abrechnungen die unfaßbare Zahl von 103 Paaren in einem halben Jahr anführen, und zwar sowohl »Stiefel und Schuhe als auch besohlte Beinkleider«!

Soviel Aufwand für Leute, die zu Beginn ihrer Geschichte nichts anderes als bestallte Schwachsinnige waren, ist zumindest erstaunlich. Doch vergessen wir nicht, daß die Zwerge und die Tiere der königlichen Menagerie nicht weniger gut behandelt wurden. Die Pracht der Geschenke feierte die Freigiebigkeit des Spenders und damit seine Macht. Und es gibt noch einen anderen Gesichtspunkt: Die Kleidung des Narren, die häufig das Gegenstück zum Gewand des Königs oder aber dessen Nachahmung darstellte, symbolisierte dessen Position gegenüber sei-

53

nem Herrn. Der Narr war grotesker Doppelgänger und Kehrbild der Macht. – Jedenfalls finden sich in den Registern, die so sorgfältig auf das kleinste Detail achten, keine Eselsohren und kein Narrenzepter, weder Holzschwerter noch Schweineblasen oder Schellen. Ja, der Narr kleidete sich eben nicht wie ein Narr, sondern wie der König. Aber spazierte denn der König selbst zu jeder Tageszeit in seinem Hermelinmantel mit der Krone auf dem Kopf umher? Zog er etwa mit seinem Zepter und Reichsschwert auf die Jagd? – Und doch wurde er auf den offiziellen Porträts so dargestellt. Nun, die Attribute des Narren glichen denen des Souveräns, d. h. sie hatten lediglich eine symbolische Bedeutung. Sie dienten nicht dazu, ihren Besitzer zu kleiden, sondern ihn zu kennzeichnen. Mag sein, daß sie auf einem Kissen mit Goldquasten auf dem Grunde einer Truhe ruhten. Jeder wußte, daß sie da waren, den Blicken entzogen, gleichsam als Unterpfand der Macht.

Bekanntlich kommt dem Narren, d. h. seiner imaginären bildlichen Darstellung, eine nicht unerhebliche Rolle im Universum des Spiels zu; sei es auch nur durch den *Joker*, der das traditionelle Bild bis in unsere Tage lebendig erhalten hat. Diese Rolle ist nun zutiefst zweideutig, da sich der Narr zugleich innerhalb und außerhalb des Spielfeldes befindet: innerhalb, insofern er dem Gesetz entgeht und als aktives Element am Spiel teilhat; außerhalb, weil seine Funktion gerade darin besteht, die Regel zu übertreten. Kurz gesagt: Narr bleibt Narr, das heißt, er verkörpert das Gegenteil des festgelegten Schicksals oder den Inbegriff aller Möglichkeiten, den man wohl den Zufall nennen muß. Das Spiel, schreibt Roger Caillois, führt uns vom gewöhnlichen Lauf der Dinge weg, es ist »reine Form, eine Aktivität, die ihren Zweck in sich selbst trägt, aus Regeln bestehend, die nur eingehalten werden, weil sie Regeln sind«.[29] Freilich führt der Narr in das Ritual des Spiels erneut das Element des Unvorhersehbaren ein. Inmitten einer freiwillig getroffenen Vereinbarung verkörpert er die freie Improvisation. Er spielt in der Spielabmachung dieselbe Rolle wie in der Gesellschaft, nämlich die des Störenfrieds, der die Karten durcheinanderbringt. Hier wie dort setzt er dem »Respekt vor dem Heiligen« »das Heilige der Übertretung« entgegen.

Die Schachfigur, die im Französischen *le fou*, »Narr«, und im Deutschen *Läufer* heißt, stellte ursprünglich einen Elefanten dar (arabisch *al-fîl*), der einen Festungsturm auf dem Rücken trug. Einige Historiker meinen, das Wort *Fîl* habe im Französischen eine Lautverschiebung hin zu *fol* erfahren, und die entsprechende Figur, die ja direkt neben dem König steht, sei dem Hofnarren gleichgesetzt worden.[30] Die schematische Darstellung der Elefantenstoßzähne ist möglicherweise zu einer Narrenkappe oder Mitra geworden. Noch heute erinnert die Läuferfigur, wie sie bei internationalen Turnieren verwendet wird (Staunton-Figuren), mit ihrer tiefen Kerbe sowohl an die Narrenkappe mit den Eselsohren als auch an den Bischofshut (im Englischen heißt der Läufer *bishop*, »Bischof«). Die tiefe Kerbe erinnert überdies an den leeren, irren Kopf, den diagonalen, »schrägen« Lauf. Im Mittelalter wurde der Läufer ausgesprochen negativ bewertet. Der europäische Schachspieler, der in der Wissenschaft des Schachs weitaus weniger bewandert war als die Orientalen im 10. Jahrhundert, hatte Schwierigkeiten, die Zugweise des Läufers zu behalten. Er verglich die Figur daher mit einem Spion oder Dieb, der durch seine List selbst die höchsten Figuren der Hierarchie schlägt, und prangerte seine heimtückische, schräge Weise an, die sich die kleinste Unvorsichtigkeit des Gegners zu Nutzen macht. Selbst das Wort *aufin* (von *alfin*) hatte einen negativen Beigeschmack. Der englische Gelehrte Alexander Neckam (1157–1217) spricht vom Läufer (den er *Alphicus* nennt) wie von einem Spion in der Verkleidung Nestors, der wegen seiner diagonalen Zugweise doppelt so viele Zugmöglichkeiten wie die Königin habe, aber darum auch um so perfider sei.[31] (Dieses Mißtrauen gegenüber dem Läufer wird verständlicher, wenn man bedenkt, daß der Läufer sich damals in alle Richtungen bewegen und die Bauern überspringen durfte, die sich in seiner Linie befanden. Von daher seine Überlegenheit gegenüber der Königin, die sich nach den damaligen Spielregeln niemals allzuweit vom König entfernen durfte.) Die Termini *Spion* oder *Räuber* für den Läufer kommen übrigens in der Literatur des Mittelalters häufig vor.

»Im Schach stehen die Läufer dem König am nächsten«, stellte Mathurin Régnier in seiner 14. Satire fest. Diese Nachbarschaft hat die Vorstellungskraft in ihren Bann gezogen. Sie legt nahe, daß die eine Figur nicht ohne die andere zu verstehen ist: Die hieratische Unbeweglichkeit des Königs und die fast unbegrenzte Beweglichkeit des Läufers symbolisieren das spiegelbildliche antithetische Verhältnis der Figuren zueinander. Doch verweist der Läufer auch auf das *Matt* (frz. *mat*). Er bietet dem König Schach, nagelt ihn auf seinem Platz fest, indem er ihm jeden Ausweg versperrt und jede Wahlmöglichkeit nimmt. *Schachmatt* bedeutet nämlich nicht, daß der König tot oder eingesperrt ist, sondern daß er in einem Netz unmöglicher Alternativen gefangen ist. So ist Schach das einzige Spiel, das sein Ende oder seine Lösung im Unlösbaren findet.

Auch das Bild des Narren im Tarock wird gewöhnlich *mat* genannt. Leitet sich dieser Name vom italienischen *matto*, »Narr«, oder vom

Der Narr aus dem Marseiller Tarock.
Foto: Rechte geschützt.

persischen *mat* her, »tot«? – Man weiß es nicht. Der *Narr*, frz. *mat* oder *fou*, ist jedenfalls die einzige Karte im Tarock, die keine Numerierung trägt. (Bekanntlich sind die 21 anderen Karten in unveränderlicher Reihenfolge von I, *Der Gaukler*, bis XXI, *Die Welt*, angeordnet.) Der *Narr* fällt aus der Zahlenreihe heraus, er ist die verrückte, die vagabundierende Karte, der man keinen festen Platz im Spiel zuweisen kann. Nach Meinung der einen gehört sie vor die Arkane I, nach Auffassung der anderen hinter Arkane XXII, und werden die Karten als Rad aufgelegt (Guillaume Postel leitet ROTA von TARO ab), so liegt sie zwischen dem Anfang und dem Ende und stellt das Unendliche dar. Das alchimi-

Tarock von Karl VI.
(Anfang des 15. Jhs.). Figur des *mat* (Narr).
(Foto: R. Viollet).

stische Symbol für den Narren ist das Alaun, das Zeichen O, das ihn als Nicht-Seiendes einstuft. Weil der Narr nicht aus sich selbst existiert, kann er jede beliebige andere Karte ersetzen.

Seit dem Aufkommen des Spiels im Venedig des 14. Jahrhunderts bis zum Tarock von Marseille, das heute im Handel erhältlich ist, haben die Tarockkarten mehrere tiefgreifende Veränderungen erfahren. Das Kartenspiel von Karl VI., das Anfang des 15. Jahrhunderts in Gebrauch war, zeigt den Narren als aufrecht stehenden Riesen, angetan mit einem zackenförmig ausgeschnittenen Umhang und einer Mütze mit Eselsohren, der eine Halskette aus großen, auf eine Schnur aufgereihten Steinen in den Händen hält. Zwischen seinen Beinen sammeln vier Kinder Steine auf, die sie in einen Korb legen. Im *Minchiate* von Florenz stellt die Karte ebenfalls einen Riesen dar, der das traditionelle Gewand des Hofnarren trägt. Jean-Marie L'Hôte rückt diese Figur in die Nähe Gargantuas und ordnet die Steine den »klingenden Steinen« zu. »Klingender Stein« oder »Schelle« sind nach seinen Worten ein und dasselbe. »Der Narr stellt den der Erde und dem Ursprünglichen verhafteten Menschen dar, im Gegensatz zu den Königen und anderen hohen Herren, die über die Erde herrschen.«[32]

Die verbreitetste Darstellung des Narren im Tarock erinnert jedoch an den »Ewigen Juden«. Eine bärtige Gestalt schreitet mit dem Bettelsack über der Schulter und einem langen Stab in der Hand daher, während sich eine Katze (O. Wirth sagt: ein weißer Luchs) in ihre Hose krallt und ihre rechte Hinterbacke entblößt. Das Bild stellt den Menschen auf seiner Reise ohne Ende dar; den Blick in der Ferne verloren, irrt er wie ein Blinder, vom Zufall getrieben, rastlos umher. Es gibt für ihn nichts Festes oder Endgültiges, keine Dauerhaftigkeit der Dinge oder Beständigkeit des Denkens. Der Narr ist in ständiger Bewegung wie der Himmel, er ist ein Wanderer. Sein halb entblößtes Hinterteil ruft uns die Materialität des Leibes in Erinnerung. In der Interpretation der Wahrsagung verkörpert er nach O. Wirth die Passivität, das Spielzeug okkulter Kräfte, das hypnotisierte Subjekt und willenlose Werkzeug anderer, die Empfindungslosigkeit und Gleichgültigkeit.

Der *Joker* mit Zepter und Narrenkappe ist in unseren Kartenspielen um 1850/60 herum aufgetaucht, und zwar zuerst in den Vereinigten Staaten, wohin ihn französische Siedler gebracht haben sollen, und später in Europa. Ganz offensichtlich ist der Joker ein entfernter Nachfahre des *mat*. Ähnlich wie dieser paßt er sich in keine Reihe ein, trägt keine Ordnungszahl, kann aber jede der anderen 52 Karten ersetzen. Diese vielgestaltige Figur ohne festgelegten Wert entzieht sich dem Regelsystem des Spiels. Alles hat den Anschein, als ob die Regel dem *Joker* nur

Gültigkeit verliehen hätte, um zugleich durch ihn verneint zu werden. Der *Joker* sprengt die Logik des Spiels: Solange er im Spiel zirkuliert, ist nichts sicher; zwischen den Karten lauert verborgen das Chaos, bereit, hervorzuspringen und uns in seinen Taumel hineinzureißen. Ebenso wie der *mat* und der Hofnarr stellt dieser Störenfried fortwährend die Ordnung der Dinge in Frage.

Drittes Kapitel
Die Gemeinschaft der Narren

Aus den bisherigen Schilderungen dürfen wir keineswegs folgern, daß das kollektive Narrentum ausschließlich in der Vorstellung oder als Motiv der Bilderwelt in Erscheinung trat. Vielmehr führte der Narr durchaus eine reale Existenz, sowohl in den Bräuchen als auch im gesellschaftlichen Leben. Im Mittelalter geisterte die Tollheit nicht nur durch die Kirchen und illustrierten Bücher; sie drang auch in die Städte ein, nahm am Leben der Gemeinschaften und Zünfte teil, und unter ihrer Schutzherrschaft wurden allerorts zahlreiche Bruderschaften gegründet. In all diesen Erscheinungsformen, die gewissermaßen die weltliche Version des Narrenfestes bilden, nimmt die Narrheit menschliche Gestalt an: Sie verkörpert sich in einer oder mehreren realen Personen, die tatsächlich das berühmte Narrenkostüm tragen. Während also das Bild lebendig wurde, blieb seine Funktion dieselbe. Auch der weltliche Narr überschreitet die etablierten Werte, indem er die Alltagsordnung auf den Kopf stellt.

Mehrere Jahrhunderte hindurch war es in einigen französischen Städten Brauch, einen Narren zu halten. Dieser sogenannte »Stadtnarr« hatte die Aufgabe, die Bewohner bei Festen und öffentlichen Feiern zu unterhalten. Beispielsweise wurde die alljährliche Fronleichnamsprozession in Lille von einem städtischen Possenreißer angeführt, der für seine Tätigkeit ein Jahresgehalt bezog, auch wenn er dem reichen Bürgertum der Stadt angehörte (was manchmal der Fall war). Man sah ihn schon von weitem alleine an der Spitze des Zuges einherschreiten, mit seinem bunten Kittel angetan, der in den Farben der Stadt bestickt war, und mit seiner Schellenkappe, die er wild in alle Richtungen schüttelte. Dabei schnitt er Grimassen und machte alberne Streiche; er wirbelte sein Narrenzepter, warf der fröhlichen Menge, die sich auf seinem Wege drängte, obszöne Schimpfwörter zu und begoß sie obendrein mit Wasser, das ihm sein Gehilfe in Kübeln reichte. Einige Schritte hinter ihm folgte der gesamte Klerus, der die Monstranz geleitete und fromme Kirchenlieder sang. Leider wissen wir nicht, ob dieser Brauch auf den Ursprung der Fronleichnamsprozession zurückgeht, die 1264 eingeführt wurde. Doch können wir mit Gewißheit sagen, daß er 1359 bereits existierte. Es gibt nämlich einen Beleg aus diesem Jahr über eine Zahlung »an zwei Sergeanten, die einen Tölpel aus der Prozession entfernten«; wahrscheinlich hatte irgendein Störenfried versucht, dem offiziellen Stadtnarren Konkurrenz zu machen. Bekannt ist auch, daß dieses Amt 1480 »Freund Willemet, einem armen Arglosen« anvertraut wurde. Auf jeden Fall muß sich dieser Brauch sehr lange erhalten haben, da er noch Anfang des 18. Jahrhunderts anzutreffen ist. Damals wurde das Amt des Stadtnarren in Lille von einem überaus reichen Bankier, einem gewissen Corneille, bekleidet, dessen Sohn Dekan zu St. Pierre war, der wichtigsten Kirche der Stadt. Dieser Corneille starb im Jahr 1724. Ob danach ein anderer seine Nachfolge angetreten hat bzw. ob das Amt des Stadtnarren überhaupt beibehalten wurde, ist unbekannt.[33]

Die Städte, die nicht die Mittel besaßen, um sich das ganze Jahr über einen Spaßmacher leisten zu können, mieteten bei entsprechendem Anlaß die Dienste eines professionellen Narren an. So fand in Dieppe alljährlich die Feier der *mitouries de la mi-août* statt. Sie wurde zu Maria Himmelfahrt in der Kirche St. Jacques in Gedenken an die Niederlage begangen, die die Engländer am 14. August 1443 vor den Toren der Stadt erlitten hatten. Dieses Fest wurde von einem berufsmäßigen Gaukler geleitet, der im Volksmund *Grimpesulais*[34] hieß und nach dem Vorbild seines Kollegen in Lille tausenderlei Possen erfand. Beispielsweise stellte er sich tot, um zum großen Erschrecken der Zuschauer plötzlich »wiederaufzuerstehen«, oder er gab burleske Blasphemien von sich, sei es gegen Gott, die Heilige Jungfrau, deren Fest begangen wurde, oder gegen die Heiligen, die in dieser Gegend besonders verehrt wurden. 1647 wohnten der junge Ludwig XIV. und die Königinmutter auf der Durchreise in Dieppe den *mitouris* bei und waren von den zügellosen Ausschreitungen prompt so schockiert, daß sie das Fest verboten. Die Einwohner von Dieppe gaben jedoch nicht so schnell auf, und so sollte sich ihre Feier noch bis zur Französischen Revolution erhalten.

Das Amt des Stadtnarren bestand noch bis in relativ späte Zeit fort. In manchen Ortschaften in Belgien und Luxemburg war es sogar noch Ende des vorigen Jahrhunderts anzutreffen: Bei der Kirmes, dem Fest des / der Schutzheiligen der jeweiligen Stadt, versammelten sich die jungen Leute zu Pferde an einem bestimmten Ort, bildeten einen Kreis und erkoren einen von sich zum Narren. Das weitere Szenarium bestand darin, daß man diesen Narren wie einen Dieb durch die Dorfstraße verfolgte, wobei man so tat, als wollte man ihn mit einem Gewehrkolben erschlagen. Diese erschöpfende Menschenjagd endete damit, daß sich der Narr wie zu Tode getroffen zu Boden fallen ließ und einer seiner Kameraden, der die Rolle des Priesters spielte, neben ihm niederkniete, um ihm die Beichte abzunehmen. Dann bereitete ein »Henker«

den Scheiterhaufen vor, und man verbrannte eine Puppe, die den Übeltäter darstellte. Zweifellos wurden ganz ähnliche Bräuche auf den Kirmessen in Nordfrankreich und anderen Landesteilen begangen. Die französische Folklore bietet in dieser Hinsicht ein überaus reichhaltiges Material.

In Deutschland war das Amt des Stadtnarren noch viel stärker verbreitet als in Frankreich. Kein Stadtfest, keine Privatfeier kam ohne die Hilfe eines *Possenreißers**, eines *Pritschenmeisters** oder *Spruchsprechers** aus. Bei Hochzeiten beispielsweise trat der *Spruchsprecher* in dem Augenblick auf den Plan, in dem sich die Angetrauten zu Tisch setzten. Er trug einen langen Mantel über der Schulter, Medaillen mit den Emblemen der verschiedenen Zünfte der Stadt schmückten seine Brust, und in der Hand hielt er einen reich verzierten, mit Goldstücken behängten Stab. Nachdem er mit dem Stock auf den Boden geklopft hatte, um Ruhe zu gebieten, entrichtete er der Festgesellschaft die üblichen Glückwünsche, gratulierte dem jungen Paar und hielt eine schwungvolle gereimte Lobrede auf das Paar, dessen Familie und Berufsstand. Dann konnte ihm jeder Gast, der wollte, ein Thema zur Improvisation vorschlagen. Diese Themen waren gewöhnlich so gewählt, daß sie zu satirischen Couplets inspirierten, die sich gegen das eine oder andere Mitglied der Festgesellschaft richteten. Diese Kunstform erforderte natürlich einen scharfen Verstand, Schlagfertigkeit und die Gabe, witzig und originell zu formulieren, kurzum ein wahres Talent zum Kabarett.

Bevor wir Deutschland verlassen, sei noch das berühmte Fastnachtsfest von Nürnberg erwähnt, das die Handwerker der Stadt in den Gasthäusern veranstalteten, sowie der *Schembartlauf*, ein Umzug, der im 14. und 15. Jahrhundert jeden Rosenmontag stattfand und vollständig von der Gemeinde finanziert wurde. An diesem Tage zogen die Vertreter der Zünfte, tanzend und mit reichen Kostümen und Masken angetan, durch die Straßen der Stadt.[35] In der Heimatstadt Dürers sollte sich die Freude an diesen Lustbarkeiten noch lange halten. Noch Ende des 18. Jahrhunderts wurde hier der Beruf des bezahlten Possenreißers ausgeübt. Wilhelm Weber, einer dieser Stadtnarren, der mit einem außergewöhnlichen Gedächtnis begabt war, kannte alle ins Deutsche übersetzten Dichter der Antike auswendig und schöpfte aus diesem reichhaltigen Repertoire, wenn er improvisierte Satiren und Epigramme gegen seine Mitbürger verfaßte. Es wird erzählt, daß sich drei

* Deutsch im Original (Anm. d. Ü.)

junge Männer, über die er sich bei einer Hochzeitsfeier lustig gemacht hatte, einmal für seine Bosheiten an ihm rächen wollten: Sie packten ihn eines Tages, als er aus der Schenke kam, und warfen ihn in den Fischbach, einen kleinen Fluß, der durch einen Teil von Nürnberg fließt. Nun war der Unglückselige ein ziemlicher Dickwanst und zu allem Überfluß recht betrunken, so daß er alle Mühe hatte, das Ufer wieder zu erklimmen. Sobald er jedoch aus dem Wasser war, schickte er, angeblich ohne etwas von seiner poetischen Ader eingebüßt zu haben, ein Stoßgebet zum Himmel und bat Gott, er möge seine Peiniger fassen und ihnen alle Knochen im Leibe brechen.

Außer den Städten hatten auch zahlreiche Zünfte einen eigenen Narren angestellt. Gewöhnlich trat dieser bei den großen Feierlichkeiten auf, z. B. beim Fest der Schutzheiligen der Zunft oder wenn neue Meister aufgenommen wurden oder bei den karnevalistischen bzw. religiösen Umzügen usw. Am stärksten hatte sich dieser Brauch in Nordfrankreich und in Flandern durchgesetzt. Das berühmte Fest von Gayant in Douai, das alljährlich in der ersten Juliwoche begangen wird, hat noch eine Spur dieses Brauchs bewahrt. Neben dem Riesen, seiner Frau Marie Cagenon und seinen drei Kindern Jacquot, Fillon und Binbin (oder Tiot-Tourni) kann man hier eine Figur bestaunen, die ein Pferd darstellen soll und ein Narrenzepter schwingt. Es handelt sich um den Narren der Feuerwerksmeister von Douai, dem letzten Vertreter der 42 Zünfte, die im 15. Jahrhundert am Umzug von Gayant teilnahmen.

Auch die Rednerschulen hatten ihren Narren (*nar of zot*), dessen Aufgabe es war, die Menge bei feierlichen Auftritten und öffentlichen Festlichkeiten zu unterhalten. Eine Rhetorikgesellschaft aus Antwerpen, die Vereinigung *La Violette*, setzte 1561 sogar einen Preis für denjenigen aus, der »am lustigsten und unschuldigsten, ohne Beschimpfungen und Anstößigkeiten, den Narren machen könne«. Und eine ganz ähnliche Vereinigung, die *Barberiani* in Courtrai, hatte sich den Leitspruch gewählt: *God vœt veel zotten* (»Gott nährt viele Narren«).

Schließlich gab es – so unglaublich dies klingen mag – auch Narren in der Armee, und zwar in den Schweizer Regimentern, die 1792 in Frankreich Dienst taten. Jedes Regiment besaß einen eigenen *Lustig* (wovon sich das frz. Wort *loustic* ableitet), der die Aufgabe hatte, seine Kameraden aufzuheitern: An der Spitze der Kolonne marschierend, gab er seine Witze zum besten, die von der ersten bis zur letzten Reihe weitergegeben wurden und bei den Männern ein irrsinniges Gelächter hervorriefen. Nach Paul-Louis Courier, dem das französische Wort *loustic* (dt. Spaßmacher) seinen Eintritt in die Literatur verdankt, bestand die Funktion dieses Possenreißers darin, die von Heimweh geplagten Söld-

Die Narrenakademie. Stich aus dem 17. Jahrhundert. Nationalbibliothek
(Sammlung C. Quétel).

ner aufzuheitern: »Er unterhält die Männer und hindert sie mitunter
daran, zum Strick zu greifen, da sie nicht desertieren können. Er tröstet
sie über die Stockhiebe hinweg, das Schwarzbrot, die Ketten und den
Hochmut der adligen Offiziere.«[36]
Eine der erstaunlichsten Erscheinungsformen des kollektiven Narrentums stellen die sogenannten »Narrenzünfte« dar, die im ausklingen-
den Mittelalter in ganz Europa entstanden. Trotz scheinbarer Ähnlich-
keiten stehen sie im diametralen Gegensatz zur Abtei von Thelema und
ihrem Leitspruch »Tu, was dir gefällt«. Die straff organisierten Narren-
bruderschaften waren dagegen geradezu überzogen von Verordnungen
und Vorschriften und ließen der individuellen Phantasie auch in der

Praxis nur wenig Freiraum. Ihre Mitglieder – gemeinhin durch Ergänzungswahl aufgenommen – verpflichteten sich, die ihnen auferlegte Disziplin aufs Wort zu befolgen. Ihr bedingungsloser Gehorsam erinnert an die Freimaurer, nur daß hier Schelle und Narrenzepter an die Stelle von Zirkel und Winkelmaß getreten sind.

In gewisser Weise stehen wir hier vor einer regelrechten Umkehrung der Narrheit: Der Irrsinn verläßt das Feld der anarchischen Triebe und wird zur Ethik erklärt. Damit wird die Unordnung ausgetrieben, legitimiert und zur Lebensordnung erhoben; sie gewinnt sogar den Rang einer sozialen Utopie. Die Übertretung der Regeln verkümmert zur leeren Form. Doch hüten wir uns, allzu voreilig von »Eingliederung« zu sprechen. Vergessen wir nicht, daß auch das Narrenfest wie die Saturnalien und der Karneval einem, obgleich negativen, Ritual folgten, ohne deswegen ernsthaft einen Kompromiß mit der herrschenden Ordnungsmacht einzugehen. Auch die reglementierte Narrheit unterwirft sich nicht unbedingt dem ideologischen Zwang ihrer Zeit. Die Tatsache, daß sie innerhalb eines Verbandes, also in einer begrenzten und selbstverwalteten Gemeinschaft ausgeübt wird, führt keineswegs zur Schwächung ihrer Ausdrucksweise. Nur nimmt sie ganz einfach in dieser bestimmten, zum Beispiel erhobenen Gruppe eine metaphorische und zugleich theatralische Form an. War die Narrheit ursprünglich Psychodrama, so wird sie nun zum Schauspiel, in dem sie sich verbraucht, ohne jedoch ihren Bedeutungsgehalt einzubüßen. Übrigens standen bekanntlich einige dieser Bruderschaften, z. B. die *Basoche*, dem weltlichen Theater Pate.

Abgesehen von der Basoche, eine der Rechtsinstitutionen des Ancien Régimes, die wir hier nicht behandeln wollen, da sie sich nicht unmittelbar auf die Narrheit berief, war die älteste dieser Vereinigungen jene der *Ritter des Narrenordens*. Diese Gesellschaft wurde 1381 am Tage des hl. Kuniberts (12. November) in Kleve, einem kleinen Fürstentum beidseitig des Rheins, von Adolph de La Marck, dem Grafen von Kleve, und 35 anderen befreundeten hohen Herren gegründet. Noch Ende des 18. Jahrhunderts fand sich in den Stadtarchiven die Gründungscharta mit den Siegeln der 35 Gründungsväter. Außer dem Siegel des Grafen Adolph, das aus rotem Wachs bestand, waren alle Siegel grün.

Die Mitglieder dieses Ordens versammelten sich jedes Jahr zur Weinlese, also am ersten oder zweiten Sonntag im Oktober, und gingen erst am darauffolgenden Sonntag wieder auseinander. Niemand durfte diesen Versammlungen fernbleiben. Man ließ keinerlei Entschuldigung gelten, außer bei einer offiziell bestätigten Krankheit oder bei einer Reise, die mindestens sechs Tage von Kleve wegführte. Wer ohne einen

Brueghel Inuentor

Versammlung der Narren. Stich aus dem 17. Jahrhundert nach Brueghel
(Sammlung C. Quétel).

solchen Grund bei der Versammlung fehlte, wurde zu einer Geldstrafe von drei Tourainer Pfund zugunsten der Armen verurteilt. Die ganze Woche über lebten die 36 Ritter nur unter sich; sie nahmen gemeinsam die Mahlzeiten ein und hielten ihre feierlichen Plenarsitzungen ab. Am ersten oder zweiten Tag mußten ein König und sechs Berater gewählt werden, die das Fest als Vorsitzende leiteten. Am Dienstag begab sich der gesamte *Narrenorden* im Prunkstaat in den Dom, um für die Seelen der Ritter zu beten, die im Jahr davor gestorben waren. Am Freitag schließlich mußten diejenigen Mitglieder der Bruderschaft, die untereinander Zwistigkeiten hatten, bereits vor Tagesanbruch vor dem versammelten Hof erscheinen und sich noch vor Sonnenuntergang miteinander versöhnen.

Das Ordenswappen, das auf die Mäntel aller Ritter, einschließlich des Königs und seiner sechs Berater gestickt war, stellte einen Narren mit einer halb silbernen, halb roten Schellenkappe dar. Dieser Narr hielt eine vergoldete Silberschale mit Früchten in der Hand, die die Verbundenheit unter den Brüdern symbolisiert. Jeder Ritter, der das Wappen nicht trug, mußte dieselbe Geldstrafe zahlen, die für das Fernbleiben von der Versammlung zu entrichten war.

Abgesehen von dem Namen und den symbolischen Attributen hatte der *Narrenorden* von Kleve allerdings nichts Närrisches an sich. Seinen Prinzipien nach zu urteilen, erinnerte er eher an eine Freimaurerloge. So waren die Ritter verpflichtet, während ihrer Jahresversammlung in vollkommener Gleichheit miteinander zu leben. Es zählten weder Rang noch Vermögen; es gab keinerlei Hierarchie, keine Zwänge und keine Privilegien. Bei den Beratungen und Festbanketten sollte allein das Prinzip der Brüderlichkeit herrschen. Kein Mitglied der Vereinigung gab sich jemals öffentlich auch nur der geringsten Ausschweifung hin. Wenn die Ritter sich amüsierten, so taten sie dies ganz zurückgezogen und nur unter sich. Aber warum, so fragt man sich, nahmen sie dann ausdrücklich auf die Narrheit Bezug? Konnte etwa allein die Narrheit dieses Gesellschaftsmodell rechtfertigen? Mußte man sich zum Narren erklären, wenn man Gleichheit und Brüderlichkeit zu praktizieren wagte? Wahrscheinlich war dies der Grund. Selbstverständlich handelte es sich nur um ein utopisches Spiel, das allein den Fürsten vorbehalten war und dem aristokratischen Ideal entsprach. Dennoch hatte diese Mikrogesellschaft einen exemplarischen Wert, so selektiv ihre Auslese auch sein mochte. Das Freimaurertum des 18. Jahrhunderts hat sich ja ebenfalls vorwiegend in der Aristokratie entwickelt.

Siegel aus rotem Wachs an den Zunftbriefen Heinrichs II. von Bourbon,
Prinz de Condé, die er 1626 bei seiner Aufnahme in die Gesellschaft der
Mère Folle aus Dijon erhielt.

Aller Wahrscheinlichkeit nach rief dieser *Narrenorden* aus Kleve die
Compagnie de la Mère Folle in Dijon, auch *Infanterie dijonnaise* genannt, ins Leben. Diese Narrenvereinigung ist nicht nur die berühmte-
ste ihrer Art, sondern auch die am besten bekannte. Angeblich wurde
sie von Engelbert von Kleve gegründet, einem Nachkommen des Grafen Adolph und hohen Würdenträger am Hofe von Burgund. Auch
wenn wir das Gründungsdatum dieser Gesellschaft nicht kennen, steht
fest, daß sie unter Philipp dem Guten existierte, da dieser am 27. Dezember 1454 ihre Existenz in einem Versgedicht bestätigte. Hier ein
Auszug:

> *Philippe, par la grâce de Dieu*
> *Duc de Bourgogne, ce bon lieu,*

69

De Lothier, Brabant et Limbourg,
Tenant à bon droit Luxembourg
....
Voulons, consentons, ordonnons,
Pour nous et pour nos successeurs,
Des lieux ci-dessus dits seigneurs,
Que cette fête célébrée
Soit à jamais un jour l'année,
Le premier du mois de janvier;
Et que joyeux Fous sans dangier
De l'habit de notre chapelle
fassent la fête bonne et belle,
Sans outrage ou dérision;
Et n'y soit contradiction
Mise par aucun des plus sages;
Mais la feront les fous volages
Doucement, tant qu'argent leur dure,
Un jour ou deux... *

Die Vereinigung wurde 1482 neuerlich bestätigt, und zwar von Jean d'Amboise, Bischof und Herzog von Langres, Pair von Frankreich und Statthalter von Burgund, sowie von Herrn von Baudricourt, ebenfalls Statthalter von Burgund. Wie man sieht, handelt es sich um eine höchst offizielle Einrichtung. Die *Compagnie* bestand aus über 500 Personen, darunter mehrere Adlige und Vertreter der reichen Amtsbourgeoisie: Beamte des Parlaments und des Rechnungshofs, Advokaten, Prokuratoren[37] und sogar einige Kaufleute und Bürger bescheideneren Rangs. Die Organisation der Vereinigung lehnte sich eindeutig an das Militär an. Das Gros der Truppe trug die Bezeichnung *Infanterie* und versammelte sich auf Anordnung des *Procureur fiscal* oder *Fiscal vert*, der eine Einladung in Versform erließ. An der Spitze der Gesellschaft stand eine Art Monarch, der mit Stimmenmehrheit gewählt wurde. Ausschlaggebend waren gutes Aussehen, gute Manieren und ein rechtschaffener Charakter. Obwohl es sich immer um einen Mann handelte (unseres

---

* »Wir Philipp von Gottes Gnaden,/ Herzog von Burgund, diesem schönen Land,/ Herr über Louthier, Brabant, Limburg/ und mit gutem Recht auch über Luxemburg/ .../ wünschen, gestatten und befehlen/ für uns und unsere Nachfolger,/ der obengenannten Länder Herren,/ daß dieses berühmte Fest/ auf immer jedes Jahr an einem Tag/ und zwar am ersten Januar gefeiert werde;/ die lustigen Narren sollen ohne Gefahr/ zu Ehren der Renovierung unserer Kapelle/ ein schönes und gutes Fest bereiten,/ ohne Beschimpfung und ohne Spott;/ Und nicht einmal die Weisesten sollen/ etwas dagegen vorbringen dürfen;/ sondern ein oder zwei Tage, solange das Geld reicht,/ dürfen die leichtlebigen Narren/ das Fest maßvoll gestalten...«

Wissens nahm die Gesellschaft keine Frauen auf), wurde dieser Monarch *Mère folle* genannt. Natürlich drängt sich hier der Vergleich mit den *Mères des Compagnons du devoir* auf. Tatsächlich wählten bekanntlich die Gesellen in jeder Stadt ihrer Tour de France bei einer traditionellen Feier eine *Mère*. Das Haus dieser *Mère*, häufig eine Herberge der Stadt oder Ortschaft, bildete den wahren Sitz der Zunft, also den Ort, an dem die Gesellen aßen, schliefen, ihre Versammlungen abhielten und ihre Unterlagen aufbewahrten. Der Leiter dieser Herberge wurde *Mère* genannt, auch wenn es sich um einen Mann handelte, und die Gesellen sagten: »Wir gehen zur Mutter.« Zweifellos bestand zwischen den Gesellenverbänden und bestimmten Narrengesellschaften eine enge Beziehung, zumindest was die Organisation angeht. So wissen wir auch, daß die Gesellenverbände aktiv an verschiedenen Festen und burlesken Umzügen teilnahmen.

Die *Mère folle* von Dijon genoß sämtliche Privilegien eines Souveräns. Sie besaß einen umfangreichen Hofstaat, zu dem eine Schweizergarde, berittene Garden, Gerichtsbeamte, Hofbeamte und ein Kanzler samt Junker gehörten, wobei sich die einzelnen Würdenträger durch ihre Kostüme voneinander unterschieden. Vor allem aber verfügte die *Mère folle* über eine genuine Rechtsgewalt, stand es doch in ihrer Macht, rechtskräftige Urteile zu fällen, gegen die freilich Berufung beim Parlament von Dijon eingelegt werden konnte. So liegt uns ein Erlaß dieses Gerichtshofs vom 6. Februar 1579 vor, der ein Urteil der *Mère folle* ratifiziert. Dieser Sachverhalt ist insofern wichtig, als er ein uns heute unbegreifliches Phänomen beleuchtet, nämlich die Überlagerung von Spiel und Realität, die Vermischung der Macht des spielerischen Elements und der Macht der Rechtsprechung.

An den Festtagen hißte die ungefähr 200 Mann starke *Infanterie dijonnaise* eine Standarte, auf der eine Unzahl von Narrenköpfen mit der Narrenkappe und der Leitspruch der Kompanie *Stultorum numerus infinitus est* zu sehen waren. Die *Mère folle* besaß ebenfalls eine Fahne mit zwei Wimpeln, die in den drei Farben der Herzöge von Burgund, rot, gelb und grün gehalten war. Im Zentrum saß eine Gestalt mit der zweizipfligen Narrenkappe und einem Narrenzepter in der Hand. Hinter dieser allegorischen Darstellung der *Mère folle* stand die Narrheit selbst, die in der einen Hand das Zepter schwang und in der anderen eine Pergamentrolle, wahrscheinlich die Verfassung des Ordens, hielt.

Üblicherweise wurden die Versammlungen der Gesellschaft an den letzten drei Karnevalstagen im Festsaal des Fischmarkts abgehalten, und zwar auf Antrag des *Procureur fiscal*, der jedem Mitglied eine in burlesken Versen abgefaßte Einladung zusandte. Nach du Tilliot trugen alle Gäste bei diesem Anlaß »bunte Kostüme in Grün, Rot oder Gelb, sowie eine Mütze in derselben Farbe mit Schellen und mit zwei Zacken oder Hörnern. Außerdem hielten sie Narrenzepter in der Hand, die mit einem Narrenkopf geziert waren«. Traf man sich zu einem Festschmaus, so brachte jedes Mitglied seine eigene Speise mit. Eine Schweizergarde von 50 Mann, ausgewählt aus den reichsten Handwerkern der Stadt, hielt unterdessen an der Saaltür Wache.

Wenn die Geburt, die Hochzeit oder der Geburtstag eines Fürsten zu feiern waren, sowie alljährlich zu Karneval, zog die Gesellschaft vollzählig und in großem Prunk in genau festgelegter Reihenfolge durch die Straßen der Stadt. Vorneweg marschierten zwei Herolde, gefolgt von dem Gardehauptmann. Dahinter kam die eigentliche *Infanterie* in großen, buntbemalten Wagen, die von sechs Pferden, geschmückt mit dreifarbigen Schabracken, gezogen wurden. Darauf folgte auf einem Schimmel die Hauptperson des Festtags, die *Mère folle*, flankiert von zwei Herolden, zahlreichen Hofdamen, sechs Pagen und zwölf Lakaien. Ihr zur Seite schritt der Insignienträger, dahinter kamen in strenger Anordnung 60 Offiziere, die Knappen, Falkner, großen Jäger, verschiedene Würdenträger, die Standarte der Gesellschaft, an die 50 Ritter, der *Fiscal vert* und seine zwei Berater. Den Schluß dieses Aufmarsches bildete die Schweizergarde. Dreimal machte der Umzug auf seinem Wege halt: zuerst vor dem Haus des Statthalters, dann vor dem des ersten Ratsvorsitzenden und schließlich beim Bürgermeister. Bei jedem Halt trug ein eigens dazu auserwähltes Mitglied ein Versstück vor. Nach P. Ménestrier bestiegen jedes Jahr zu Karneval verschiedene Honoratioren der Stadt, als Winzer verkleidet, die Wagen der *Infanterie* und sangen während des ganzen Zuges satirische Lieder, »die gleichsam eine öffentliche Kritik der damaligen Sitten darstellten«.[38]

Zur Geburt des Thronfolgers, des späteren Ludwig XIV., im Jahre 1638 liegt uns ein »Bericht der Ereignisse, so geschehen in der Stadt Dijon« vor, in dem folgendes zu lesen steht: »Die Dijoner Infanterie, die die sanfte, lange Friedenszeit in ehrbarem Rahmen zu einer öffentlichen Erbauung erhoben hat, erschien nun in ihrem vollen Glanze. Sie bestand aus mehr als 400 maskierten Männern zu Pferde, die mit bunten Gewändern in den verschiedensten Farben angetan waren und lustige Verse auf die glückliche Geburt zum besten gaben.«[39]

Es kam auch vor, daß die Gesellschaft außerhalb der Festzeiten und offiziellen Feierlichkeiten in Aktion trat. War etwas Außergewöhnliches geschehen, sei es ein komisches oder tragisches Ereignis, eine Mißheirat, ein Raub oder Mord, eine Entführung oder sonst ein Skan-

Deßein du chariot de l'Infanterie Dijonnoise du Cabinet de M. du Tilliot.

*Le monde est plein de Fous, et qui n'en veut pas voir
Doit se tenir seul et casser son miroir.*

Wagen der Infanterie aus Dijon.

dal? Schon setzten sich die buntbemalten Karren in Bewegung und rollten durch die Stadt. Die Mitglieder der *Infanterie* spielten eine Stegreifkomödie oder einfach einige Dialoge zu dem jeweiligen Geschehen, wobei sie sich verkleideten und die wirklichen Beteiligten nachspielten bzw. parodierten.

Trotz ihres schalkhaften Äußeren war die *Compagnie de la Mère folle* im Grunde nichts geringeres als eine Art Rotary Club, in dem sich die wichtigsten Persönlichkeiten der Stadt unter dem Schutzschild der Narrheit vereinigten. Auf der Mitgliederliste tauchen denn auch berühmte Namen auf, wie Henri de Bourbon, Prince de Condé, erster Fürst von Geblüt und Vater des Grand Condé, der 1626 Mitglied der *Compagnie* wurde; Heinrich von Lothringen, Fürst d'Harricourt, einer der tapfersten Heerführer von Ludwig XIII.; außerdem der Herzog de La Rivière, Bischof von Langres und Pair von Frankreich, und Jean de Vandenesse, Superintendent am Hofe von Karl V. und später von Philipp II., bevor er sich nach Burgund zurückzog, wo er im hohen Alter starb. Der letzte Kommandant der Infanterie oder *Mère folle*, Philippe des Champs, bekleidete trotz seiner bescheidenen Herkunft das Amt des Parlamentsprokurators und Syndikus der Stände von Burgund. Dieser Beamte schämte sich seiner Narrenwürde keineswegs, und auch sonst dachte niemand daran, sich über den Titel der *Mère folle*

Stab der Gesellschaft der *Mère folle*
aus Dijon.

lustig zu machen. Selbst ein so hoher Herr wie der Herzog de Belle-
garde hielt den Titel in Ehren und befand ihn seines Schutzes würdig.
Zum Schluß wollen wir noch die für diese Gesellschaft charakteristische Mischung der sozialen Stände hervorheben, denn im Ancien Régime finden sich hierfür vor den ersten Freimaurerlogen nur wenige
Beispiele.

Um Mitglied der *Compagnie* zu werden, mußte man sich einem Tribunal, bestehend aus der *Mère folle* und den wichtigsten Würdenträgern,
stellen. Der *Fiscal vert* legte dem Bewerber, der aufrecht vor ihm stand,
eine Reihe von gereimten Fragen vor, die dieser ebenfalls in Versform
beantworten mußte, wobei er seine Schlagfertigkeit beweisen sollte.
Gelang ihm dies nicht, wurde seine Bewerbung vertagt. Die Aufnahme-
zeremonie bestand darin, daß man dem Neuling eine dreifarbige Kappe
auf den Kopf setzte und feierlich ein Pergament mit den Zunftbriefen
überreichte, das ebenfalls in drei Farben versiegelt war. Es versteht sich,
daß die Urkunde in burlesker Sprache verfaßt war. Dank du Tilliot ist
uns die Urkunde überliefert, die dem Herzog de la Rivière ausgehändigt worden war. Es handelt sich um eine genüßliche Parodie auf die
gedrechselte Sprache des Rechts, deren Wiederholungen, Anhäufungen
und feierlicher Tonfall fröhlich heruntergeputzt werden. Dieses kleine
Meisterwerk lautet wie folgt:

»Die unübertrefflichen und wunderbaren Mitglieder der *Dijoner
Infanterie*, Zöglinge des Apolls und der Musen, rechtmäßige
Kinder des hochwohlgeborenen Gutwetters lassen alle Narren,
Erznarren, Launischen, Windigen, Dichter von Natur, Statur und
A-Dur, alte und neue, anwesende und abwesende Almanache,
Pistolen*, Dukaten, Portugieser, Jakober**, Taler und andere
spindeldürre Dudelsäcke wissen, daß der edle und großmächtige
Herr von Rivière, bischöflicher Herzog und Pair von Langres,
welcher wünschte, sich der Versammlung anzuschließen, und den
wir für befähigt anerkennen, die dreifarbige Kappe und das Zepter
der weisen Narrheit zu tragen, damit er in ihnen zu allen Freuden
der Kinnladen, jedweder Freiheit, Galanterie, Dreistigkeit, Selbst-
gefälligkeit und Erfahrenheit der Zähne gelange, die von einem
Liebling der Schenken erwartet werden dürfen, tatsächlich seine
Kappe genannte Kapuze empfangen und auch aufgesetzt hat, den
berühmten Zepter in die Hand genommen und feierlich beteuert

* Ursprünglich spanische Goldmünze (Anm. d. Ü.)
** Englische Goldmünze (Anm. d. Ü.)

Revers du Guidon de l'Infanterie Dijonnoise

Stiche aus du Tilliots
Mémoires pour servir à l'histoire de la fête des fous (1741).
Sammlung des Autors.

hat, daß er die besagte Narrheit achten und schützen werde immerdar, und zu diesem Behufe eingeschrieben werden möchte in die Zahl der Kinder unserer höchstschrecklichen Dame und *Mutter*, wobei zu beachten, daß besagter Herr ein Mann ist, was immer mit Narrheit einhergeht. Aus diesen Gründen haben wir die Ansicht unserer besagten Dame und Mutter eingeholt und durch diese Anwesenden *hurelu, berelu* besagten Herren von la Rivière in besagter Infanterie aufgenommen und eingeführt bzw. nehmen wir ihn auf und verleiben wir ihn ein, auf daß er hier bleibe und in das innere Kabinett aufgenommen werde, solange die Narrheit existiert, um hier den Dienst zu tun, dessen er würdig erachtet wird, aufgrund seines natürlichen Instinkts für Ehren, Privilegien, Vorränge, Vorrechte, Autorität, Macht und Geburt, die der Himmel ihm gegeben hat zusammen mit der Befugnis, durch die ganze Welt zu laufen, närrische Taten zu vollbringen und das Ganze, wenn nötig, den seiner Größe geschuldeten Pfändern hinzuzufügen oder von ihnen abzuziehen, welche ihrerseits beruhen auf der Niederlage und dem Untergang der Feinde Frankreichs, von denen wir ihm gestatten, sich solche Spezies zu nehmen, die er für passend erachtet; denn so wünschen und befehlen wir es. So geschrieben zu Dijon.«

Da das gesamte Zeremoniell der *Compagnie* auf der Burleske beruhte, mußten auch die Strafen gegen die Feinde der Bruderschaft dem Geist des Frohsinns Rechnung tragen. Wenn also ein Fremder die Gesellschaft verleumdet oder einem ihrer Mitglieder einen Schaden zugefügt hatte, wurde er vor das Tribunal der *Mère folle* zitiert und dazu verurteilt, mehrere Gläser Wein hintereinander zu trinken – wahrlich eine grausame Strafe in der Hauptstadt Burgunds! Weigerte er sich jedoch, dem Urteilsspruch nachzukommen, so mußte er mitansehen, wie die Garde der *Mère folle* bei ihm einfiel, sich in seinem Haus breitmachte und sich auf seine Kosten von den Händlern nebenan bewirten ließ, bis die Strafe abbezahlt war. Man braucht wohl kaum zu sagen, daß der Schuldige sich nur allzubald dem Urteil fügte...

Die Vereinigung gab sich mit ihrer beachtlichen Rolle im öffentlichen und privaten Leben Dijons noch nicht zufrieden; sie breitete sich auch in anderen Städten Burgunds aus, wie z. B. in Chalons, wo die Bruderschaft der *Gaillardons* derselben Kunst der Parodie huldigte. Dennoch sollte die *Compagnie de la Mère folle* dasselbe Schicksal ereilen wie so viele andere Vereinigungen ähnlicher Art. Zu Anfang des 18. Jahrhunderts entdeckte nämlich die Ordnungsmacht, daß diese Vergnügungen das gebotene Maß überschritten und zu Mißbräuchen führen würden. Man warf der Bruderschaft vor, sich unerträgliche Frechheiten herauszunehmen. Was für eine Neuigkeit! Die Wahrheit ist, daß die herrschende Ordnungsmacht im Zuge des aufkommenden Absolutismus, besonders seit Richelieu, immer weniger die Existenz unabhängiger Gruppen ertrug, die die Freiheit genossen, die Herrschenden zu verspotten, und dies auch ausgiebig taten. Die *Gaillardons* waren als erste betroffen, und zwar durch einen Erlaß der »Stadtkammer« von Chalons vom 31. Januar 1626, in dem »den Einwohnern der gesamten Stadt verboten (wurde), unter den Bezeichnungen *Mère folle* oder *Gaillardons* öffentliche oder geheime Versammlungen abzuhalten, truppweise mit oder ohne Masken, zu Fuß oder zu Pferde aufzuziehen und Verse, Satiren, Prosa, Szenen oder ähnliches vorzutragen oder zu singen«. Wenn Kinder oder Dienstboten das Verbot mißachteten, sollten die Familienoberhäupter zur Verantwortung gezogen werden.

Dieser Erlaß rief eine solche Welle von Protesten bei der Bevölkerung von Chalons hervor, besonders bei den Jugendlichen, daß sich die Ordnungsmacht gezwungen sah, Abstand davon zu nehmen. Kaum 20 Tage später, am 18. Februar 1626, veröffentlichte die Stadtverwaltung »auf Antrag der Jugend von Chalons« ein zweites Edikt, in dem die Lustbarkeiten erneut gestattet wurden, allerdings unter der Bedingung, daß sie nur mit Erlaubnis des Magistrats sowie in geregelten Bahnen, »ohne Lärm noch Skandal« ablaufen und die öffentlich vorgetragenen Texte einer Vorzensur unterworfen würden.[40]

Richelieu war nicht der Mann, der bereit war, eine Niederlage hinzunehmen, auch wenn die Schmach in diesem Fall offiziell nur die regionalen Behörden traf. Vier Jahre später unternahm er einen Gewaltstreich und griff die allmächtige Vereinigung der *Mère folle* selbst an. Diesmal ging das Verbot von der königlichen Macht aus: Das Edikt, das die Auflösung der Vereinigung anordnet, wird am 21. Juni 1630 von Ludwig XIII. in Lyon unterzeichnet und am 5. Juli desselben Jahres bei Gericht eingetragen. Dieser Erlaß offenbart unverhohlen die Anmaßung einer Macht, die keinen Rivalen neben sich duldet, sei es auch nur ein Königreich aus Pappmaché mit einem Karnevalsprinzen. Es ist darin von »Klagen« die Rede, die in Dijon gegen den »empörenden Brauch« der *Infanterie* und der *Mère folle* laut geworden seien, da dieses für die »Unordnung«, »Ausschreitungen« und Verstöße gegen die »guten Sitten, die Ruhe und Ordnung in der Stadt« verantwortlich sei. Um »das Übel mit den Wurzeln auszurotten und zu verhindern, daß es in baldiger Zukunft wiederkehre«, ordnete das königliche Edikt die Aufhebung und Abschaffung der Vereinigung an. Allen Stadtbewohnern wurde untersagt, der Gesellschaft beizutreten oder »gemeinsam Feste zu feiern«, mit der Androhung, bei Zuwiderhandeln unwiderruflich für unwürdig erklärt zu werden, ein öffentliches Amt zu bekleiden, und als »Ruhestörer der öffentlichen Ordnung« verurteilt zu werden.[41]

Man könnte fast meinen, Jupiter selbst hätte seine Blitze gegen das Fastnachttreiben geschleudert. Immerhin nahm der Gott des Olymps die Sarkasmen eines Momus gelassen hin. Nicht so Richelieu. Bei seinem Angriff gegen die *Mère folle* hatte er sich jedoch einen starken Gegner ausgesucht. Die Vereinigung zählte nicht nur die Spitze der Provinzaristokratie und sogar einen gebürtigen Prinzen in ihren Reihen; sie hatte außerdem den mächtigsten Verbündeten, den man sich denken kann, nämlich eine jahrhundertealte Tradition. So wehrte sich die *Compagnie de la Mère folle* noch lange, ehe sie sich dem Willen des Königs unterwarf. Wir haben ja bereits gesehen, daß sie noch acht Tage nach dem Erlaß in fröhlicher Pracht die Geburt von Ludwig XIV. feierte. Dafür brauchte sie allerdings bereits eine Ausnahmegenehmigung der Regierung, die ihr übrigens bei anderen Gelegenheiten noch mehrmals erteilt werden sollte. Derartig kontrolliert, zensiert, dem guten Willen der Behörden ausgeliefert und ihrer Redefreiheit beraubt, blieb der *Mère folle* letztlich nichts anderes übrig, als zu verschwinden – wie so viele andere Narrengesellschaften auch, die ebenfalls dem politischen Zentralismus zum Opfer fielen. Richelieu hatte gesiegt. Da er die *Mère folle* nicht mit einem Federstrich ausradieren konnte, brachte er sie in seine Abhängigkeit, womit er ihr schließlich genausogut den Hals brach.

Wenn wir die beiden Bruderschaften aus Kleve und Dijon so ausführlich behandelt haben, so deshalb, weil sie die berühmtesten und zugleich die bestorganisierten Vereinigungen waren. Dennoch sollten wir nicht vergessen, daß in Frankreich und anderswo zahlreiche andere Gruppierungen ähnlicher Art mit mehr oder weniger ausgefeilten Statuten existierten. Ihre wesentliche Aufgabe bestand darin, an bestimmten festen Tagen im Jahr, vor allem zu Karneval, parodistische und satirische Umzüge, Farcen, Maskenbälle, Paraden usw. zu organisieren. Bekannt sind die *Enfants-sans-souci*, die *Mère sotte*, die verschiedenen »Abteien« von *Maugouvert* und *Bongouvert* sowie die *conards* oder *cornards*, die sich – die einen eher elitärer, die anderen vorwiegend volkstümlicher und bäuerlicher Zusammensetzung – den jeweiligen Festgebräuchen entsprechend in zahlreichen Städten und Ortschaften Frankreichs bildeten.

Die *cornards* aus Rouen und Evreux wählten jedes Jahr einen Anführer, den sogenannten *Abbas Cornadorum*, der am Tage des hl. Barnabas

Szene aus dem Umzug einer Narrengesellschaft.
Holzschnitt aus dem 15. Jahrhundert.
Foto: Stadtbibliothek von Caen (Sammlung C. Quétel).

auf einem Esel, mit einer Mütze auf dem Kopf und dem Bischofsstab in der Hand, durch die Stadt ritt. Er wurde von einer Truppe von *cornards* eskortiert, die Couplets in witzigem Kauderwelsch sangen. Das ganze Fest über hatten die *cornards* Befugnis, Recht zu sprechen, und zwar mit ausdrücklicher Genehmigung des Parlaments von Paris, bekräftigt durch einen Erlaß des Parlaments von Rouen. Das bedeutet, daß sie für diese kurze Zeitspanne als völlig legale Institution anerkannt waren, die im Besitz der Rechtsgewalt war. Während des Karnevals fiel ganz Rouen unter ihre Herrschaft. Sie zogen durch die Straßen und versetzten die Bevölkerung in Angst und Schrecken, vor allem die Adligen, deren lächerliche oder empörende Taten unerbittlich, unter Einsatz von Anklagereden, Plädoyers und grotesken Urteilssprüchen öffentlich abgeurteilt wurden. Drei Tage lang hielten die *cornards* ein regelrechtes fahrendes Gericht ab. Sie postierten sich unter den Fenstern ihrer Opfer: Winkeladvokaten, betrogene Ehemänner, unehrliche Kaufleute, heruntergekommene Priester, Scharlatane usw., und geißelten sie mit ihren Spottreden. Solange diese Saturnalien dauerten, traute sich kein Bürger, die Nase vor die Tür zu stecken; in ihrem Haus verbarrikadiert, hörten die Bewohner mit schweißbedeckter Stirn, wie das spöttische Gejohle der Menge näherkam. Lange vor Karneval hatten nämlich die *cornards* die Stadt sorgfältig durchkämmt und über jeden einzelnen den Tratsch der Klatschbasen des Viertels eingeholt, mit dem diese ja niemals geizen. – In guter Rabelaisscher Tradition bildete ein riesiges Festmahl auf dem Marktplatz Höhepunkt und Abschluß des Festes.

Ob religiöse, politische oder richterliche Macht, es gibt kein Feld der Autorität, das nicht von Zeit zu Zeit von Gegenströmungen unterlaufen worden wäre. Diese kollektiven Ausbrüche finden oftmals unter der Maske des Narren statt, weil allein Narrheit sie legitimieren kann: Man muß verrückt sein – oder zumindest so erscheinen –, um die Scheinwelt des Alltags zu durchbrechen und eine *andere* Sprache zu Gehör zu bringen. Dennoch bleibt festzuhalten: Der Umsturz, die Subversion der Macht ist in die Macht selbst eingebaut. Die Ordnung besteht, um auf den Kopf gestellt zu werden, die Hierarchie, um umgestoßen zu werden, das Heilige, um entweiht zu werden. Es gibt keine Gesellschaft, die nicht ihre Überwindung ins Gegenteil selbst hervorbringt.

Diese Kraft der Umkehrung, die wir bis jetzt in einer kollektiven Gestalt (nämlich der großen Masse der Beherrschten) betrachtet haben, verkörpert sich nun in einer Person, die zugleich eins und vielfältig ist, Gegensatz und Ergänzung der Macht: im Narr des Königs, dessen faszinierende Geschichte wir nun verfolgen wollen.

Viertes Kapitel

Der Hofnarr

Wenn wir von der kollektiven Gestalt zur individuellen Person des Narren übergehen, müssen wir die Feder des Mythologen, dem es stets mehr um die Interpretation als ums Berichten geht, mit der des Historikers vertauschen. Endlich etwas Konkretes und Handfestes, so wird man sagen, endlich befinden wir uns auf dem festen Boden unwiderlegbarer Beweise, die uns die Dokumente in den Archiven bereitstellen. Doch auf die Gefahr hin, manchen zu enttäuschen, müssen wir eingangs feststellen, daß dem keineswegs so ist: Der Mythos gehört nun einmal zur Geschichte der Narren und läßt sich nicht so leicht aus ihr wegdenken. Nicht, daß wir keine ernst zu nehmenden Angaben über die Possenreißer besäßen. Nur sind diese gespickt mit so vielen Legenden, verfälschten Anekdoten, zweifelhaften Possen und Bonmots, die mal dem einen, mal dem anderen Narren zugeschrieben werden; soviel wurde über die Spaßmacher fabuliert und phantasiert, ihre Phantasie und Schlagfertigkeit wurde so stark übertrieben, daß sich Fiktion und Wirklichkeit vermengt haben und man manchmal darauf verzichten muß, sie auseinanderzuhalten. Auch wenn diese Schwierigkeit bei jeder Geschichtsforschung auftritt, wird sie hier noch durch das Metier verdoppelt, das diese Männer und Frauen ausüben. Es ist ja immer noch eine seltsame und geheimnisvolle Tätigkeit, die weit in die Traumwelt hineinreicht. Doch sollte uns das wundern? Bietet nicht gerade die Narrheit dem Unvorhersehbaren und Ungreifbaren Raum? Ist nicht jeder Wahnsinn, ob wirklich oder gespielt, letztlich ein ununterbrochenes Erfinden und Neuschaffen?

Liest man die Geschichte der Gaukler, so hat man oft den Eindruck, das Leben ein- und derselben Person von ihrer Geburt bis zum Tode zu verfolgen, so als ob die Identität jedes einzelnen Narren hinter ihrer gemeinsamen Funktion verblassen würde. Die Veränderungen, die wir im Laufe der Jahrhunderte beobachten können, betreffen weniger die Individuen, die dieses Amt ausüben, als vielmehr die Funktion selbst. Selbst bei so starken Persönlichkeiten wie Chicot, Meister Guillaume und Mathurine bleibt häufig ein Rest von Imaginärem, der ihr wahres Gesicht verschleiert. Auch die umfangreiche Literatur, die sich besonders ab dem 16. Jahrhundert um die Narren herum bildete, lüftet die Masken keineswegs; sie versucht lediglich, die Geschichte für den Mythos auszubeuten. Erzählungen, Schmähschriften, Satiren, Pamphlete und närrische Schriften aller Art, die unter dem Namen des jeweiligen Narren oder der jeweiligen Närrin erschienen, bildeten einen stereotypen Diskurs nach dem Bilde ihrer Verfasser. Hier wird das Wort des Narren lebendig – oder genauer gesagt, das was von ihm erwartet wurde. Diese zwar von moralischen Zwängen befreite, aber hergebrachte, festgelegte Sprechweise variierte weder in ihren Themen (meist eine religiöse oder politische Polemik) noch in ihrer Tonart: Sarkasmus und Spott, Obszönität und Unflätigkeiten überwiegen.

Der Hofnarr besaß weder eine eigene Identität noch einen Eigennamen. Normalerweise wurde ihm ein Spitzname verpaßt, den man je nach Bedarf wiederverwenden konnte. So kennen wir zwei *Triboulet*, nicht weniger als drei *Gonella* (am Hofe von Ferrara) und gut ein halbes Dutzend *Dame des Toutes Couleurs*. Der Name bezeichnet hier eigentlich kein Individuum, sondern einen Stand, so wie *Harlekin, Colombine* und *Pantalon* nicht für Personen, sondern für Charaktere stehen.

Galt der Possenreißer als Mensch oder Tier? Trotz seiner Eselsohren wurde der Narr, selbst im tiefsten Mittelalter, von niemandem völlig mit dem Tier gleichgesetzt. Dennoch zögerte man umgekehrt, ihn ganz in die Kategorie des Menschen aufzunehmen. Bis zur Renaissance erschien er als bizarre Laune der Natur oder als seltsames Zwitterwesen, das, ebenso wie die Jagdhunde, Greifvögel, dressierten Tiere, Zwerge und Monstren aller Art, zur königlichen Menagerie gehörte. Wie all diese Geschöpfe kam der Narr in den Genuß der bevorzugten Behandlung, die wir weiter oben beschrieben haben. Im Gegensatz zu einer hartnäckigen Legende wurde der Narr weniger wegen einer körperlichen Mißbildung als wegen seines geistigen Schwachsinns ausgesucht. Hinkende und Verstümmelte waren eher Ausnahmeerscheinungen. Natürlich wird man dagegen Triboulet I. anführen, der einen ausnehmend kleinen Kopf besaß und mit seinem spitz zulaufenden Schädel die Gäste seines Herrn René d'Anjou in Erstaunen versetzte. Doch die meisten bildnerischen und literarischen Porträts seiner Kollegen weisen keine nennenswerten Mißbildungen auf; sie alle wirken, wenn nicht geistig, so doch körperlich vollkommen gesund. Jedenfalls ist in der ganzen Geschichte des Hofnarren nur ein einziges Beispiel für ein wirkliches Monstrum bekannt. Es handelt sich um den Possenreißer Jakobs IV. von Schottland (1473–1513). Diese janusköpfige Mißgeburt bestand aus zwei unvollständigen Leibern, die am Oberkörper zusammengewachsen waren. Außerdem hatte er zwei gegenüberliegende Gesichter, links und rechts am Kopf. Eine weitere Merkwürdigkeit ist, daß die eine Hälfte musikalisch war und mit ihrem einen Paar Arme Laute spielte, während die andere Musik verabscheute und unmäßig zum

Trinken neigte. Es wird sogar berichtet, daß dieser seinen Zwillingsbruder im Rausch erschlagen und dadurch seinen eigenen Tod herbeigeführt haben soll.

Selbst die Vorstellung, die wir uns heute von den Narren machen, weist diese Vermischung von geistiger Verwirrung und körperlicher Verkrüppelung auf, so als ob Häßlichkeit und Wahnsinn zwangsläufig Hand in Hand gingen. Es stimmt, daß an den mittelalterlichen Höfen beides gefragt war. Es gab keinen Herrscher in Europa, der nicht Zwerge und Debile für sein Kuriositätenkabinett suchte. Die Frage war, wer die schmächtigste Mißgeburt und den zurückgebliebensten Tölpel vorweisen konnte, und es kam sogar vor, daß man die Narren untereinander auslieh, tauschte und verkaufte. Diese Teratophilie gehört zu den Leidenschaften, die die heutige Moral in die dunkelste Ecke unseres Unbewußten verdrängt hat; dabei bringt sie nur jene Art von perverser und verstörender Faszination zum Ausdruck (bzw. verstärkt sie zugleich), die der Mensch von jeher angesichts des Fremden, des Anormalen, ja des Grauenhaften empfunden hat und die übrigens Abneigung und Anziehung zugleich beinhaltet. Noch vor dem letzten Weltkrieg zog das Anatomische Museum, mit dem ein gewisser Dr. Spitzer die Jahrmärkte in Belgien bereiste, das Publikum in Scharen an. Unter dem Alibi der »Gesellschaftshygiene« drängte man sich voller Bewunderung um die atemberaubend echt wirkenden Wachsmodelle, die bizarre Geschöpfe der Natur oder pathologische Fälle darstellten: ein Fötus mit Schwimmhäuten, am Steiß zusammengewachsene Mißgeburten, die verschiedensten Formen von Wucherungen, brandige Geschwüre, krebszerfressene Gewebe, Zirrhosen, Schamritzenentzündungen und nässende Warzengeschwulste.[42] Das Monströse nimmt gleichsam die Schandflecken unseres Körpers und unseres Geistes auf sich und erfüllt offenbar die Funktion eines Schuttabladeplatzes für unsere Abscheulichkeiten. Indem es das Bild filtert, das wir von uns selbst haben, ermöglicht es, uns als gesunde und schöne Wesen zu sehen.

Paradoxerweise wird auch dem wahren Weisen ein ungefälliges Äußeres zugeschrieben (freilich ist nach Erasmus und Rabelais der Abstand von diesem zum Verrückten nicht allzu groß). Man scheut stets davor zurück, dem Körper eines Adonis den Kopf eines Philosophen aufzusetzen: etwa von Sokrates, Diogenes oder Äsop, um nur antike Vorbilder zu nennen. Diese Unvereinbarkeit stellt sich wie ein Naturgesetz dar, das die Gaben des Himmels gerecht verteilen soll: dem einen die Anmut des Körpers, dem anderen die des Geistes. Vor allem aber wird die Häßlichkeit – wenn auch eher unbewußt – als eine Herausforderung an die Ordnung und Harmonie, ja sogar als Angriff auf sie empfunden.

Sie verletzt nicht nur das Auge, sie stört und zerbricht das herkömmliche Wertesystem oder stellt es zumindest in Frage. Die Häßlichkeit ist ein Skandal im eigentlichen Sinne des Wortes, ein Hindernis, das sich uns in den Weg stellt. Es ist durchaus bezeichnend, daß die Wahrheit des Weisen so oft einem ungestalten Körper entströmt, einem grotesken und zugleich bemitleidenswerten Krüppel. Und nicht weniger aufschlußreich ist, daß man meint, diese Entsprechung auch bei jener großen Abnormität finden zu müssen, die der Narr darstellt, ist doch auch seine Wahrheit ein Skandal.

Wollte man als königlicher Narr erfolgreich sein, war es jedenfalls mehr wert, einen wirren Geist vorweisen zu können als eine groteske Gestalt. Wem aber die Natur großzügigerweise beides verliehen hatte, dem stand eine brillante Karriere offen. Eine Verkümmerung des Gehirns, die vielleicht durch einen Buckel, einen Wasserkopf, eine starke Kieferanomalie oder wenigstens durch Hinken und Stottern unterstrichen wird, machte den Narren zum Star der Menagerie und zum Gegenstand aller Fürsorge, kurz: zum Stolz seines Besitzers. Aber auch ein durchschnittlich Debiler, der keinen nennenswerten körperlichen Makel hatte, brauchte sich über sein Schicksal keineswegs zu beklagen. Wenn er nur »gut abgerichtet« war und es verstand, Sprünge zu machen, sich zu drehen und zu winden, Trompete oder Rebec* zu spielen, tausend Dummheiten von sich zu geben und tausenderlei Grimassen zu schneiden, kurz: Wenn er seine Rolle als Idiot bis zur Perfektion beherrschte, wurde der Narr ebenso gut behandelt wie die Pfauen und Sperber im Vogelhaus. Wir werden später noch auf seine materielle und gesellschaftliche Lage zurückkommen. Im Augenblick sei nur gesagt, daß sie gut war, so gut sogar, daß manche nicht zögern, den Schwachsinnigen zu spielen, um engagiert zu werden. Schon in der römischen Antike riß man sich um die Narren; ein echter Kretin wurde mit Gold aufgewogen, verlor aber jeden Wert, wenn er sich als Simulant herausstellte. Martial berichtet in einem Distichon, wie ihn ein solcher »Falschspieler in Sachen Psychopathologie« hereinlegte:

Morio dictus erat: viginti milibus emi
Redde mihi nummos, Gargilianus: sapit.[43]**

Die Frage ist: Waren die Narren »Arme im Geiste« oder bloße Heuchler? Offen gesagt bleibt diese Ambivalenz bestehen, denn die Zeitbe-

---

* Mittelalterliches Saiteninstrument (Anm. d. Ü.)
** »Narr sollt er sein: ich zahlte drum zwanzigtausend und kauft ihn./ Gib mir mein Geld zurück, Gargilian: er ist klug.«

richte, die wir besitzen, weisen zahlreiche Widersprüche auf. In der Anfangszeit dieses Metiers haben wir es anscheinend mit echten Schwachsinnigen zu tun, und doch geschieht es mehr als einmal, daß uns einer von ihnen mit seiner Schlagfertigkeit, einem zutreffenden Urteil oder einer scharfsinnigen Entgegnung in Erstaunen versetzt. Daß auch aus dem Munde eines Dummen mal ein vernünftiges Wort kommt, mag ja vorkommen. Geschieht dies aber öfters, wird die Sache verdächtig. Freilich brauchen wir hier kein Wunder oder Geheimnis zu vermuten: Wahrscheinlich hatte sich einfach ein fröhlicher aufgeweckter Kerl mit einem hellen Kopf, scharfer Zunge und ausgeprägter Spottlust für einen Tölpel ausgegeben. Am Ende des Mittelalters häufen sich diese Fälle derartig, daß wir nicht mehr davon ausgehen können, man habe diese Simulanten für echte Schwachsinnige gehalten. Wahrscheinlicher ist, daß zu dieser Zeit die Narrheit bereits als bloße Metapher begriffen wurde und daß der »Mann mit dem Narrenzepter« in vielen Fällen nichts anderes war als ein Schmierenkomödiant, der den harmlosen Toren mimte. Zusammenfassend kann man sagen: Während anfangs die Mehrheit der Narren aus echten Verrückten bestand, nahm nach und nach die Zahl der Schauspieler unter ihnen zu, die den Wahnsinn nur simulierten. Seit der Renaissance gehörten fast alle Narren zur zweiten Kategorie.

Der Hofnarr existiert seit unvordenklicher Zeit: Schon bei den Göttern des Olymps begegnet er uns in Gestalt des Momus, des Sohns der Nacht, Gott der Kritik und des Sarkasmus, Zensor der Göttersitten, dessen Spöttleien selbst Jupiter nicht entging. Nur Venus fand in seinen Augen Gnade, da sie die Vollkommenheit selbst war; er hatte nur an ihrem Schuhwerk etwas auszusetzen. Schließlich wurde Momus selbst den Unsterblichen so unerträglich, daß sie ihn vom Olymp vertrieben. Er suchte daraufhin Zuflucht bei Bacchus, dem Gott des Weines, der ihn mit offenen Armen empfing, denn Trunkenheit und Narrheit passen bekanntlich gut zusammen. Erasmus erzählt:

»Nun von ihm befreit, genießen die Götter um so ungetrübter und ausschweifender ihren ewigen Frühling und führen, wie Homer sagt, ein sorgloses Leben, da sie jetzt keinen Aufpasser mehr zu fürchten haben. Welche ausgelassenen Späße treibt nicht Priapos? Welche Belustigungen löst nicht Merkur mit seinen Diebereien und Gaukeleien aus? Ja selbst Vulkan spielt bei den Gelagen der Götter den Spaßmacher und heitert die Trinkgesellschaft auf durch seinen hinkenden Gang, durch Anspielungen und durch Witze. Dann sei nicht vergessen jener verliebte Greis Silenos, der mit dem plump einherstampfenden Polyphem und den zartgliedrig-barfüßigen Nymphen beim ländlichen Tanz herumspringt. Und jene Satyren, die, halb bocksgestaltig, sich als Darsteller der Atellanen gebärden. Pan ergötzt die Götter durch seine albernen und zweideutigen Liedchen; aber sie hören ihm lieber zu als selbst den Musen, besonders wenn sie schon vom Nektar betrunken sind.[44]

In der griechischen Mythologie fehlt es nicht an Spaßmachern; für jeden Geschmack findet sich einer: echte und falsche Tölpel, Schlauköpfe und Menschen mit Hirngespinsten. In der *Ilias* führt uns Homer in Gestalt des berühmten Thersites sogar ein Beispiel für den »Narren als Krieger« vor. In der gesamten Geschichte der Infanterie findet sich niemand, der so gemein und feige ist wie er. Thersites legte in seinen Worten eine seltene Maßlosigkeit an den Tag und streute die Schmähungen und Beschimpfungen nur so um sich. Wie der letzte *loustic* stichelte er sogar gegen die Könige, um die Griechen zum Lachen zu bringen. Dazu war er der Abstoßendste von allen, die vor Troja gezogen waren. Er hinkte stark, hatte einen krummen Rücken und vorfallende Schultern; auf seinem Kopf, der wie ein Zuckerhut aussah, sprossen ein paar einzelne Haare. In seinem ganzen gemeinen Zynismus zeigte dieser häßliche Kerl jedoch zugleich wirklichen Mut. Seinen Vorwürfen an Agamemnon fehlte es weder an Schärfe noch an Richtigkeit.[45] Am Ende streckte ihn Achill mit einem Faustschlag nieder, weil er es gewagt hatte, sich über seine Tränen lustig zu machen: Achill beweinte den Tod der Amazone Penthesilea, den er selbst verschuldet hatte.

Die griechische Mythologie ist nicht die einzige, in der Narren vorkommen. Schlägt man das Alte Testament auf, so zeigt sich, daß auch Achisch, der König von Gath zur Zeit von König David, Narren an seinem Hofe hielt. Hier die Geschichte: Als David vor dem Zorne Sauls verkleidet zu Achisch flieht, wird er von den Dienern erkannt. Aus Angst beschließt David, den Verrückten zu spielen, und gebärdet sich wie ein Wahnsinniger. Er trommelt gegen die Torflügel und läßt seinen Speichel in seinen Bart fließen. Da sagt Achisch zu seinen Dienern: »Seht ihr denn nicht, daß der Mensch verrückt ist, warum bringt ihr ihn zu mir? Fehlt es mir etwa an Verrückten, daß ihr diesen zu mir bringt, damit er mich mit seinen Verrücktheiten belästigt? Braucht der in meinen Palast zu kommen?«[46] David machte sich auf der Stelle davon und floh in die Höhle Abdullams. Schon zur Zeit von König Achisch gehörten also Narren, in diesem Fall zweifellos echte Schwachsinnige, zur königlichen Menagerie.

Dem Volksmärchen *Salomon und Markolf* (13. Jahrhundert) zufolge besaß sogar König Salomon einen Narren namens Markolf. Freilich befinden wir uns hier mitten im Reich der Legende. Der Verfasser dieses seltsamen Büchleins berichtet, daß der König der Juden eines Tages zu Füßen seines Throns einen struppigen Zwerg von groteskem Wuchs bemerkt:

>>Wer bist du?«, fragt der König

>>Nenne mir deine Familie, so nenne ich die meine.«

>>Ich stamme aus einer der 12 Familien Judas. Juda zeugte Phares usw. Mein Vater war David, und ich bin der König Salomon.«

>>Und ich, ich stamme aus einer der zwölf Familien Grobians. Grobian zeugte Lümmel, Lümmel Flegel und so fort. Mein Vater war der edle Marquel, und ich bin der Narr Markolf.«

>>Du scheinst mir ein schlauer Fuchs zu sein! Nun, so laß uns miteinander plaudern! Wenn du meine Fragen richtig beantwortest, wird man dich wie einen König behandeln, du bleibst für immer bei mir und wirst vom ganzen Reich geehrt.«

Hierauf entspinnt sich ein Dialog über die verschiedensten Themen: über den Mann, die Frau, die Welt, die Natur, die Bäume, das Gras, den Wein, die Medizin usw. Nicht nur, daß Markolf auf alles eine freimütige und geistreiche Antwort wußte, ab und zu brachte er, der Flegel, der arme unwissende Narr sogar den »Weisesten der Weisen« in Verlegenheit. Verärgert über so viel Kühnheit, verbannte Salomon ihn schließlich aus seinem Umkreis. »Die schmeichelhafte Lüge gefällt dem Kaiser«, seufzte Markolf, als er sich zurückzog, »aber wenn die Wahrheit ans Licht kommt, empört und verletzt sie selbst den Weisesten.« In dieser Sentenz faßt das kleine Buch den langen Dialog zusammen, den der Mann mit dem Zepter und der Mann mit dem Narrenzepter jahrhundertelang miteinander führten.

Steigt man vom Reich der Götter und Helden in das der Sterblichen hinab, stellt man fest, daß der Brauch, Narren zu halten, bereits seit der frühesten Antike existierte. Man findet ihn zur gleichen Zeit bei den Persern, in Susa und Ekbatana, und in Ägypten, wo es in den Gräbern des Heptanomiden Wandgemälde gibt, auf denen reiche Ägypter in Begleitung von unförmigen und grotesken Gestalten dargestellt sind. Auch das berühmte Sanskrit-Epos *Ramayana* erwähnt, daß sich im Gefolge der Prinzessin Sita ein Narr befand. Ist also der Brauch vom

89

Orient ins Abendland eingedrungen, wie oft vermutet wird? Das ist sehr zu bezweifeln. Die reichen Familien in Athen und später in Rom dürften bereits sehr früh Bedienstete besessen haben, die nur dazu da waren, sie bei den Mahlzeiten zu unterhalten. Diese Diener wurden *gelotopoioi* (»die zum Lachen bringen«) genannt, und es fand kein Festmahl statt, das diesen Namen verdiente, ohne daß einer von ihnen die Gäste mit irgendwelchen Scherzen bei Laune gehalten hätte. Diese Possenreißer gehörten zu dem oft sehr umfangreichen Personal, das für die Unterhaltung zuständig war und die verschiedensten Spielarten umfassen konnte: Tänzer, Zauberkünstler, Bären- und Affendompteure, Reifenspieler und *cubistétères*, eine Art auf Händen tanzende Akrobaten usw...

Manchmal wurde der bestallte Possenreißer durch einen Philosophen ersetzt, den *aretalogus*, dessen besondere Art von Komik darin bestand, daß er seine moralische Ansprache mit witzigen und absurden Albernheiten spickte. Diese *aretaloqi*, meist arme Habenichtse, rekrutierten sich aus Philosophen der stoischen und zynischen Schulen, die weder Schüler noch Mäzene gefunden hatten und sich genötigt sahen, an den Tafeln der Reichen den Narren abzugeben. Sueton berichtet, daß Augustus immer einen dieser *aretaloqi* um sich hatte, der ihn beim Essen erheitern sollte. Ist diese Beschäftigung nicht eigentlich eines wahren Philosophen unwürdig? Doch denken wir nur an Diogenes und Äsop: Spielte nicht der eine den Clown des gesamten Stadtstaates so wie der andere den seines Herrn? Und führte nicht selbst Sokrates ein Parasitendasein wie die meisten seiner Kollegen? Weit davon entfernt, das Lachen zu verachten, griffen die Philosophen bisweilen auf ein amüsantes Paradox zurück, um in ihrem Gesprächspartner den ersten Funken der Weisheit zu entzünden.

Schon damals konnte die Rolle des bezahlten Possenreißers auch von Frauen übernommen werden. Seneca berichtet uns hierzu in einem Brief an seinen Freund Lucilius:

»Harpaste, meiner Frau schwachsinnige Sklavin, ist, wie du weißt, als ererbte Last in meinem Hause geblieben. Ich selbst bin nämlich höchst kritisch gegenüber solcher Unnatur: Wenn ich mich einmal an einem Narren erheitern will, brauche ich nicht lange zu suchen: Über mich lache ich. Diese Schwachsinnige hörte plötzlich auf zu sehen. Einen unglaublichen, aber wahren Sachverhalt erzähle ich dir: Sie weiß nicht, daß sie blind ist, immer wieder bittet sie den Aufseher, sie gehen zu lassen, sagt sie, das Haus sei finster.«[47]

Aus dieser gefühllosen Bemerkung dürfen wir nicht schließen, daß Seneca humorlos war. Er konnte lediglich nicht über die unfreiwillige Komik dieser Sklavin lachen, die wahrscheinlich nur eine arme Schwachsinnige war. Nebenbei sollten wir festhalten, daß diese Leute, ebenso wie Sklaven und Besitztümer, offenbar in die Erbmasse des Verstorbenen eingingen.

Die Possenreißer traten nicht nur bei Festgelagen, sondern auch bei anderen Feierlichkeiten oder privaten Anlässen in Erscheinung. In manchen Situationen scheint ihre Anwesenheit allerdings zunächst unangemessen, ja sogar fehl am Platze; gerade dann kommt jedoch die umstürzlerische Macht der Verspottung erst richtig zum Tragen. So wurde der gefeierte Kriegsheld in den römischen Triumphzügen von einem jungen Sklaven begleitet, der ihm ununterbrochen vorsagen sollte: *Respiciens post te hominem memento te* (»Wenn du hinter dich blickst, gedenke, daß du ein Mensch bist«). Auch das Volk sorgte auf seine Weise dafür, den Helden an seine Bedingtheit zu erinnern: Damit er nicht in Versuchung komme, sich für einen Gott zu halten, durfte man ihn an diesem Tage ganz nach Belieben verhöhnen. Auf seinem Triumphzug zum Kapitol hörte der Kriegsheld die unterschiedlichsten Zurufe, denn in die Beifallsbekundungen der einen mischten sich Hohngeschrei, Anzüglichkeiten und Beleidigungen der anderen. Was den *servulus* angeht, der ihn begleitete, so steht heute fest, daß es sich um einen berufsmäßigen Possenreißer handelte. Die Maler der *casari* (Aussteuertruhen) des 14. Jahrhunderts haben sich also nicht getäuscht, als sie ihn im Narrengewand auf dem Triumphwagen sitzend darstellten.

Noch extremer wirkt folgender Brauch, nach dem der Narr des Königs, der *mimus*, im Leichenzuge seines verstorbenen Herrn mitmarschierte und die Versammelten unterhalten sollte, indem er die Schwächen und lächerlichen Schrullen des Verstorbenen nachahmte. Beim Leichenbegängnis des Vespasian, der als schäbiger Geizhals bekannt war, trug der oberste Mimus Favor die Maske des Kaisers und imitierte dessen Stimme und Gestik. So fragte er öffentlich die Ordner: »Sagt mir, wie hoch belaufen sich die Kosten meines Begräbnisses?« – »Zehn Millionen Sesterzen.« – »Nun«, rief er, »gebt mir nur Hunderttausend davon und werft meinen Körper in den Tiber, wenn ihr wollt!«[48] Man brauchte übrigens kein Kaiser zu sein, um einen dieser Spaßvögel bei seiner Beerdigung zu haben. Bei reichen Familien marschierten sie im Trauerzug gleich hinter den Klageweibern und Flötenspielern mit.

Rom ist die Wiege der Satire. Zu allen Zeiten bewiesen die Römer eine besondere Vorliebe für die Spötter, die sie auf Kosten ihrer Mitmenschen zum Lachen brachten. Angeblich brachte beispielsweise Sulla viele Stunden in Gesellschaft seiner Narren zu und nahm an ihren Ausschweifungen teil. Nach Plutarch, von dem diese Information stammt, legte auch Marc Anton eine erstaunliche Fürsorge für diese Händler der Sorglosigkeit an den Tag. Bei der Hochzeit eines Narren, eines gewissen Hippias, soll er sich derartig vollgefressen haben, daß er sich am nächsten Tag im Forum vor aller Öffentlichkeit übergeben mußte. Als Marc Anton später Mitglied des Triumvirats war, wurde diese Neigung noch maßloser. Plutarch berichtet, daß sein Haus, das Generälen und Botschaftern meist verschlossen blieb, ein Tummelplatz für Possenreißer aller Art war, die sich irgendwelchen Ausschweifungen hingaben. Und als Antonius sich schließlich nach Asien aufmachte, um dort das den Legionären versprochene Geld einzutreiben, umgab ihn beim Einzug in die Städte stets eine Horde asiatischer Possenreißer, die an Derbheit und Flegelhaftigkeit alle seine aus Italien mitgebrachten Narren übertrafen. Kein Machthaber hat jemals ein engeres Bündnis mit dem Volk der Spötter geknüpft.

In Griechenland hielten die Herrscher ebenfalls Possenreißer in ihrem Dienst. Wir finden sie bei Alexander, dem Tyrannen von Pherai, in Thessalien, am Hofe Hierons, in Makedonien bei Philipp und bei den Nachfolgern Alexanders sowie bei Attalos in Pergamon. Im Palast von Syrakus wurden sie *Dionysocolaces*, Parasiten des Dionysos genannt.

So oft man auf bezahlte Narren trifft, die ihren Brotgeber nachahmten, so selten ist das Gegenteil der Fall. Um so interessanter erscheint das Beispiel des syrischen Königs Antiochos IV. Epiphanes, der von 175 bis 164 v. Chr. herrschte. Antiochus wollte mit den prunkvollen Festen des römischen Konsuls Paulus Emilus wetteifern und trat angeblich an der Seite seiner Possenreißer auf, die ihn als ihresgleichen behandelten. Einer seiner Nachfolger auf dem Thron, Antiochus IX. von Cyzic, ging sogar so weit, den Beruf des Mimen zu erlernen. Niemand weiß, ob dies Legende oder Wahrheit ist, doch was für ein Symbol!

Wer hätte geglaubt, daß sich sogar Attila, die »Geißel Gottes«, von seinen barbarischen Feldzügen in der Gesellschaft seines Narren erholte? 449 wurden Maximin und der griechische Historiker Priscos von Kaiser Theosophus dem Jüngeren zum König der Hunnen entsandt, der sie an seine Tafel lud. Während des Festmahls feierten zuerst zwei Dichter in hunnischer Sprache die Siege Attilas. Ihnen folgte ein Narr, der mit seinen Verrenkungen und Albernheiten alle Gäste zum Lachen brachte. Danach trat der Maure Zercon auf, den Priscos als einen hinkenden, verkrüppelten Zwerg beschreibt, so plattnasig, daß man meinen könnte, er habe kein Geruchsorgan, und obendrein noch stotternd und vollkommen verblödet. Dabei hatte man sich noch zwanzig Jahre vorher um die Dienste dieses Narren gerissen. Die Afrikaner hatten ihn einst dem römischen Konsul Aspar geschenkt, der ihn auf einem Feldzug gegen die Hunnen irgendwo in Thrakien verlor. Zercon wurde gefangengenommen und zuerst in das Lager von Attila geführt. Als dieser sich weigerte, ihn zu sehen, brachte man ihn zu dessen Bruder Bleda, der ihn freundlich aufnahm und bald so hingerissen von Zercon war, daß er ihn nicht mehr entbehren konnte. Der Narr war ständig an seiner Seite, sowohl bei Tisch als auch in der Schlacht; denn Bleda amüsierte sich wie wahnsinnig darüber, wenn Zercon in Rüstung, ein großes Schwert in der Hand, schreckliche Grimassen schneidend, mit den Posen eines Haudegens herumstolzierte. Für den Unglücklichen selbst war das sicherlich weniger lustig, und so flüchtete er eines Tages auf römisches Gebiet. Bleda ließ ihn wütend überall suchen und war bereit, jeden Preis für ihn zu zahlen. Dieses Angebot hätte er sich allerdings sparen können, denn einige Tage später brachten seine Soldaten den Narren in Ketten zurück. Als Zercon seinen Gebieter sah, brach er in Tränen aus und bat um Vergebung. »Du mußt mir verzeihen«, erklärte er, »denn ich habe eine Entschuldigung.« – »Welche denn?«, brummte sein Herr. – »Daß du niemals daran gedacht hast, mir eine Frau zu geben.« Bei der Vorstellung, dieser Homunkulus könnte sich vermählen, brach Bleda in schallendes Gelächter aus. Er verzieh seinem Narren und verheiratete ihn sogar mit einer Dienerin der Königin, einer Tochter aus adliger Familie, die aus unbekannter Ursache in Ungnade gefallen war.

Nachdem Attila seinen Bruder hatte umbringen lassen, um die Alleinherrschaft zu erringen, sandte er 442 Zercon als Geschenk an den Patrizier Aetius, der barbarischer Abstammung war, aber in der römischen Armee diente. Aetius wiederum schickte den Mauren an seinen ersten Brotgeber, den General Aspar zurück. Bei einer Gesandtschaftsreise nach Konstantinopel überredete Edescon, ein Günstling Attilas, den Narren, an den Hof des Hunnen mitzukommen, um seine Frau zurückzufordern. Zercon ließ sich nicht lange bitten. Während eines Fests zu Ehren von Priscus und Maxim nutzte er die Gunst der Stunde und trug Attila seine Bitte in einem Sprachgemisch aus Latein, Hunnisch und Gotisch vor, das so komisch war, daß die ganze Festgesellschaft vor Lachen brüllte. Leider kennen wir das Ende der Geschichte nicht, da die beiden Botschafter (von denen die ganze Geschichte berichtet wird) zu diesem Zeitpunkt meinten, sie hätten nun genug getrunken, und sich aus dem Festsaal entfernten.

Wir wollen nun einige Jahrhunderte überspringen und uns nach Konstantinopel begeben, an den Palast des Kaisers Theophil (829–842), in dem der einzige Narr des Oströmischen Reiches lebte, dessen Name überliefert ist. Es handelt sich um den berühmten Dandery, der durch seine Indiskretion beinahe die Kaiserin Theodora ins Verderben gestürzt hätte. Hier die Einzelheiten dieser Geschichte: Es muß vorweggeschickt werden, daß der Kaiser Theophil zur Sekte der Ikonoklasten (Bilderstürmer) gehörte, die die Verehrung von Abbildungen Gottes, der heiligen Jungfrau und der Heiligen als Götzendienst ablehnten. Als nun Dandery eines Tages in dem riesigen Palast herumspazierte, überraschte er die Kaiserin in ihrer Kapelle, wie sie vor einer Statue der Pieta betete, von der niemand etwas wußte. Anstatt sich nun wortlos zu entfernen, trat Dandery näher und fragte, wozu diese Figuren dienten. »Das sind Puppen für meine Tochter«, erwiderte die Kaiserin nicht ohne Unruhe. Der Narr aber konnte gar nicht schnell genug herumerzählen, daß die Kaiserin sich in ihrem Betraum einschlösse und sich dort mit Puppen unterhalte. Theodora mußte ihre ganze List aufbieten, um den Argwohn ihres Gatten zu zerstreuen. Einige Zeit später, als die Angelegenheit vollkommen in Vergessenheit geraten war, ließ sie Dandery dafür unter einem Vorwand kräftig auspeitschen. Man muß aber auch wirklich verrückt sein, um solch ein Geheimnis auszuplaudern…

Ist nun der Narr ein Erbteil der Antike nach dem Fall des römischen Reiches, oder überdauert in ihm das Brauchtum der barbarischen Völker? Leider hat uns die Geschichte nicht überliefert, welche Wege der »Mann mit der Narrenkappe« einschlug, bevor er in den Schlössern und Klöstern des Mittelalters wieder auftauchte. Mit dem Aufkommen der Feudalherrschaft bildete sich, zunächst noch umrißhaft, ein höfisches Leben heraus: Der mächtige, in seinem Schloß verschanzte Herr ließ nur allzugern die Zugbrücke herunter, um die fahrenden Spielleute, Jongleure und Spaßmacher hineinzulassen. Eintönigkeit und Langeweile lasteten schwer auf den grauen Burgmauern, und Gelegenheiten, sich zu vergnügen, gab es selten. Jeder Schloßherr war daher bestrebt, sich die Dienste eines festangestellten Geschichtenerzählers und Possenreißers zu beschaffen, denn in seiner Gesellschaft erschienen die Abende weniger lang, und in den hohen Gewölben hallte das Lachen wider. – Das Lachen! Das war jener beglückende Stoff, der den hohen Herrn für kurze Augenblicke der harten Wirklichkeit des Krieges oder dem gewaltsamen Jagdvergnügen entriß und ihm seine Menschlichkeit zurückerstattete. Von daher erklärt sich wahrscheinlich der affektive Unterton, der fast immer in der Beziehung zwischen Schloßherr und Narr mitschwingt, sowie die privilegierte Stellung des letzteren im Vergleich zu allen anderen Gauklern.

Im Jahre 943 beteiligte sich Hugo der Große, Herzog von Franzien, am Feldzug des Königs Louis d'Outremer gegen die Normannen. Hierbei nahm er seinen Lieblingsnarren mit, den die Chronisten mal als *mimus*, mal als *joculator* bezeichnen. Dieser Bursche muß ein recht freisinniges Gemüt besessen haben, denn eines Tages gab er an der Tafel seines Herrn einen höchst unehrerbietigen Scherz über die Leichen bestimmter Herren zum besten, die im Geruch der Heiligkeit standen. Die Strafe Gottes ließ nicht lange auf sich warten. Kaum war die Nacht angebrochen, riß ein gewaltiges Gewitter den Himmel auf, und ein Blitz streckte den Frevler nieder.[49] Die Geschichte hat uns den Namen des Spaßmachers nicht überliefert, doch gilt er als erster bestallter Narr der christlichen Feudalgesellschaft. Auch die Bedeutung des Worts *joculator* ist zweifelhaft, da es eher für den *Jongleur* steht, den Nachfahren der alten gallischen Barden, die im Mittelalter stark verbreitet waren. Da die *Jonglare* jedoch nichts anderes als Dichter und Musiker waren und sie ihre Lieder häufig mit witzigen Gesten begleiteten, die zum Lachen reizten, darf man sie getrost mit den Spaßmachern verwechseln. Schließlich leitet sich *Jonglar* vom lateinischen *joculator* ab, das wiederum von *jocus*, »Scherz, Satire«, kommt.

Nach dem frevelhaften Narren hier nun das Beispiel für den prophetischen Narren: Im Jahre 1047 planten die normannischen Barone, die sich gegen den jungen Herzog Wilhelm der Bastard, auch besser bekannt als Wilhelm der Eroberer, verschworen hatten, einen Handstreich gegen ihren Herrn und seine Leute. Als sich Wilhelm eines Nachts im Schloß von Valognes schlafen gelegt hatte, wurde er plötzlich von seinem Narren Golet mit lautem Geschrei und Hämmern gegen die Tür geweckt: »Steh auf! Steh auf! Wilhelm, warum schläfst du? Deine Feinde greifen zu den Waffen! Wenn sie dich hier finden, wirst du dein Cotentin* nie wiedersehen!« – Dank der prophetischen Vision seines Narren gelang es Wilhelm, den Mördern zu entkommen. Einige Tage später konnte er den berühmten Sieg von Val des Dunes erringen, der 13 Jahre blutiger Rivalitäten beenden sollte. Eigentlich hätte der tapfere Golet ja ein Plätzchen auf dem Wandteppich der Königin Mat-

* Halbinsel in der Normandie (Anm. d. Ü.)

hilde verdient, doch offenkundig hat man ihn vergessen. Dafür ist dort der kleine Turold, der Zwerg von Wilhelm, dargestellt, der die Abgesandten seines Herrn zu Guy de Ponthieu begleitet, was beweist, daß schon damals Zwerge bei offiziellen Abordnungen dabei waren.

Von Roger, dem Narren von Heinrich II., ebenfalls Herzog der Normandie und König von England, weiß man dagegen praktisch nichts, außer daß ihm 1180 ein Geldbetrag von 40 Sous ausgehändigt wurde, damit er mit zwei Pferden und sieben Hunden zu seinem Herrn reisen konnte. Dafür gab es zwanzig Jahre später einen Narren, der in seiner Art einmalig war, einer der wenigen Possenreißer mit Adelstitel in der ganzen Geschichte des Narrentums. Er hieß Wilhelm Picolph und gehörte dem schrecklichen Johann ohne Land, Herzog der Normandie und König von England, ein maßloses Ungeheuer, pervers und grausam, der Wutanfälle wie ein verzogenes Kind bekam, bei denen er sich mit zornigem Gebrüll auf dem Boden wälzte. Dieser »Feind der Natur«, wie ihn ein zeitgenössischer Chronist nannte, brachte seinem Narren eine so starke Zuneigung entgegen, daß er ihm ein außerordentliches Privileg zugestand. Ihm widerstrebte es, seinen Spaßmacher in den Rechnungsbüchern zusammen mit den Hunden und Falken aufgeführt zu sehen, und so verlieh er ihm um 1200 das Land von Fontaine-Osanne (vielleicht handelt es sich um *Fontaine-aux-Anes*, das heutige Mesnil-Ozenne im Gebiet von Mortain) mit allen dazugehörigen Lehen, unter der Bedingung, daß Picolph sein Leben lang am Hofe bleiben und den Thron mit vielen lustigen Scherzen unterhalten müsse. Die Schenkungsurkunde sah vor, daß beim Tode Picolphs sein Besitz gegen die jährliche Abgabe von einem Paar Goldsporen an seine Erben gehen sollte. Wie damals üblich trug die Urkunde den lateinischen Nachsatz, daß er sich seines Landes *bene et in pace, libere et quiete* (»gut und in Frieden, frei und in Ruhe«) erfreuen möge. Dies war übrigens nicht der erste Dankbarkeitsbeweis, den Picolph von seinem König erhielt. Kurze Zeit vorher hatte er zwei andere Lehen erhalten: das Gut von Champeaux und den Landsitz der Oisellerie, für die er jährlich ein Paar vergoldeter Sporen und einige Wasservögel als Abgabe zu entrichten hatte. Mit den Gütern war ihm zugleich das Recht übertragen, die Früchte seines Lehens »ehrenhaft« (*honorablement*) zu genießen.[50] Obgleich der Narrenberuf Personen adliger Herkunft in seinen Reihen zählte – freilich selten –, verhalf er hier zum ersten Mal einem Bürgerlichen in den Adelsstand. Offenbar bedurfte es eines Herrschers ohne Land, um einen Narren zum Landherrn zu machen! Und wem dies als zu hoher Preis erscheint, dem sei gesagt, daß die Fähigkeit, einen Tyrannen zum Lächeln zu bringen, nicht hoch genug bezahlt werden kann. Bedauerlich ist nur, daß Shakespeare die Figur des Picolph in seiner Tragödie *König Johann* weggelassen hat, so daß der »Narr als Edelmann« in seiner wunderlichen Sammlung von *clowns, jesters* und *fools* fehlt.

Unsere wichtigsten Informationen über die herrschaftlichen Hofnarren stammen aus den Rechnungsbüchern. Hier wurden die Ausgaben für ihren Unterhalt getreulich eingetragen. Obgleich diese Aufzeichnungen unendlich wertvoll sind, besonders was die detaillierten Angaben zur Bekleidung betrifft, können sie selbstverständlich nur ein bruchstückhaftes Bild von diesen Personen vermitteln. Jeder Versuch, das Puzzle zusammenzusetzen, scheint vorab zum Scheitern verurteilt zu sein. Außer man überläßt es der Phantasie, die weißen Flecken der Geschichte zu füllen – *horresco referens*! Jedenfalls kann man sich anhand des Sammelsuriums von Zahlen und Daten, das die Register bieten, wenn schon keine genaue Vorstellung von den Personen und ihrem Schicksal, so wenigstens von ihrer Lebensweise machen, woraus sich übrigens auch ihre Stellung am Hofe erschließen läßt. In einem Punkt stimmen nämlich alle diese Dokumente überein: Die herrschaftlichen Narren erfreuten sich außerordentlich guter materieller Lebensumstände, und zwar nicht nur, was die Pracht ihrer Garderobe und die vielen Geschenke betrifft, sondern auch hinsichtlich der Fürsorge, ja Zuneigung, die ihnen zuteil wurde. Sie hatten fast immer einen Betreuer, der sich um sie kümmerte (und der bei Schwachsinnigen unerläßlich war), dazu einen, manchmal sogar zwei Diener sowie ein oder mehrere Pferde, um dem Hofe bei seinen zahlreichen Ortswechseln folgen zu können.

Wieviel wir von der Identität der Hofnarren wissen, hängt von den verschiedenen Fürstenhöfen ab. Beim Haus von Burgund müssen wir uns mit einer einfachen Aufzählung begnügen. 1363 wird zum ersten Mal ein Narr erwähnt, ein gewisser Nicolas, der den Herzog Philipp den Kühnen, einen der mächtigsten Fürsten Europas, unterhalten sollte. Dieser Nicolas bezog für sich und seinen Diener Jehan le Bourguignon ein Gehalt von »drei Gros täglich«. 1365 schickte derselbe Herzog einen anderen Narren, Nicolas de Saint-Flarcy, »ohne Hoffnung auf Wiederkehr« zu dessen Mutter zurück (unbekannt ist, ob er nicht den herzoglichen Vorstellungen entsprach oder heimkehren wollte) und ließ ihm zehn Goldheller für die Reise und vier für Bekleidung aushändigen. Der erste Nicolas blieb bis 1371 im Dienst des Herzogs; im Oktober desselben Jahres taucht in den Rechnungsbüchern ein anderer Narr namens Girardin auf, und ab 1388 wird mehrmals ein

Jehan Quarrée erwähnt. Auch die Gemahlin des Herzogs, Margarethe von Flandern, besaß eine eigene Närrin, eine gewisse Coquerée, und der Herzog von Berry, der Bruder Philipps des Kühnen, stellte nacheinander drei an: Lamy (1372–1374), Plantefolie, ein treffender Name, (1376–1378) und Huot (1386). Außerdem stößt man auf eine seltsame Eintragung, die einen »weisen Narren« erwähnt, der bei den Danksagungsfeierlichkeiten anläßlich der Niederkunft der Herzogin anwesend war und vom Herzog einen Silbergürtel und sechzig Tourrainer Pfund als Geschenk erhielt.

Unsere Informationen über den bretonischen Hof sind auch nicht viel genauer: Vor der Regentschaft Johanns VII.[51] zu Beginn des 15. Jahrhunderts ist von Narren nicht viel die Rede. Dieser damals noch junge Fürst hatte bei einem Aufenthalt am französischen Königshof viel Vergnügen an den witzigen Einfällen zweier bestallter Possenreißer gefunden: Der eine, Hainselin Coq, gehörte dem König, der andere, Coquinet, arbeitete für den Herzog von Orléans. Einige Jahre später tauchte nun ein Coquinet bei Johann VII. auf. Ob es sich um denselben oder einen anderen Narren handelt, wissen wir nicht. Wie dem auch sei, anscheinend stand dieser Mann am Hofe des Herzogs Johann in großer Gunst. Denn als Johann VII. 1419 vom englischen König Heinrich V. nach Rouen eingeladen wurde, das die Engländer erst kurz vorher erobert hatten, beschloß er, seinen Narren auf die Reise mitzunehmen, damit ihm die Fahrt nicht gar so lang erscheine. Und als das Reittier seines Gefährten Zeichen von Schwäche zeigte, kaufte er von einem Dominikanermönch, dem sie auf der Landstraße begegneten, für zehn Sous ein neues Pferd für ihn.

Es gibt kein Schriftstück, das auf die Anwesenheit eines Narren am Hofe vom Franz I. (1442–1450) hinweist, dem Nachfolger Johann VI., Herzog der Bretagne. Seine Frau Isabeau dagegen hielt eine Närrin namens Françoise, über die weiter nichts bekannt ist. Was Peter II. (1450–1457) angeht, so hatte er von der Königin Marie d'Anjou, der Gattin von Karl VII., einen Narren als Geschenk erhalten, dessen Name nicht überliefert ist. Dafür wissen wir, daß ihm eine Frau namens Elisonne als »Erzieherin« zuerteilt war. Da es keine Hinweise gibt, daß diese Funktion je von einer anderen Frau erfüllt worden wäre, ist anzunehmen, daß besagter Narr ein Kind war. Daran ist übrigens nichts Außergewöhnliches, da die Narren ihre Laufbahn oft sehr früh aufnahmen. Auf Peter II., der 1457 starb, folgte sein Onkel Arthur de Richemont, ein Kampfgefährte von Jeanne d'Arc, der die Siege von Patay und Formigny gegen die Engländer errang und die Normandie für die französische Krone zurückeroberte. Der tapfere Hauptmann galt zudem

Der Narr Philipps des Kühnen, Herzog von Burgund.
Zeichnung aus der Sammlung Arras.
Foto: Giraudon.

als geistreicher Mann, der gerne lachte und sehr erfinderisch im Ausdenken von allerlei Scherzen war, wie die zeitgenössischen Chroniken berichten. Sein Lieblingsnarr hieß Dago. Nach einem gescheiterten Debüt am französischen Königshof, wo er vergeblich gehofft hatte, Karriere zu machen, wurde Dago an den bretonischen Hof gerufen und hier im November 1457 als ordentlicher Narr angestellt. Etwa um diese Zeit begleitete er einmal den Herzog Arthur nach Rennes, wobei sich folgende kleine Begebenheit ereignete: Ein Offizier, dem seine Witze mißfallen hatten, verpaßte dem Narren in Gegenwart des Herzogs ein paar Ohrfeigen. Darauf gemahnte dieser den zornigen Soldaten im harten Ton an den Respekt, den er der Gegenwart seines Herrschers schuldete, tröstete Dago und schenkte ihm einen Goldtaler.

Die Regentschaft des guten Herzogs von Richemont dauerte nicht länger als ein Jahr; am 3. Februar 1458 trat Franz II. seine Nachfolge an. Solange dieser noch den Titel des Grafen von Etampes trug, hatte er sich den Luxus eines besoldeten Narren nicht leisten können, denn obwohl »schön und hochgewachsen«, war er ein »armer und notleidender Fürst«. Kaum saß er auf dem Thron, engagierte er sofort einen Spaßmacher, auf den er anscheinend so stolz war, daß er es sich nicht versagen konnte, ihn bei einer Reise nach Chinon dem französischen König vorzustellen. Karl VII. war ebenfalls entzückt von dem Narren und ließ ihm »sechs Ellen lohfarbenen Samts« übergeben, »um ein Kleid zu machen, sowie drei Ellen roten, weißen und grünen Tuches für eine Kappe und dazu ein Wams aus grünem Samt«. Leider war die Beliebtheit von Meister Denis d'Espinel – so hieß der Narr – von kurzer Dauer. Im November 1459 zahlte ihm nämlich der Schatzmeister des Herzogs vier Pfund, elf Sous und acht Heller aus, »damit er weggehe und nie wiederkehre«. Wir wissen nicht, warum der Narr in Ungnade gefallen war. Vielleicht war ein beleidigendes Wort gegen seinen Herrscher daran schuld. Oder der Rat, sich von seiner Mätresse Antoinette de Meignelais zu trennen, wozu ihn schon der ganze Hof drängte. Von einem Nachfolger ist jedenfalls nichts bekannt. Wir wissen nur, daß die beiden Gemahlinnen von Franz II. mindestens drei Närrinnen hatten. Die erste trug den bezeichnenden Spitznamen *Dame de Toutes-Couleurs* (Dame aller Farben), auf den sie allerdings kein Monopol besaß. Von den beiden anderen, Françoise Gaillard und Colette, weiß man, daß sie gleichrangig mit den Hoffräulein behandelt wurden. Anne von Bretagne schließlich, die Tochter von Franz II., besaß ebenfalls eine Närrin, und zwar zu der Zeit, als sie durch ihre Heirat mit Karl VIII. (später mit Ludwig XII.) ihr Herzogtum der französischen Krone zuführte. Durch eine Urkunde ließ sie am 18. Januar 1492 »Sinocte, einer armen

Frau«, der Mutter der Närrin, ein »Almosen« von »siebzehn Pfund und zehn Touriner Sous« aushändigen, das »ihr das Auskommen und die Heimkehr ermöglichen sollte«.

Seit Mitte des 15. Jahrhunderts war die Sitte, sich Narren zu halten, scheinbar endgültig zur Gewohnheit geworden. Es gab keinen Königs- oder Fürstenhof in Frankreich und im übrigen Europa, keinen hohen Adligen, keinen reichen Prälaten und keinen angesehenen Abt, der nicht einen oder mehrere Spaßmacher in seinen Diensten gehalten hätte. Auch René d'Anjou, ein, wie es heißt, aufgeklärter Fürst und großer Freund der Künste und der Literatur, verschmähte diese Art von Unterhaltung nicht. Unter den Malern, Bildhauern, Dichtern und Musikern, mit denen er sich gerne umgab und die seinen Hof zu einem der glanzvollsten Mittelpunkte der französischen Frührenaissance machten, befand sich auch ein mißgebildeter Gnom, dessen spitz zulaufender Kopf kaum größer als der einer Puppe war und in merkwürdigem Kontrast zu seinem schweren, massigen Körper stand, der eher wie ein grob behauener Steinblock wirkte. Sein Name war *Triboulet*, abgeleitet vom alten Verb *tribouler*, von dem heute nur noch das Wort *tribulation** geblieben ist. Wörtlich könnte man seinen Namen mit »schwankendes Gehirn« übersetzen.[52]

Dieser Triboulet, dessen prachtvolle Ausstattung weiter oben beschrieben wurde, wird seit 1447 in den Rechnungsbüchern erwähnt, und sein Name tauchte in den 35 Jahren seiner guten, treuen Dienste unzählige Male wieder auf. Diese Tatsache sagt genug über seine hervorragende Stellung in dieser Gesellschaft aus, die als die Elite ihre Zeit galt. Triboulet ist auch Beweis dafür, daß es nicht einmal den freisinnigsten Geistern widerstrebte, einen Narren zu besitzen, obgleich dieser Brauch manchmal als barbarisch abgelehnt wurde. Übrigens ist nicht gesagt, daß dieser grotesk gebaute Knirps kein geistvoller Mann war. Wer weiß, ob in seinem zu eng bemessenen Schädel nicht scharfsinnige Gedanken und spitzfindige Einfälle keimten? Wer sagt uns, daß er nicht mit einem starken komischen Talent und jenem genialen Feuer begabt war, durch das sich später seine Kollegen Brusquet und Chicot auszeichnen sollten? Wie auch immer, jedenfalls wurde er am Hofe des Königs René wie ein gehätscheltes Lieblingskind behandelt, das jedermann mit Aufmerksamkeiten verwöhnte. Er wurde mit Pelzwerk und Geschmeide überhäuft, erhielt einen gewissen Jacquot zum Diener, der ihm zugleich als Betreuer und Lehrer diente, wohnte in einem Gebäude

---

* Drangsal, Trübsal, Leiden (Anm. d. Ü.)

der Halles in Angers (Schloßgebäude), und im Alter wurde sein Haushalt mit zwei weiteren Dienern ausgestattet. Die Königin Jeanne de Laval machte ihm oft Geschenke, und der Herzog von Orléans überreichte ihm 1464 zwei schöne Hackney-Pferde im Werte von zehn Tourainer Pfund. 1432 erhielt er als Neujahrsgeschenk aus der Hand des Königs »eine Kette, die vier Silbermark wog«, und von der Königin »eine kleine Börse aus Silberfäden«. Als er einmal seinem Gebieter bei einem Umzug folgte, vergaß er in Tarascon eine kleine Dose, an der er sehr hing. Er bemerkte den Verlust erst bei seiner Ankunft in Martigue. Doch daran sollte es nicht liegen: Der König schickte auf der Stelle einen Läufer los, um »die Dose von Triboulet zu holen«. – Begannen seine Augen schwächer zu werden? Sogleich bestellte man ein Paar Augengläser für ihn, ein damals noch wenig verbreitetes Utensil. Hatte er Schmuckbänder gesehen, die ihm gefielen? Alsbald wurde der Seidenwirker Jehan Babiloine gebeten, ihm 30 Dutzend zu liefern und dazu noch zwei Paar Handschuhe, denn der Winter nahte heran. Man umsorgte und verhätschelte ihn und ließ ihm jede Laune durchgehen. Wie viele seiner Kollegen hatte er eine Schwäche für Schuhe, und so erhielt er fünf Paar im August 1452, vier Paar im November, fünf Paare im Dezember des nächsten Jahres und zwei Monate später nochmals vier Paar... Um die Erinnerung an seinen Narren zu verewigen und sein Bild für die kommenden Generationen festzuhalten, ließ René d'Anjou zu guter Letzt sogar eine Medaille mit seinem Abbild anfertigen. Der Auftrag ging an Francesco Laurana, den königlichen Bildhauer und einen der angesehensten »Bilderschneider« seiner Zeit.[53] – Welch schönere Würdigung hätte der König und Freund der Künste seinem teuren Triboulet zuteil werden lassen können?

Das Werk von Laurana, das zwischen 1461 und 1466 entstanden ist und heute in der Nationalbibliothek aufbewahrt wird, zeigt einen Narren im Profil, der sein Narrenzepter mit beiden Händen wie einen Hammer hält. Die Gesichtszüge wirken grob, scheinbar unvollendet und wie mit der Axt behauen. Der kurze, gerade Nacken, der sich in der Rückenlinie fortsetzt, die niedrige, fliehende Stirn, die überlangen Ohren, die großen, hervortretenden Augen und der gegabelte Bart – von all dem geht eine Art Rohheit, eine starke, animalische Kraft aus, die merkwürdig mit dem viel zu kleinen Hinterkopf kontrastiert. Diesen Eindruck bestätigen böhmische Reisende, die 1466 nach Angers kamen; auch ihnen erschien der Narr des Königs, den sie *Tuybelim* nennen, als eine physiognomische Kuriosität. Vor allem verblüffte sie das Käppchen, das ihm als Haarersatz diente und wie eine halbe Orangenschale an seinem Kopf anlag.

Triboulet empfing zwar Zeichen besonderer Wertschätzung, doch war er nicht der einzige Narr am Hofe von Anjou. Wir wissen noch von zwei anderen, die zur gleichen Zeit Dienst taten wie Triboulet und nach dessen Ableben seine Nachfolge antraten: Der eine »Philipot le nain« (Philipot der Zwerg) oder auch »kleiner Narr« genannt, wird ab 1476 in den Rechnungsbüchern aufgeführt; der andere »Faillon le fol« (Faillon der Narr) taucht erst 1480 auf. Außerdem ist die Rede von einer »Gilette la Brune« (die Braune), einer »Dame de Toutes-Couleurs« (Dame aller Farben) und einer »Michon la folle« (die Verrückte), die von 1456 bis 1459 im Haus der Königin Jeanne de Laval Aufnahme fand.

Außer den bestallten Narren, von denen bisher die Rede war, gab es noch eine andere Kategorie Spaßmacher, die als unabhängig bezeichnet werden kann. Sie brachten ihr Leben damit zu, sich auf den Märkten und Kirmessen in den Dörfern, auf den öffentlichen Plätzen, am Eingang großer Ortschaften und in der Nähe der Schlösser, also überall, wo man Aufmerksamkeit auf sich ziehen konnte, herumzutreiben und es dem Herrn, der sie für eine Nacht beherbergte, oder dem Bauernlümmel, der ihnen eine Münze zuwarf, mit derben oder artigen Scherzen zu vergelten. Manchmal schlossen sie sich einem Trupp fahrender Spielleute an, die Laute spielten und Geschichten erzählten, während sie selbst das Publikum mit ihren Possen zum Lachen brachten. Diese Narren waren gewissermaßen die Volksgaukler oder die Spaßmacher der Armen.
Natürlich haben diese heimatlosen Gaukler, die kein Dach über dem Kopf besaßen, hart an der Grenze zur Bettelei und häufig sogar von Felddiebstählen lebten, keinerlei Spuren in der Geschichte hinterlassen. Nur vier oder fünf sind dem Vergessen entronnen, weil ihnen die seltene Ehre zuteil wurde, auch ein Stückchen vom königlichen Kuchen zu erhaschen. So erfahren wir aus einer Aufstellung der *Argenterie*, der »Kleingeldkasse«, daß ein gewisser Jehan de Herault am 2. Juni 1380 im Gasthof Saint-Pol vor Karl VI. auftrat und dafür 15 Pariser Sous bekam. Im selben Jahr hielt Jehan de la Marche am Tage des heiligen Petrus in Montreuil vor dem König »eine Predigt und zog mit 16 Sous in seinem Holznapf von dannen«. 1493 durfte ein Narr in Moulins seine Talente im Tambourinspielen der Königin Anne von Bretagne vorführen, die ihn mit acht Sous und neun Heller belohnte. Und als 1541 König Franz I. durch dieselbe Stadt kam, überreichte er einem der fahrenden Narren ein neues Gewand und ein Paar Schuhe. Auch die Straßen und Plätze der großen Städte zogen diese Vagabunden mit der Narrenkappe an. Ein Stich von Gaignières hat uns die Gesichtszüge der Närrin Mar-

got bewahrt, die über die Plätze und Brücken von Paris zog und dabei Sackpfeife (frz. *musette*) blies, was ihren Spitznamen *Margot la Musette* erklärt.

Manchmal wurde ein Gaukler, der talentierter als die anderen war, von einem hohen Herrn bemerkt und durfte ihn auf seinen Reisen begleiten. Wenn ihm aber nichts Neues mehr einfiel und sein Gönner seiner müde wurde, konnte ihn leicht ein anderer ersetzen. Man bezeichnete diese Narren, die vorübergehend angestellt waren, als »Narren, die dem Hofstaat folgen«. Sie hielten sich nämlich nur gelegentlich im Hause des Fürsten auf, tauchten nicht in den Haushaltsausgaben auf, und ihre ganze Gage bestand aus kleinen Geschenken, geringfügigen Geldbeträgen, teils auch Kleidungsstücken. Marie d'Anjou beschäftigte im Jahre 1454 zwei solcher Gesellen als Aushilfe, Dago und Robinet, was dem einen etwas mehr als einen Taler und dem anderen nur zehn Tourainer Sous einbrachte.

Zu dieser letzten Kategorie Narren, »die dem Hofstaat folgten«, gehörten angeblich auch die drei Gaukler Pierre Faifeu, Montbléru und Berthaud. Obwohl sie im 15. und 16. Jahrhundert eine Reihe von Geschichten inspirierten, weiß man nur wenig über sie. Wir dürfen diesen Berichten zwar nicht allzusehr trauen – sie gehören im wesentlichen zur burlesken Tradition und machen zahlreiche Anleihen bei Bocaccio und Poggio –, dennoch können wir ihnen einige Informationen entnehmen, wenn auch selbstverständlich nur unter Vorbehalten. Eins steht jedenfalls fest: Diese drei Narren, die Helden zahlreicher Legenden, führten gleichsam ein Doppelleben: eins in der realen Welt, das andere im Reich der Legende. Man weiß beispielsweise, daß der »lustige, freundliche und edle« Pierre Faifeu keine feste Anstellung hatte und deshalb »in mancherlei Gegenden und Orten eine Stelle verwaltete«, sprich: daß er auf eigene Rechnung arbeitete und ein Nomadenleben führte. Wegen seiner Gerissenheit und seines Sinns für Schabernack wurde er mit Till Eulenspiegel verglichen. Wenn man den Versen glauben darf, die Bonaventure des Périers ihm gewidmet hat, war er auch als Beutelschneider berüchtigt:

> *Pour mettre, comme un homme habile,*
> *Le bien d'autruy avec le sien,*
> *Et vous laisser sans croix ni pile,*
> *Maistre Pierre le faisoit bien.*[54] *

---

* Um wie ein ganz Geschickter/ das Habe der anderen auf seine Seite zu bringen/ und einem weder Kreuz noch Münze zu lassen,/ dazu war Meister Pierre der rechte Mann.

Auch Montbléru, der ebenso begabt im Stibitzen war, trug keine Berufslivree. Denn auch er diente nicht einem einzigen Herrn, sondern wechselte von einem zum anderen, Hauptsache, »man hielt ihn frei und kam für seine Ausgaben auf«. So verließ er den Herrn d'Estampes, um in den Dienst dreier Edelleute einzutreten, die ihn auf dem Jahrmarkt von Antwerpen kennengelernt hatten und ihn freundlich aufnahmen. »Da er unterhaltsam und freundlich ist, wie jeder weiß«, luden sie ihn ein, bei ihnen zu wohnen, und versprachen, »das beste Essen aufzutischen, das es gibt«.[55] Bertrand dagegen war eher ein Dorftrottel. So redete man ihm eines Tages ein, daß er tot sei, was er auch ernstlich glaubte. Nach des Périers soll der Unglückliche den Verstand verloren haben, als sich einige »Magister der Narrenkunst« einen Scherz mit ihm erlaubten: Elf Tage und elf Nächte lang hinderten sie ihn am Schlafen, indem sie ihn mit dicken Nadeln ins Hinterteil stachen, »das beste Rezept, um einen Mann in der Wissenschaft der Narrheit zu vervollkommnen«.[56]

Fünftes Kapitel

Der Narr als Institution

>»So sagen die
>Mathematiker, daß Könige
>und Narren ein und
>dasselbe Horoskop
>hätten.«   *(Rabelais,*
>   *Pantagruel, III, 37)*

Gehen wir fast zwei Jahrhunderte zurück, genauer gesagt: in das Jahr
des Herrn 1316, und versetzen wir uns in den großen Turm des Louvre,
das Zentrum des Königreichs, wo sich wichtige Entscheidungen be-
züglich unserer Narren anbahnen. Philipp V. mit den Beinamen »der
Lange«, »der Große«, »der Schöne«, aber auch »der Einäugige« – Philipp V. also, der eben erst den Thron bestiegen hat, sucht nach einer
Möglichkeit, seinen Lieblingsunterhalter, den artigen Narren Geoffroy
auf Lebenszeit an sich zu binden. Denn gibt es etwas Traurigeres, als
wenn ein Narr, den man liebt und der einen so gut zum Lachen bringt,
fortgeht, um seine Talente anderweitig einzusetzen? Dagegen gibt es
nur ein Mittel: ihm einen amtlichen Status zu gewähren. Philipp V. zögerte denn auch nicht lange. Er schuf ein spezielles Amt für alle Narren,
die jetzt und in der Folge am französischen Königshof ihre Tätigkeit
ausüben. Von nun an wurden sie als »beamtete Narren« bezeichnet.
Einfache Lohndiener stiegen so zu Staatsbeamten auf Lebenszeit auf,
die aus der Kasse des Königreiches bezahlt wurden, um den Fürsten bei
guter Laune zu halten. Kurz gesagt: die Narrheit wurde in den Rang
einer Institution erhoben.[57]
Wie man sich denken kann, lockte dieser Posten – sei es als beamteter
oder als besoldeter Narr – eine Fülle von Bewerbern an. Wurde am
französischen Königshof, am Hofe von Anjou, von Burgund oder anderswo eine Narrenkappe frei, traten fast ebenso viele Anwärter an, wie
wenn ein Bischofsstab, eine Mitra oder ein Richterstuhl zu vergeben
waren. Die materiellen Vorzüge allein erklären dieses Phänomen noch
nicht; man muß die ungeheuren Privilegien dazuzählen, die der Narr
im Umkreis der Macht genoß. Die Bedingungen für die Auswahl waren
sehr unterschiedlich, wobei auch der Zufall keine geringe Rolle spielte.
Es kam vor, daß der Fürst auf einer Reise, einem Jahrmarkt oder in
einem Haus, in dem er zu Gast war, auf einen fahrenden Possenreißer
traf, der sich entweder durch körperliche Mißbildung oder Geistes-

schwäche oder auch nur durch fröhliches Geschwätz auszeichnete, und ihn auf der Stelle engagierte. Er konnte sich auch an eine notleidende, kinderreiche Familie wenden und das für seine Zwecke tauglichste Kind aussuchen, meistens das jüngste, das sonst für die Kirche bestimmt war. Anscheinend existierten sogar spezialisierte Sippen, richtige Zentren zur »Narrenaufzucht«, wie es ja auch Fabriken für Zwerge gab (man legte Kinder in Eisen, um ihr Wachstum zu hemmen!). Zumindest geht dies aus einem Bericht von Guillaume Bouchet hervor, in dem von einem Schwachsinnigen die Rede ist, der aus einem solchen Irrenheim kam: »Dieser Diener stammte aus einer Familie und Sippe, in der alle rechtschaffen verrückt und fröhlich waren. Alle, die in dem Geburtshaus dieses Dieners geboren waren, kamen verrückt zur Welt und blieben es ihr Leben lang, auch wenn sie nicht zur Sippe gehörten. Die hohen Herren bezogen ihre Narren aus diesem Haus, und sein Eigentümer zog einen großen Gewinn daraus.«[58] Diese merkwürdige Einrichtung existierte noch Ende des 16. Jahrhunderts.

Besaßen bestimmte Städte ein Monopol auf das Narrentum? Keine hat dieses Vorrecht je für sich in Anspruch genommen, doch wenn man Dreux du Radier glauben will, war Troyes die Stadt, in der man die besten Narren Frankreichs bekommen konnte. 1767 schrieb der Verfasser der *Récréations historiques*: »Ich habe von einem Schöffen aus Troyes in der Champagne erfahren, daß sich in den Stadtarchiven noch ein Brief von Karl V. befindet, in dem der König den Bürgermeistern und Schöffen den Tod seines Narren mitteilt und ihnen befiehlt, ihm *wie üblich* einen anderen zu schicken. Dies war also ein fester Brauch, und offenbar kam zur Zeit Karls V. allein der Champagne die Ehre zu, unsere Könige mit Narren zu beliefern.«[59] Man kann sich vorstellen, daß diese Behauptung bei den Gelehrten der Champagne keine geringe Empörung hervorrief. Der Archäologe Grosley aus Troyes erklärte sich ironisch für sehr geschmeichelt, daß ausgerechnet seine Mitbürger für das Narrenamt am französischen Hofe auserwählt wurden, setzte jedoch alles daran, das Original des berühmten Briefes wiederzufinden. Er durchstöberte die Gemeindearchive von unten bis oben, befragte Lokalhistoriker, Buchhändler, Antiquare und Sammler alter Dokumente und lief zu allen Wissenschaftlern. – Vergeblich, die königliche Anordnung blieb unauffindbar. Ende des vorigen Jahrhunderts geschah es jedoch, daß die regionale Tageszeitung *L'aube* exklusiv für ihre Leser den Text eben jenes Briefes mit Datum von 1372 veröffentlichte. Hier eine ausführliche Wiedergabe:

»Karl, durch Gottes Gnade König von Frankreich, entsendet den Bürgermeistern und Schöffen unserer guten Stadt Troyes, seinen Gruß und sein Wohlwollen.

Wir lassen die genannten Herren wissen, daß Thévenin, unser Hofnarr, von dieser in eine andere Welt gegangen ist. Gott, der Herr möge seiner Seele gnädig sein. Er ist seinem Dienst bei unserer königlichen Hoheit stets getreulich nachgekommen und wollte nicht einmal hinscheiden, ohne einen Spaß und eine lustige Farce zum besten zu geben, wie es sein Metier war. Deshalb haben wir angeordnet, daß ihm ein Grabstein errichtet werde, auf dem besagter Herr nebst einem entsprechenden Grabspruch dargestellt werden soll.

Da nun durch das Hinscheiden desselben das Amt des Narren in unserem Hause frei ist, haben wir befohlen und befehlen wir den Bürgern und Bauern unserer guten Stadt Troyes, daß sie uns nach dem Recht, das sie schon vor langen Jahren erworben haben, einen Narren aus ihrer Stadt schicken sollen, um unsere Majestät und die Herren in unserem Palast zu ergötzen.

Dies befolgend, tun sie Recht an unseren königlichen Privilegien, und als Belohnung sollen besagte Bürger und Bauern für immer unsere treuen und geliebten Untertanen sein. All dies geschehe ohne Aufschub, denn wir wollen, daß besagtes Amt nicht mehr lange freisteht.

Geschrieben in unserem Palast am 14. Januar des Jahres 1372.«

Damit hätten wir also einen unwiderlegbaren Beweis, oder nicht? – Nun... wenn man den Brief eingehender studiert – und gewiß haben die Männer der Champagne ihn genauestens geprüft, es ging ja schließlich um ihre Ehre –, so fallen einem einige merkwürdige Widersprüche auf. Eins ist sofort klar: Der Stil ist nicht der des 14. Jahrhunderts, ebensowenig wie die Syntax und die Wortwahl, ganz zu schweigen von der Orthographie. Außerdem lehnen sich bestimmte Details, hier und da, allzusehr an die Beschreibung Dreux du Radiers an, der, wie wir wissen, den Brief niemals in den Händen gehabt hat. Was aber vor allem Verdacht erweckt, ist das Datum: Das Todesjahr von Thévenin wird mit 1372 angegeben, wogegen aus dem Epitaph, das Karl V. auf den Grabstein setzen ließ, hervorgeht, daß sein geliebter Narr zwei Jahre später, am 11. Juli 1374, verschieden ist. Sollte bei der Anfertigung der marmornen Grabinschrift ein Fehler unterlaufen sein? Oder liegt ein Irrtum im Briefmanuskript vor? Beides erscheint höchst unwahrscheinlich. Und die Schlußfolgerung? – Nun, der angebliche Brief

Karls V. ist eine simple Fälschung, wahrscheinlich aus der apokryphen und scherzhaften Feder eines Mannes, der eine absurde Legende beglaubigen wollte. Die guten Bürger aus Troyes in der Champagne können also beruhigt schlafen. Sie waren nie närrischer als andere, und wenn sie ein Rezept besitzen, dessen Einmaligkeit ihnen niemand streitig machen wird, so nicht eins für die Narrheit, sondern das für ihre Wurstspezialität, die *andouilettes*.

Bemerkenswert ist, daß die Anwärter auf das Narrenamt im Laufe der Zeit scheinbar aus immer höheren Schichten kamen. Im Mittelalter waren es noch vorwiegend arme Teufel, oft Waisen oder uneheliche Kinder, die im Elend lebten. Außer den Unterhaltszahlungen für die Narren führen die Rechnungsbücher mehrmals Ausgaben für eine notleidende Mutter, Schwester oder einen Bruder an (selten für einen Vater), denen der Herr ein Almosen zur Unterstützung zukommen läßt. Doch seit Anfang des 16. Jahrhunderts finden wir unter ihnen ehemalige Apotheker, Ärzte, ja veritable Edelleute. Dieser soziale Aufstieg hing sicherlich mit dem gewachsenen Anspruch an das intellektuelle Niveau der Narren zusammen.

Natürlich war es nicht damit getan, Narr werden zu wollen. Vielmehr bedurfte es dazu besonderer Anlagen, die nicht jedermann vorweisen kann. Lange hat man geglaubt, daß körperliche Mißbildungen oder geistige Schwäche die notwendigen Bedingungen für eine derartige Laufbahn seien; wir haben diese Auffassung im vorigen Kapitel zu widerlegen versucht. Um es noch einmal zu wiederholen: Häßlichkeit war vor allem ein Attribut der Zwerge, und Schwachsinnigkeit tauchte bei den Narren immer seltener auf, um schließlich ganz zu verschwinden. Dies vorausgeschickt, sollte noch ein anderer weit verbreiteter Irrtum berichtigt werden: Was immer darüber gesagt oder geschrieben worden ist, der Beruf des Narren war nicht leicht. Im Gegenteil, er erforderte zahlreiche Eigenschaften unterschiedlichster Art, die ein und dieselbe Person nur selten in sich vereinigte. Versuchen wir uns vorzustellen, wie die Rolle des Narren genauer aussah.

In erster Linie hatte der Narr die Aufgabe, seinen Herrn zu zerstreuen und zu unterhalten, indem er ihm beispielsweise viele lustige Geschichten erzählte. Ein »gut abgerichteter« Narr mußte eine Unzahl von Märchen, Versen, Fabeln und Anekdoten auswendig kennen und außerdem selbst Verse und Lieder verfassen, sowie Spiele, Rätsel, Rebusse und Wortspiele erfinden. Wenn er nicht bereits von Haus aus schlagfertig war, mußte er sich diese Gabe aneignen bzw. auf jeden Fall vervollkommnen. Er mußte sich darin üben, jederzeit im passenden Moment das treffende Wort oder eine überraschende Wendung zu finden, mußte lernen, Sarkasmen geistreich anzubringen, Ehrerbietung und Respektlosigkeit richtig zu dosieren und sich bösartig zu geben, ohne je aufzuhören, witzig zu sein. Wahrhaftig, eine anstrengende Aufgabe! Da er außerdem Abwechslung in die Vergnügungen des Herrn bringen mußte, trat der Narr bei Gelegenheit auch als Tänzer oder Sänger auf, spielte die Drehleier oder den Dudelsack, trainierte seinen Körper, indem er ihn der harten Disziplin der Akrobaten unterwarf, tausenderlei Verrenkungen übte und auf den Händen herumspazierte. Alleine vor dem Spiegel studierte er sein Gesicht und knetete es wie eine weiche Masse, um die groteskesten Grimassen zu schneiden. Er arbeitete an seiner Stimme, um den Tonfall seines Gebieters oder eines Höflings, den er verspotten wollte, nachzuahmen und um Tierlaute und Geräusche aller Art hervorzubringen. Man könnte ihn mit einem Clown vergleichen, da nur der Zirkus und das Kabarett eine derartige Beherrschung aller Mittel verlangen – aber mit einem Clown, der niemals die Manege verläßt und verpflichtet ist, gleichsam auf Befehl das schwierigste Publikum, das man sich vorstellen kann, zum Lachen zu bringen, nämlich den König und seinen Hofstaat. Jeder Theatermensch weiß, daß es bedeutend leichter ist, dem Publikum Tränen als Gelächter zu entlocken. Man stelle sich also eine Rolle vor, die jemand das ganze Leben lang spielen und außerdem noch zu drei Viertel improvisieren muß. Denn abgesehen von ein paar auswendig gelernten Texten verfügte der Narr nicht einmal über einen großen Rahmenentwurf, an den er sich halten konnte. Er arbeitete gewissermaßen »ohne Netz« und mußte seine Gags der jeweiligen Situation entsprechend in einem ununterbrochenen Strom von Einfällen hervorbringen. Wie man sich denken kann, zündeten seine Witze unter diesen Umständen nicht immer. Dazu kommt noch die unvermeidliche Abnutzung, denn nichts langweilt schneller als ein bekannter Witz, sei er auch noch so gut. Daher die Notwendigkeit ständiger Erneuerung. Jedes Publikum ist launisch und giert nach Abwechslung, das Hofpublikum mehr als jedes andere. Man stelle sich vor, welch ungeheurer Leistung der Einbildungskraft es bedurfte, das Repertoire ständig zu verändern, um der jeweiligen Situation gerecht zu werden. Darin ähnelt der Narr ein wenig dem heutigen Liedermacher, der den Zufällen des politischen Alltags unterworfen ist und seine Liederreihe von Abend zu Abend umstellen muß.

Schauspieler, Clown, Mime, Akrobat, Tänzer, Sänger und Musiker – der Narr war alles in einem, oder anders formuliert: Er lieferte ein totales Spektakel im Alleingang. Eine so anstrengende Aufgabe erforderte außer einer natürlichen Begabung eine strenge Lehrzeit. Sobald der

Narr sein Amt angetreten hatte, wurde er unter die Fittiche eines »Magisters der Narrenkunst« genommen, sein sogenannter »Betreuer«, der selbst ein alter Spaßmacher war und ihm die Grundlagen des Berufs beizubringen hatte. Die Ausbildung war schmerzhaft und konnte Monate dauern. Bei der geringsten Unaufmerksamkeit, der kleinsten Gedächtnislücke bekam der Schüler Hiebe mit der Rute und mußte zur Strafe mit den Dienstboten in die Küche. Wenn der Neuerworbene schon Erfahrung besaß, begnügte man sich damit, seine Talente zu vervollkommnen. Neben einer komischen Begabung setzte die Kunst des Narren (denn es handelt sich durchaus um eine Kunst) eine solide Menschenkenntnis oder wenigstens eine sichere Intuition voraus. Das Lachen bringt die geheimsten Triebfedern unseres Wesens in Bewegung, eben jene Kräfte, die ihm seine befreiende Macht verleihen. Das kollektive Lachen, z. B. eines Theatersaals, funktioniert im wesentlichen nach Regeln, die seit der frühesten Antike erprobt und den Lustspielautoren wohlbekannt sind. Ganz anders verhält es sich beim Lachen eines einzelnen oder einer kleinen Gruppe. Hier wirken die herkömmlichen Mechanismen nicht mehr. Das Phänomen der Identifizierung und Distanzierung tritt in den Hintergrund, ja verschwindet sogar in dem Maße, wie der einzige Zuschauer selbst unmittelbar am Spiel teilnimmt, da er gleichzeitig Publikum und Akteur ist, das heißt in das Spiel eingreift und seine eigene Clownerie verwertet. Wie sollte er sich auch dieser Zwei-Personen-Farce entziehen, sich seiner Rolle des Weißen Clowns entledigen, der mit seinen Fragen unablässig die burlesken Erwiderungen des anderen hervorruft, der seinerseits den (lächerlichen) Namen »August« trägt? Dieser ewige Dialog zwischen dem Weißen Clown und Dummen August, der eine ernst, der andere burlesk, führt uns zum archetypischen Gegensatzpaar von König und Narr zurück, also zur Macht und ihrer Verspottung; gegensätzlich, aber organisch verbunden, ebenso untrennbar wie die Vorder- und Rückseite einer Medaille. Muß man daraus schließen, daß es ebensoviel Weisheit bedarf, den Narren zu spielen wie den König? Überlassen wir die Antwort Shakespeare, denn niemand ist in die Ambivalenz dieser Beziehung tiefer eingedrungen als er:

»Den Narren zu spielen, und das geschickt, erfordert ein'gen Witz: Die Launen derer, über die er scherzt, die Zeiten und Personen muß er kennen, und wie der Falk auf jede Feder schießen, die ihm vors Auge kommt. Das ist ein Handwerk, so voll Arbeit als des Weisen Kunst, denn Torheit, weislich angebracht, ist Witz, doch wozu ist des Weisen Torheit nütz?«[60]

Ein anderes Klischee, diesmal romantischer Herkunft, sieht im Hofnarren ein erniedrigtes und verachtetes Wesen, das eine grausame Gesellschaft ausgestoßen hat. Sie verweigert ihm das Recht, er selbst zu sein, und sogar seine Menschenwürde. Verantwortlich für dieses Bild ist u. a. Victor Hugo mit seiner Figur des *Triboulet*, welcher gezwungen ist, seine Verzweiflung und seinen Haß hinter der Maske des Hanswursts zu verbergen. Unleugbar hatte das etwas, das selbst den unempfindlichsten Gemütern im Théâtre Français die Kehle zuschnüren mußte. Unser Narr ist in den Rang der großen tragischen Hauptrolle aufgestiegen! Ein fröhlicher, leichtfertiger, glücklicher Gaukler? So etwas gibt es nicht. Der Clown ist traurig – unwiderruflich.

Ein anderer Vertreter des Troubadourstils, Paul Lacroix (genannt: der »bibliophile Jakob«) nährte diese romantische Vorstellung ebenfalls, obgleich er in seinem Essay über die Narren der französischen Könige von 1837 Anspruch auf historische Triftigkeit erhob:

> »Was für ein erniedrigendes und dabei beneidetes Leben hatte doch diese Kreatur: Kein Gedanke, kein Gefühl gehörte ihr mehr. Sie lachte mit dem Munde, während sie im Grunde ihres Herzens weinte; sie sah sich auf den Rang von Hunden und Affen herabgesetzt und lebte und starb zum spöttischen Klang der Schellen. Sicherlich hat unter dem Narrenkleid mehr als einmal das verletzte Herz eines empörten Mannes geschlagen, sicherlich hat eine Hand das Narrenzepter umkrallt, die den Knauf des Schwerts hätte halten können. Mehr als einmal hat der Narr seine Schmach dem König ins Gesicht geschrien.«

Sicher... Doch man sollte nicht übertreiben. Was die materielle Situation der Narren angeht, so wissen wir, daß manche auf großem Fuß lebten: Lakaien, Pferde, prächtige Gewänder, teure Geschenke usw. Nicht alle hatten solches Glück, doch auch die weniger Begünstigten brauchten sich über ihr Schicksal nicht zu beklagen. Es steht fest, daß sich ihr Los im Laufe der Jahrhunderte gebessert hat. Weil die Rechnungsbücher die Narren Seite an Seite mit den Affen, Hunden und Jagdvögeln anführten, stellte man sie sich lange Zeit mit den Tieren in einem dunklen Loch hausend vor. Doch lebten die Bauern im Ancien Régime anders? Beruhigen wir uns: Seit dem 14. Jahrhundert, vielleicht sogar früher, ist der Status des Narren eher mit dem der Maler, Dichter und Musiker vergleichbar, die im Hause des Fürsten zu Gast waren. Ihre gesellschaftliche Integration scheint sich recht früh und ohne nennenswerte Schwierigkeiten vollzogen zu haben. Jedenfalls waren die Possenreißer besser integriert als die Zwerge (die immer Außenseiter waren und es auch heute noch sind[61]) und sogar ebensogut wie die bedeutendsten Schriftsteller zur Zeit Ludwigs XIV., die ja zum größten Teil vom Almosen der hohen Herren lebten.

Der »beamtete« Narr wurde aus der Kasse für »kleine Vergnügungen« bezahlt. Bis 1620 ist die genaue Höhe seines Jahresgehalts nicht überliefert, falls er überhaupt regelmäßige Bezüge erhielt. In jenem Jahr aber heißt es im Inhaltsverzeichnis der Einkünfte und Ausgaben der Finanzverwaltung, das der Staatssekretär Nicolas Rémond führte, daß Meister Guillaume (dem Narren von Heinrich IV., später des jungen Ludwigs XII.) auf Anregung seines Betreuers Jean Lobey 1800 Pfund ausgehändigt wurden. Weitere 1200 Pfund gingen an seine Kollegin, die Närrin Mathurine. Für den Unterschied zwischen den beiden Gehältern gibt es keine Erklärung, außer daß die ungleiche Bezahlung nach Geschlechtern schon damals üblich war. Wie auch immer, verglichen mit dem, was der »Ballspieler seiner Majestät« oder ein Gardehauptmann im selben Jahr verdienten (etwa 2000 Pfund), erscheinen diese Beträge eher gering. Immerhin verdienen die Narren aber weitaus mehr als später der Schreiblehrer des jungen Ludwigs XIV. (nur 300 Pfund).[62] Wir sollten auch nicht vergessen, daß sie zahlreiche Nebeneinkünfte besaßen. Abgesehen von den Geschenken in Geld oder Naturalien, die sie im Laufe des Jahres ansammelten (Schmuck, Pelze, wertvolle Stoffe usw.), hatten die meisten von ihnen keine Bedenken, ihre Monatseinkünfte durch unerlaubte Praktiken aufzubessern. So »ergaunerten sie sich ein paar schöne Stückchen«, wie Brantôme zu Brusquet, dem Narren von Heinrich II., bemerkte.

Brusquet war tatsächlich einer, der mit seines Nächsten Habe nicht zimperlich umging, ja, man kann ihn durchaus einen Gauner nennen. Aber seine Dieberein brachten ihn keineswegs in den Kerker, sondern unterhielten den ganzen Hof aufs beste. Unter herzhaftem Gelächter erzählte man sich beispielsweise den gelungenen Streich, den er einmal dem Marschall Strozzi gespielt hatte, indem er ihm den Mantel stahl, ohne daß dieser etwas merkte. Aber es kam noch besser: Heinrich II. hatte einmal den Narren von Philipp II. aus Spanien eingeladen, einige Tage in Paris zu verbringen (dieses Ausleihen von Narren war unter den Herrschern üblich). Er beauftragte Brusquet, für die Unterbringung und das Wohlbefinden seines Kollegen zu sorgen. Als nun der Spanier am Ende seines Aufenthaltes von seinem königlichen Gastgeber eine herrliche Goldkette erhielt, fand Brusquet Mittel und Wege, in wenigen Stunden eine getreue Kopie aus Kupfer anzufertigen und sie mit dem Original zu vertauschen. Sobald der Spanier nach Hause zurückgekehrt war, schrieb unser Narr an Philipp II., daß sein Spaßmacher »nur ein Geck und Dummkopf« sei, weil er eine Kupferkette für eine Goldkette gehalten habe und folglich nichts anderes als eine Tracht Prügel in der Küche verdiene. Heinrich II. befahl Brusquet, die Kette zurückzuerstatten, und entschädigte ihn königlich.

Unter Heinrich IV. verschafften sich Mathurine und Meister Guillaume ein kleines Zusatzbrot, indem sie auf der Pont-Neuf oder am Palais Royal Pamphlete verkauften, die ihren Namen trugen. Pierre de L'Estoile und die Brüder Dupuy waren ganz versessen darauf. Viel hat der kleine Handel bei einem Preis von ein oder zwei Sous pro Broschüre allerdings nicht einbringen können. Daher griff Meister Guillaume zu anderen Tricks, um seine Einkünfte aufzubessern. Keiner verstand es besser als er, sich seine Dienste, mit denen er den Ehrgeiz des einen, die galanten Abenteuer des anderen unterstützte, bezahlen zu lassen. Oft trieb er sich auch in den Schenken der Hauptstadt herum, in der selten enttäuschten Hoffnung, einen Bürger zu treffen, der ihn an seinen Tisch lud, wofür er ein paar unterhaltsame Anekdoten und vor allem den Hofklatsch zum besten gab. Seine Kollegin Mathurine war hingegen eine Expertin darin, mit ihrem Einfluß am Hofe Handel zu treiben. Wünschte Madame de Planci zum König vorgelassen zu werden, weil sie für ihren zum Tode verurteilten Mann um Gnade flehen wollte? Sie brauchte nur 500 Taler in die Taschen der Närrin gleiten zu lassen, und schon erhielt sie ihre Audienz. Wenn man die Gunst eines hübschen Mädchens gewinnen wollte, wandte man sich besser an Angoulevent, den ausgekochtesten Kuppler von Paris. Und was Angely, den Narren von Ludwig XIII., später von Ludwig XIV., angeht, so kann er ohne Übertreibung als Erfinder der erpresserischen Gerüchteküche gelten. Er wußte so vieles über alle und kannte die kleinen und großen Geheimnisse eines jeden so genau, daß er schließlich zu den gefürchtetsten Personen am französischen Hofe gehörte. Sein Schweigen wurde mit Gold aufgewogen. Auf diese Weise raffte er ein beträchtliches Vermögen von fast 25 000 Talern (!) zusammen, was Boileau zu einem bissigen, neiderfüllten Vierzeiler anregte:

> Un poète à la cour fut jadis à la mode,
> Mais des fous aujourd'hui c'est le plus incommode.
> Et l'esprit le plus beau, l'auteur le plus poli,
> Ne parviendra jamais au sort de l'Angeli.[63] *

---

* Einst war ein Dichter am Hofe sehr beliebt, / heute aber ist er der Ärmste unter den Narren. / Der schönste Geist, der glänzendste Autor, / wird niemals dasselbe Glück erlangen wie Angeli.

Doch seien den Narren und Närrinnen, die ihre Beziehungen zu den höchsten Stellen zur Aufbesserung ihres Unterhalts ausnutzten, mildernde Umstände zugebilligt. Diese meist aus bescheidenen Verhältnissen stammenden Leute standen im Mittelpunkt aller höfischen Intrigen; sie kannten deren Hintergründe, Beweggründe und Interessen. Da eine vertrauliche Mitteilung, dort ein Ratschlag oder ein Rendezvous, das kostete doch nichts. Wie sollte man einem Edelmann einen Dienst abschlagen, für den sich dieser in gebührender Form erkenntlich zeigen würde?

Aber selbst das Wohlwollen des Fürsten und Erfahrung im höfischen Leben sichern nie die einstimmige Hochschätzung aller, wie man weiß. Man muß stets mit Eifersüchteleien rechnen, die eine hohe Position unweigerlich wachruft. Und die Narren nahmen durchaus eine exponierte Stellung an der Spitze der Hierarchie ein, die ihnen zwangsläufig Feinde schaffte. Reden wir nicht von den unbelehrbaren Moralisten und Fanatikern aller Schattierungen, die diesen spöttischen Schwätzer, der nie von der Seite seiner Majestät wich, als Handlanger der Korruption und Boten des Antichristen, mit einem Wort: als den Teufel ansahen. Reden wir auch nicht von den Höflingen, die er irritierte, weil er sich einer unverblümten Sprache bediente und der König auf ihn hörte; nicht von den Mittelmäßigen und Hahnreien, die sein Spott verbitterte, nicht von den Favoriten, die er in der Gunst des Herrschers ausstach; und nicht von all denen, die ihn liebend gerne zusammen mit den Hexen und Ketzern auf dem Scheiterhaufen brennen gesehen hätten. Ihre Zahl ist Legion. Sein ältester und unerbittlichster Feind ähnelte ihm seltsamerweise wie ein Bruder: Auch er war ein bißchen verrückt, und auch er lebte vom Geld der hohen Herren. Aber sein Wahnsinn galt als heilig: Es war der Dichter. Zwischen Narr und Dichter herrschte eine alte Rivalität, die erst mit dem Verschwinden des närrischen Standes ein Ende fand. Der Dichter hatte sich niemals damit abgefunden, daß dieser Possenreißer, der ihm gerade gut genug erschien, den Pöbel auf den Jahrmärkten in Stimmung zu bringen, am Hofe herumstolzierte, das Vertrauen des Königs genoß, mit den höchsten Herren des Reiches von gleich zu gleich verkehrte und sich dazu noch einer festen Anstellung und fetter Pfründe erfreute. Er dagegen, das Kind der Musen, mußte die Demütigung eines Bettlerlebens erdulden, mit abgetretenen Schuhen durch die Vorzimmer der Reichen schleichen und seine magere Gestalt in den Falten eines durchlöcherten Mantels verbergen. Manch einer der Söhne des Parnasses ist wohl fast vor Wut erstickt, wenn er den stolzen Blick seines Rivalen auffing, der sich unter seiner Samtjacke vor Wichtigkeit aufblähte.

Thony, der Narr von Heinrich II. Zeichnung aus dem 16. Jh. Chantilly, Musée de Condé (Foto: Giraudon).

Ronsard hat seine Verachtung für die Träger des Narrenzepters laut und deutlich zu erkennen gegeben. Nach seinen Worten waren sie alle nur Hohlköpfe und Fasler. In seiner Entgegnung an die »neuen Reimlinge« Florent Chrestien und Jacques Grévin von 1564, fand er keine größere Beleidigung, als ihre Werke mit den »lustigen Einfällen von Thony und Greffier« (zwei zeitgenössische Narren) zu vergleichen, denn sie hätten »nicht mehr Gewicht noch Ansehen«.[64] Allerdings mußte Ronsard seinen Abscheu eines Tages hinunterschlucken, als Karl IX. ihn beauftragte, eine Grabinschrift für den berühmten Thony aufzusetzen, der schon Heinrich II. und Franz II. so gut zu unterhalten verstand. Und so hatte der berühmte Verfasser von *Les Amours* »die Güte, zur Feder zu greifen, und eine Inschrift wie für den rechtschaffendsten Mann Frankreichs zu verfassen«, bemerkte Brantôme nicht ohne boshaften Unterton.[65] Einen Lobgesang auf einen Narren verfassen zu müssen, das war wahrlich eine grausame Aufgabe für den Dichterfürsten!

Von dieser Rivalität zwischen Lorbeerkranz und Narrenkappe zeugt auch ein Sonett von Jean Passerat, das er anläßlich des Hinscheidens von Thulène, eines Narren von Heinrich II., schrieb. Passerat zieht hier eine halb ernst, halb spaßig gemeinte Parallele zwischen dem Stand der beiden Rivalen, die in dem bitteren Bild des zur Armut verurteilten Dichters endet:

> *Sire, Thulène est mort, j'ai vu sa sépulture.*
> *Mais il est presque en vous de le ressusciter:*
> *Faites de son état un poète héritier:*
> *Le poète et le fou sont de même nature.*
>
> *L'un fuit l'ambition et l'autre n'en a cure;*
> *Tous deux ne font jamais leur argent profiter;*
> *Tous deux sont d'une humeur facile à irriter,*
> *L'un parle sans penser et l'autre à l'aventure.*
>
> *L'un a la tête verte et l'autre va couvert*
> *D'un joli chaperon fait de jaune et de vert;*
> *L'un s'amuse aux grelots et l'autre à des sornettes*
>
> *Le plus grand différend qui se trouve entre nous,*
> *C'est qu'on dit que toujours fortune aime les fous*
> *Et qu'elle est peu souvent favorable aux poètes.*[66] *

---

* Sire, Thulène ist tot, ich habe sein Grab gesehen. / Doch ist es fast an Euch, ihn wieder auferstehen zu lassen: / Macht einen Dichter zu seinem Nachfolger, / Denn Dichter und Narr sind von gleicher Art.

Man stelle sich erst die Empörung der Dichter vor, wenn der Narr seinerseits darauf verfiel, sich dem Dämon des Schreibens hinzugeben, was häufiger vorkam, als man annehmen sollte. Dieses zweihörnige Tier wagt es, aus seiner Menagerie herauszukommen und den Schöngeist zu spielen! Pfui, man bringe ihn zu seinen gefiederten und behaarten Gefährten zurück! Soll er doch anderswo mit seinen Freunden, den Schimpansen, Grimassen schneiden! Vor allem aber störe er mit seinem unvernünftigen Geschwätz nicht den harmonischen Einklang unter den gebildeten Männern! – Dieser Ansicht war zumindest François Ogier, wie es scheint, übrigens ein offener und intelligenter Mann, der geschmackvoll genug war, gegen den schrecklichen Heuchler Père Garasse Opposition zu machen. 1627 schrieb er:

> »Es ist schon merkwürdig, daß diese großen Persönlichkeiten, die ihr Leben lang zusammen mit den Papageien und Affen des Louvres gefüttert wurden und nicht weniger zum Hof gehörten wie die selige Mathurine und die Zwerge der Königinmutter, in ihren Stuben so gar nicht gelernt haben, vernünftig zu schreiben. In ihrer Prosa wie in ihren Versen findet man nur falsche Gewandtheit, einstudierte Dummheiten und Begründungen, die den guten Vernunftgründen widersprechen.«[67]

Die Funktion des Narren für seinen Herrscher glich keiner anderen Rolle am Hofe: Er war weder Diener noch Beamter, weder Höfling noch Günstling, ja nicht einmal ein Spielmann oder Gaukler, die zur Unterhaltung des Fürsten angestellt waren. Zwar erhielt er ebenso wie letztere sein Gehalt dafür, daß er den König von den Staatsgeschäften ablenkte; aber sowohl seine Stellung in der gesellschaftlichen Wirklichkeit als auch seine symbolische Bedeutung machten ihn eher zum privilegierten Partner des Monarchen. Der Narr war ständig an der Seite seines Gebieters, ebenso im öffentlichen wie im Privatleben. Er begleitete ihn überallhin, auf Reisen, zur Jagd und in den Rat, wo er manchmal sogar an den Diskussionen teilnahm. Er folgte dem König in seine Privatgemächer, ja bis ins Schlafzimmer seiner Mätresse. Er konnte sich fast unbegrenzte Freiheiten ihm gegenüber herausnehmen. Er nannte

Der eine flieht den Ehrgeiz, der andere kümmert sich nicht darum;/ Beide ziehen aus ihrem Geld niemals Gewinn;/ Beide haben ein leicht reizbares Gemüt,/ Der eine spricht, ohne nachzudenken, der andere aufs Gradewohl.
Der eine hat ein grün bekränztes Haupt, der andere geht bedeckt/ Mit einem hübschen Käppchen, halb grün, halb gelb;/ Der eine vergnügt sich mit Schellen, der andere mit Wortgeklingel.
Der größte Unterschied zwischen uns ist,/ Wie man sagt, daß Fortuna stets die Narren liebt/ Und recht selten ihre Gunst den Dichtern schenkt.

den König beim Vornamen, duzte ihn, unterbrach ihn einfach, kritisierte und beriet ihn, ahmte ihn spöttisch nach, fuhr ihn grob an oder schmeichelte ihm, ohne sich jemals auch nur den geringsten Verweis einzuhandeln. Diese Freimütigkeit erscheint fast unglaubhaft, wenn man bedenkt, was jeden anderen schon eine einzige dieser Vertraulichkeiten gekostet hätte. Dem Narren aber, und nur ihm allein, schien alles erlaubt zu sein; er durfte alles tun, alles sagen, selbst (und vor allem) die Wahrheit, so beleidigend sie seinem Herrn erscheinen mochte. Dieses schier unermeßliche Privileg innerhalb des höfischen Universums, in dem Lüge und Schmeichelei die Regel waren, ist nur vermittels der Narrheit zu erklären: Ob echt oder simuliert, sie war es, die dem Narren Straffreiheit sicherte. Kann man einen Zwerg wegen seiner geringen Größe, einen Buckligen wegen seines Buckels, einen Blinden wegen seines fehlenden Augenlichts tadeln? Warum sollte man also einem Verrückten Vorwürfe machen, wenn er sagte, was ihm durch den Kopf ging, und zwar wann und wie er wollte? Natürlich fiel niemand darauf herein, wenn der Narr bloß simulierte. Es genügte, daß er den Wahnsinn mimte, wie ein Schauspieler seine Rolle spielt und auch der König seinen Part hat. Letztendlich beruhte das Verhältnis zwischen Narr und König auf einer einhellig getroffenen Übereinkunft: Der Narr lieferte das Schauspiel des Wahnsinns und erhielt dafür das Recht auf Redefreiheit. Anders ausgedrückt: Die Wahrheit wurde nur dann toleriert, wenn sie in der Maske der Narrheit daherkam.

Man wird dagegen einwenden, daß der Wahnsinn eher eine tragische Maske sei, ähnlich jener des Todes, und daß man seiner Fratze aus dem Wege gehe, da ihre Wahrheit Angst einjagt. Doch der Wahnsinn bei Hofe, die »tolle Narrheit« ist von ganz anderer Art, da sie den pathologischen Irrsinn metaphorisch in die Tonart des Lachens überträgt. Anfänglich belustigte man sich über die Verrückten wegen ihrer Andersartigkeit, wie man auch Zwerge, Bucklige und Farbige verspottete und immer noch über die Tauben, Stotterer und Homosexuellen lacht, weil sie eine Abweichung von der sogenannten »Norm« darstellen. Gespielt oder echt, der Irrsinn des Narren öffnete das Tor zu allen Überspanntheiten; er provozierte den Spott und symbolisierte ihn zugleich. Und wenn die Wahrheit über die Narrheit vermittelt ist, dann zwangsläufig auch über das Lachen.

Der Narr des Königs gab also die Wahrheit nur in burlesker Form zum besten, da ihm jede andere verwehrt blieb. Seine phantastische Livree diente ihm gleichsam als Rüstung; aus ihr herauszuschlüpfen wäre tödlich für ihn. Seine enge Beziehung zur Macht war nämlich nur trügerischer Schein: *Wer* sagte denn der Macht die Wahrheit ins Gesicht?

Wer behandelte sie respektlos und kritisierte sie mit scharfer Zunge? *Wer* sprach denn mit dem König? Doch nicht Brusquet, Mathurine oder Chicot, sondern die *Narrheit* selbst, deren Interpreten die Narren allesamt nur waren. Angenommen, einer von ihnen ließe die Maske fallen, so daß der Mensch unter der Narrenkappe zum Vorschein käme, und verkündete seine Wahrheit mit unverhülltem Gesicht. Ohne jeden Zweifel müßte er diese Kühnheit mit dem Leben bezahlen. Und was wäre geschehen, wenn umgekehrt der König sich der Attribute seiner Macht entledigt hätte? Wenn er seinerseits das Reich des Spiels verlassen hätte? Gewiß hätte auch er dies nicht gekonnt, ohne in sein eigenes Verderben zu laufen, denn er lieferte seinen Untertanen ebenso ein Schauspiel, wie der Narr ihm etwas vorspielte. Weder der eine noch der andere gehörten im Grunde zu den »normalen« Menschen: Ihre jeweiligen Insignien hoben sie ins Zeitlose und Allgemeingültige; sie verliehen der Macht des einen wie der Ohnmacht des anderen ihre Bühnenwirksamkeit. Denn die Macht ist ebenso ein Spiel mit bestimmten imaginären und symbolischen Gehalten wie die Rituale der Umkehrung und Parodie. Der König gehört zum imaginären Reich der Ordnung und des Heiligen, der Narr dagegen zur subversiven Bilderwelt. Macht und Gegenmacht treffen sich jedoch im Lande der Chimären, genauer gesagt: an jenem Nicht-Ort, dem Bezirk der Toten, in dem einst ein verwirrter junger Prinz aus Dänemark den Schatten eines Narren anrief, dessen Schädel bereits die Würmer aushöhlten: *Alas, poor Yorick …*

Sobald die erforderlichen Voraussetzungen erfüllt waren, besaß der angestellte Narr »jene Art von Immunität, die den heiligen Gegenständen oder Menschen eignet, die über eine magische Kraft verfügen (…) Der Spaßmacher versteht es, den Herrscher aus seiner Unruhe zu reißen, ihn von der Sorge zu befreien, d. h. von der Angst um sein persönliches Wohl, das durch seine Stellung als Machthaber stets gefährdet wird«.[68] Diese gleichsam »magische« Funktion schloß natürlich nicht die kleinen Dienste praktischer Art aus, die der König von seinem Narren erwarten durfte. So lenkte der Narr bei Verhandlungen, die für das Reich von entscheidender Bedeutung waren, die Aufmerksamkeit der Teilnehmer auf sich und verschaffte dadurch seinem Herrn Zeit zum Nachdenken. Über ihn als Sprachrohr konnte der König auch seine nächsten Untergebenen kritisieren, z. B. Prinzen, Minister und hohe Offiziere, denn der Tadel eines Narren traf weniger hart, als wenn er aus dem Munde des Königs kam. Umgekehrt mußte der Narr manchmal Vorwürfe und Unverschämtheiten hinnehmen, die niemand dem König direkt ins Gesicht gesagt hätte. Diese

Vermittlerrolle ging bisweilen so weit, daß der Narr zu einer grauen Eminenz wurde.

Das Paar König-Narr verkörperte gewissermaßen die Bühnenfassung des Paars Herr-Diener oder Herrscher-Beherrschter. Selbst in der Nähe des Throns bewahrte der Narr etwas von seiner Volkszugehörigkeit. In ihm fanden die Regungen und Wünsche des Volkes einen Fürsprecher, und in dieser Hinsicht kann man sagen, daß er als Vermittler, ja als Transmissionsriemen zwischen Volk und Macht diente. Mit ihm als Sprachrohr war gleichsam die ganze Nation am Ort der Entscheidung anwesend und konnte sich Gehör verschaffen. Der Narr verkörperte den Anti-Höfling; durch ihn kamen dem Herrscher Informationen zu Ohren, die ihm seine nächste Umgebung verschwiegen oder nur in verbrämter Form mitgeteilt hätte. Er war es, der den König auf seine Irrtümer hinwies, der ihn daran hinderte, sich von den politischen Realitäten zu lösen, der ihn, wie der *servulus* auf dem Triumphwagen des römischen Feldherrn, vor der Falle der Maßlosigkeit warnte. So bewahrte er den Fürsten allein durch das Spiel des Spotts und der Persiflage vor der Versuchung zur Alleinherrschaft. Der Narr bildete das Gegengewicht zum Höhenflug des Machthabers, zog ihn immer wieder auf den Boden der Wirklichkeit zurück, rief ihm die Materialität des Leibes in Erinnerung und verhinderte, daß er dem hysterischen Machtrausch verfiel. Aber der Narr offenbarte dem König nicht nur, was ihm die Heuchelei der Hofleute verheimlichte, er offenbarte ihm auch sich selbst. Darin glich er dem *Touchstone* aus »Wie es Euch gefällt«, jenem Clown, der im Nu die Narrheit der Weisen bloßlegt. Häufig wird der Narr mit einem Spiegel in der Hand dargestellt, der selbstverständlich den Spiegel der Wahrheit symbolisiert. Man kann aber auch sagen, daß sich das ganze Sein des Narren, einschließlich seiner Worte und Gesten, in einen Spiegelkörper auflöst. Er selbst ist der Spiegel, in dem der Fürst jederzeit sein Abbild betrachten kann, ein Bild, das stark von seinen offiziellen Porträts abweicht, das sich ständig verschiebt und verformt. Wenn er seinen Narren betrachtete, erblickte der Fürst eine groteske, aber täuschend echte Nachahmung seiner eigenen Gestalt.

Freilich wäre es ein grober Fehlschluß zu glauben, daß der Narr im Gegensatz zur monarchischen Macht eine demokratische Alternative symbolisierte. Ganz im Gegenteil. Weit davon entfernt, seine Maske in den Dienst einer revolutionären Bestrebung zu stellen, galt der Narr zu Recht als sicherster Garant der bestehenden Ordnung. Durch ihn als Mittelsperson nahm die Überschreitung der Normen eine rituelle Form an; sie wurde zum Schauspiel, zur Pantomime der Überschreitung. Denn der Narr wies nicht nur jeden umstürzlerischen Akt von sich, er machte ihn auch in dem Maße unmöglich, wie er ihn symbolisch vollzog. Daher konnte die Macht nie ohne die kodifizierte, geregelte Narrheit auskommen.

In bestimmten archaischen Gesellschaften, beispielsweise bei den Agni im Süden der Elfenbeinküste, herrscht nach dem Tod des Königs eine siebentägige Trauerzeit. In dieser Woche wird ausgerechnet der Sohn eines Sklaven parodistisch mit allen Machtbefugnissen ausgestattet. Dieser sogenannte *Sohn des Sklavenkönigs* übt seine Königswürde auf Zeit in allen möglichen Exzessen aus, in denen er das Ritual der Umkehrung bis zur Gewalt und Obszönität treibt. Am Ende der Trauerwoche muß er getötet werden. Diese Identifikation zwischen dem König und seinem Gegenspieler findet sich in den verschiedensten symbolischen Formen auch in unserer abendländischen Gesellschaft wieder – freilich ohne den rituellen Opfermord. Es gibt zahlreiche Beispiele für diesen imaginären Rollentausch: der Narr der Königin Elisabeth I. von England hieß *Monarch*; der Hofnarr von Mantua trug den Spitznamen *Primogenitus* (Erstgeborener) und behandelte den Thronfolger Federico Gonzaga wie seinen jüngeren Bruder. Der Mailänder Narr Marchesino war das genaue Ebenbild von Malatesta de Rimini, ja die Ähnlichkeit war so frappant, daß man den Spaßmacher auf sein Zimmer schicken mußte, wenn der *condottiere* seinen Herrn besuchte. Thomas Brown, ein englischer Gelehrter und großer Kuriositätensammler, berichtet, daß er die Porträts der beiden vergeblich für sein *Musaeum clausum* gesucht habe.[69] Die spanischen Hofmaler des 17. Jahrhunderts, die eine Reihe von Phantasieporträts der früheren Könige von Kastilien malen sollten, zögerten ebenfalls nicht, die Narren am Hofe Modell stehen zu lassen. Als wollten sie zeigen, wie auswechselbar beide Funktionen sind, stellten sie die Narren auf dem Thron mit den Insignien der Königswürde dar.[70] In derselben prachtvollen Ausstattung, die Krone auf dem Kopf, das Zepter in der Hand, zu Füßen des Throns liegend, wohnte übrigens der Narr von Philipp V. von Spanien 1638 einer Corrida zu Ehren des Herzogs von Modena bei. Diese Angleichung zwischen Narr und König wurde zu einem literarischen Klischee, dessen beste Effekte mittlerweile erschöpft sind. Unter anderem wurde dieses Bild mehrfach von Dumas verwendet. Man erinnere sich an die Szene aus *La Dame de Monsoreau*, in der Chicot im Gewande Heinrichs III. täuschend echt das affektierte Gehabe und die Falsettstimme seines Herrschers nachahmt. Oder an jene Szene, in der die Mitglieder der Liga glauben, sie hätten sich in der Krypta von Saint-Geneviève der Person des Königs bemächtigt und ihn gezwungen, seine

Narr mit Spiegel. Holzschnitt aus dem 15. Jahrhundert.
Foto: Stadtbibliothek Caen (Sammlung C. Quétel).

Abdankung zu unterschreiben, während sie später auf der Urkunde
verblüfft den Namen »Chicot I.« entziffern.
In dem Einakter *Escurial* von Michel de Ghelderode (1948) nimmt diese
Vertauschung eine tragische Wendung, deren Bedeutung möglicherweise über den ängstlichen Symbolismus des Verfassers hinausgeht. In
einem düsteren Schloß – die Königin liegt im Todeskampf, und drau-

ßen heulen jämmerlich die Hunde – fordert der König seinen Narren Folial auf, ein Spiel zu erfinden. Der Narr schlägt ihm eine barocke und unheimliche Posse vor, nämlich den Rollentausch. Er selbst werde sich mit den Insignien der Königswürde ausstaffieren, während der König sich als Possenreißer verkleiden soll. Sobald Folial auf dem Thron sitzt, überschüttet er den König mit einer Flut von Haß und Erbitterung, indem er ihn an seine Verbrechen und Schandtaten erinnert und ihm schließlich das schreckliche Geständnis macht, daß er die Königin liebe und von ihr wiedergeliebt werde. In einer Art Rausch stürzt er sich schließlich auf den König und erdrosselt ihn mit bloßen Händen, während im selben Augenblick die Königin ihren letzten Atemzug tut.

Folial verkörpert die äußerste Möglichkeit der Narrenfigur, nämlich den Tod des Königs. Stellt der König das bewahrende Prinzip dar, so symbolisiert der Narr das Prinzip der Auflösung bzw. der permanenten Krise. Strenggenommen steht sein symbolisches Bild nicht für die Gegenmacht, sondern für das Machtvakuum. Dem Geist der Ordnung, Vermittlung und Tradition, repräsentiert durch die königliche Autorität, setzt er die Versuchung der Leere entgegen. Der König verwaltet die Kontinuität, der Narr dagegen das Chaos. Er dehnt auf einen langen Zeitraum aus, was eigentlich nur ein Punkt in der Geschichte ist, nämlich jenen Augenblick, in dem der König stirbt und mit ihm auch die Regel im Abgrund des Aufruhrs und des Interregnums zergeht. In diesem Augenblick vermischt sich das Lachen des Possenreißers mit dem Grinsen des Sensenmanns. Der Narr wirft dem Fürsten unaufhörlich das grausame Spiegelbild seiner Abwesenheit zurück, oder anders gesagt: Der Narr ist sein Tod.

Mit Geoffroy begann eine lange Dynastie von »beamteten« Narren, die erst mit dem berühmten L'Angely unter Ludwig XIV. zu Ende gehen sollte. Über die Herrschaftszeit von Karl IV., der 1322 die Nachfolge von Philipp V. antrat, besitzen wir keine gesicherte Kenntnis. Wahrscheinlich besaß er mindestens einen Narren, doch die Rechnungsbücher seines Schatzmeisters sind verschollen. Dafür wissen wir, daß Philipp VI., der erste des Hauses Valois, einen gewissen Seigni Johan in seinen Diensten hielt. Wahrscheinlich stammte dieser Narr aus Rouergue, denn der Name *Seigni* bedeutet dort *Seigneur* (»Herr«).[71] Dieser Narr wird von Rabelais erwähnt, der ihn den »fol insigne de Paris«, den »Erznarren von Paris« nennt. Das *Narrenschiff*, das 1497 ins Französische übersetzt worden ist, zeichnet sein, freilich zur Karikatur verzerrtes, Porträt. Und durch eine Episode in *Pantagruel* erlangte er Berühmtheit. Statt einer Zusammenfassung wollen wir Rabelais selbst in seiner saftigen, köstlichen Sprache zu Wort kommen lassen:

Verzehrte da vor dem Stand eines Wurstbrätlers in Paris ein Packträger sein Vesperbrot, ließ sich dazu den Bratenduft in die Nase ziehen und fand das überaus erfreulich. Der Brätler ließ ihn erst ruhig gewähren, packt' ihn aber, als er sein ganzes Brot verschnabuliert hätt', unverweilt am Kragen und verlangte Bezahlung für sein Bratengedüft'. Doch der Packträger verschwur sich, er hätt' ihn in nichts an seiner Ware geschädigt, nichts davon genommen und schulde ihm also auch nichts. Der Duft, um den sich's handle, sei nach außen gestiegen und wäre sowieso verloren gewesen; er habe all sein Lebtag noch nie gehört, daß man in Paris auf den Straßen Bratenruch verkauft hätt'. Dem hielt der Brätler entgegen, er sei nicht gehalten, mit dem Duft seiner Bratwürste die Packträger zu füttern, und droht' ihm, wenn er nicht zahle, den Tragriemen wegzunehmen. Der Packträger zog vom Leder und setzte sich zur Wehr. Die Aufregung war groß, von allen Seiten lief das wunderfitzige Pariser Volk zu dem Spektakel zusammen.

Darunter befand sich auch Meister Hänsel, Narr und Bürger von Paris. Als der den Brätler ersah, fragt' er den Packträger: »Gefällt's dir, zum Schiedsrichter unseres Streites diesen trefflichen Meister Hänsel zu machen?« – »Meiner Treu, jawohl«, sagte der. – Meister Hänsel ließ sich also den Zwiespalt berichten und befahl dann dem Lastträger, ein Stück Silbergeld aus der Tasche zu ziehen. Der gab ihm einen Sechsbätzner. Meister Hänsel nahm ihn, legt' ihn sich auf die linke Schulter, als wollt' er sein Gewicht prüfen, ließ ihn dann auf der flachen Linken klimpern, wie um seinen Feingehalt zu erkennen, und drückt' ihn schließlich aufs rechte Aug', gleichsam um seiner Prägung recht inne zu werden.

Das alles geschah unter größtem Schweigen aller umstehenden Tagdiebe, während der Brätler aufpaßte wie ein Hechelmacher und dem Packträger das Herz in die Hosen fiel. Endlich warf der Narr die Münze etliche Male klirrend auf den Tisch. Und dann sprach er, hoheitsvoll wie ein Gerichtsherr, wobei er seinen Narrenstecken als ein Zepter in der Faust hielt und den Kopf in seiner Narrenkappe aus unechtem Marderpelz mit den papiernen Ohren vermummelte, nachdem er sich erst zwei- oder dreimal weidlich geräuspert hatte, tief wie eine Orgel und mit lauter Stimm': »Das Gericht tut kund und zu wissen, daß der Packträger, so sein Vesperbrot mit Bratenduft verzehrte, den Brätler gebührenderweis mit dem Klang seines Geldes bezahlt hat. Und befiehlt, daß ein Jeglicher zu seinem Jeglichen nach Hause gehe. Ohne Sportel und von Rechts wegen.«[72]

Bemerkenswert an der Geschichte ist, daß ernst zu nehmende Juristen wie der würdige Barthole und der gelehrte Tiraqueau sich auf diesen denkwürdigen Urteilsspruch beriefen. Natürlich heißt das nicht, daß Hänsel, der Narr, tatsächlich König Salomon nacheiferte. Rabelais' Apologie soll nur das ihm so teure geflügelte Wort veranschaulichen, das teilweise die Grundhaltung seines Werks zum Ausdruck bringt: »Ein Narr vermöcht' zehn Weise zu belehren.«

In den letzten Regierungsjahren von Philipp VI. von Valois erhielt der Thronfolger, der spätere Johann II. der Gute, ebenfalls einen Narren mit Namen Jehan Arcemalle. Wie die Rechnungsbücher des Königs und des Prinzen belegen, wurde dieser Jehan mit außerordentlicher Freigiebigkeit behandelt. Unter den zahlreichen Geschenken, die er von seinem jungen Prinzen erhielt, fällt besonders ein »prunkvoller, mit Hermelin gefütterter Hut« auf, der »mit einem Rosenzweig geschmückt ist, dessen Stengel aus Zyperngold und dessen Blätter aus getriebenem Gold sind«, wobei die Rosen selbst »mit großen Perlen bestickt« waren. Dieses extravagante Prachtstück war außerdem mit »Perlenknöpfen, zarter Goldstickerei, Emailarbeiten... und großen Perlen« verziert. Auch nachdem Johann II. 1350 den Thron bestiegen hatte, übermachte er Meister Arcemalle großzügige Geschenke. Der königliche Schatzmeister hat uns die genauen Ausgaben überliefert, sei es für das Kleid aus »marmoriertem Tuch«, für die »feinen weißen Lammfelle« und »gefütterten Wämser« sowie für die Pelzkappen, mit denen die Garderobe des Narren regelmäßig erneuert wurde, vorzugsweise zum Oster- oder Pfingstfest, dem er jeweils im Prunkgewand an der Seite des Königs beiwohnte. Außerdem standen ihm zwei Diener, Girardin und Magister, sowie eine Kutsche für Ausfahrten zur Verfügung. Natürlich trank diese hohe Persönlichkeit bei Tisch nicht aus einem Allerweltsbecher; der Narr hatte sein eigenes Trinkgefäß, einen Silberbecher, den der König wie seinen eigenen vergolden ließ, und für den sogar eigens ein Futteral angefertigt wurde.

So beneidenswert der Narrenberuf auch sein mochte, er barg doch einige Risiken in sich. Wenn man so nahe im Umkreis der Macht lebte, war das eigene Schicksal zwangsläufig mit dem des Fürsten verbunden. Und blies der Wind einmal aus der falschen Richtung, bestand die Ge-

Seigni Jehan. Holzschnitt aus dem 15. Jahrhundert
(vgl. den *mat* aus dem Tarock). Foto: Stadtbibliothek Caen
(Sammlung C. Quétel).

fahr, daß man das Mißgeschick seines Herrn teilen mußte. So erging es auch dem unglückseligen Jehan Arcemalle, der seinem Gebieter in die Gefangenschaft folgen mußte, als dieser nach der Niederlage von Poitiers (19. September 1356) den Engländern in die Hände fiel. Freilich wurde der französische König nicht wie irgendein Gefangener behandelt und Jehan nicht wie irgendein Narr, so durfte er seinen Diener Giraudin behalten, doch die glanzvollen Zeiten von einst waren endgültig vorbei. Das Leben war hart geworden, so hart, daß unser Narr, einst eine Autorität in Sachen Eleganz, sich mit einem »alten steifen Rock« abfinden mußte, dessen Futter lediglich durch ein »neues Felbel« ersetzt wurde. Wir wissen nicht, ob diese Prüfungen ihm seine gute Laune verdarben, jedenfalls griffen sie seine Gesundheit an, wenn nicht der Londoner Nebel daran schuld war. Wie dem auch sei, »Narr« und »Diener« suchten beide in London einen Kräuterapotheker namens Jehan Donet auf, der »dem Meister Narren goldenes Latwerge für das Herz« verschrieb und »ein Rezept für dasselbe nebst verschiedenen Kräutern, Samen und Blumen, um einen Salbenverband und einen Schwitzverband für den Kopf des Dieners des besagten Narren Jehans zu machen«.

Die Spuren des treuen Arcemalle verlieren sich an den Ufern der Themse. Fiel er dem Fieber, dem Heimweh oder den Mittelchen des Apothekers zum Opfer? – Kehren wir lieber an den französischen Hof zurück, wo wir andere Narren seines Schlages antreffen. Denn Meister Jehan war nicht der einzige, der diese Rolle am Hofe innehatte. Außer einem Individuum, das als »Grimassenschneider« und »Zähnefletscher« bezeichnet wird, besaß Johann der Gute noch einen weiteren Narren namens Micton oder Mitton, der wahrscheinlich aus der Normandie stammte.[73] Der Schatzmeister des Königs erwähnt ihn ab 1350 in den Abrechnungen. Obwohl Mitton vom König unterhalten und aus dessen Schatulle bezahlt wurde, gehörte er eigentlich dem Sohn, dem Thronfolger Karl, später »der Weise« genannt, der 1364 zu Karl V. wurde, ein Mann von großem Wissen, ein Bücherliebhaber und Gründer der königlichen Bibliothek, dem Michelet allerdings nur eine »petite sagesse negative«, »eine kleine negative Klugheit« zubilligte.

Wenn man der Dichterin Christine de Pisan glauben darf, hatte Karl V. eine besondere Vorliebe für den Handel mit Narren und anderen Possenreißern. In ihrem *Livre des Faicts et bonnes mœurs du roi Charles*, einer wahrhaften *Legenda aurea* des Herrschers, die diese ebenso intelligente wie empfindsame Frau auf Anregung des Herzogs von Burgund verfaßte, heißt es: »Nachdem er des Morgens aufgestanden war und zu Gott gebetet hatte, vergnügte sich der gute König mit frohen und ehrsamen Worten in aller Vertrautheit mit seinen Dienern. Seine Sanftheit und Milde flößten selbst dem Geringsten Mut und Kühnheit ein, scherzhaft und angeregt mit ihm zu plaudern. So einfach die Worte der Diener sein mochten, er erfreute sich daran und ermutigte sie, fortzufahren.« Die berühmte Geschichtsschreiberin fügt hinzu, Karl V. habe sich diese »Erholungspause« gegönnt, um zu verhindern, daß die Sorge um das Königreich seiner bereits angegriffenen Gesundheit schadete. Die Aufgabe, das zerrissene Frankreich zu regieren, das zur Hälfte den Engländern ausgeliefert war und durch die Pariser Revolution von Etienne Marcel einen gewaltsamen Schock erlitten hatte, muß eine schwere Last gewesen sein, vor allem auf den Schultern eines so schwachen Regenten, die angeblich kaum das Gewicht seiner Rüstung zu tragen vermochten.

Neben Mitton, der wahrscheinlich die Thronbesteigung von Karl VI. noch miterlebt hat, gab es am Hofe noch den Narren Thévenin, der 1374 starb und in der Kirche Saint-Maurice zu Senlis bestattet wurde. Nach dem Grabmal zu schließen, das der Herrscher für ihn errichten ließ, muß er eine ganz besondere Zuneigung zu diesem Narren empfunden haben. Dieses Denkmal, ein Werk des Architekten Hennequin de la Croix aus Senlis, wurde während der Revolution ebenso zerstört wie die Kirche selbst. Der Historiker Sauval aber hat es jedoch Ende des 17. Jahrhunderts noch gesehen und uns eine genaue Beschreibung hinterlassen. Danach bestand das Grab aus einem achteinhalb Fuß langen und viereinhalb Fuß breiten Kalkstein, auf dem der Verstorbene in Lebensgröße eingemeißelt war. Er trug ein Kapuzengewand ähnlich einer Mönchskutte, sowie am Gürtel zwei Börsen, eine mit einer Troddel verzierte Kappe und in der linken Hand ein Narrenzepter. Der Körper bestand aus weißem Marmor, Gesicht, Hände und Füße aus Alabaster. In Nischen um die Grabfigur herum waren eine Vielzahl kleiner Figuren zu bewundern, die nach Sauval alle sehr kunstvoll gearbeitet waren. Das Grabmal lag unter einem hohen, reich verzierten Steinbogen, der von einem Schrein mit ziselierten Ornamenten und sieben gemalten Figuren gekrönt wurde. In einen großen Stein war folgender Grabspruch eingraviert: »Hier ruht der Narr des Königs, unseres Herrn, Thévenin de Saint Legier, verschieden am 11. Juli im Jahre des Herrn MCCCLXXIV. Betet für seine Seele.«[74]

Neben Mitton und Thévenin schwang noch ein dritter, anonym gebliebener Narr das Narrenzepter, um Karl den Weisen zu vergnügen. Seine Existenz wird durch einen handschriftlichen Brief des Königs vom 28. Februar 1364 bestätigt (diesmal handelt es sich nicht um eine Fälschung!). Karl weist darin die Verantwortlichen seiner Schatzkammer

Der Grabstein von Thévenin in Saint-Maurice de Senlis.
Stich aus A. Gazeau: *Les Bouffons*.

an, 200 Francs auszubezahlen, um »einen Narren für uns abholen zu
lassen, der sich im Lande der Bourbonen aufhält«. Nebenbei gesagt
beweist dieses Schreiben, daß die Champagne nicht das Monopol auf
die Narrheit besaß. – Wer in der Kirche Saint-Germain-l'Auxerrois bestattet wurde, ob dieser anonyme Narr oder Mitton, ist nicht überlie-

fert. Von Sauval erfahren wir nur, daß dieses Grabmal, das er übrigens niemals gefunden und nur nach den Angaben der Zahlkammer beschrieben hat, für jenes von Thévenin Modell stand und sich mit dessen Prunk vergleichen konnte. Alle beide scheinen eher eines Fürsten denn eines Narren würdig gewesen zu sein. Die Historiker der späteren Jahrhunderte haben diese verschwenderischen, posthumen Ehrungen des Narrentums als kindisch und lächerlich abgetan. Die Kommentare, mit denen Sauval seine Beschreibung der Grabstätte würzt, sind unter diesem Aspekt sehr interessant. Ihm erscheinen diese prachtvollen Gräber, die »fast ebenso herrlich wie das des Feldherrn der Krone Du Guesclin« sind, als »etwas Burleskes«. Er kann sich nicht erklären, wieso ausgerechnet Karl V., »der einzige Fürst, dem Frankreich den Beinamen ›der Weise‹ verliehen hat, eine solche Leidenschaft für die Narren hegen konnte – außer es gibt eben in dieser Welt keinen Menschen, so weise er auch sein mag, der nicht einen närrischen Zug hat. Für gewöhnlich erscheinen ja diejenigen am närrischsten, die in manchen Dingen am weisesten sind.« Auf der einen Seite also der mittelalterliche Mensch, der der Narrheit Marmortempel errichtet, auf der anderen Seite der ehrenwerte Mensch des klassischen Zeitalters, der sich in der Festung seiner »Vernunft« gegen die Angreifer mit dem Narrenzepter verschanzt.

Ein Jahr nach dem Tode Thévenins im Jahre 1375 trat ein neuer Narr sein Amt am Hofe Karls V. an. Dieser Grand Johan wurde zunächst mit der Unterhaltung des achtjährigen Thronfolgers, des späteren Karls VI. betraut, der ihn auch in seinem Dienst behielt, als er fünf Jahre später die französische Krone übernahm. Wir wissen von Johan praktisch nur, daß er kurz vor dem 10. Februar 1382 starb. Unter diesem Datum findet sich in den Rechnungsbüchern die Eintragung »zwölf Pfund Wachs für die Feuerbestattung des Narren Grand Johan«. Weiter erläutern sie, daß er ebenfalls in Saint-Germain-l'Auxerrois beerdigt wurde, was als Privileg zu verstehen ist, denn diese Kirche war die Pfarrgemeinde der französischen Könige, seitdem die Valois in den Louvrepalast eingezogen waren.

Mit der Regentschaft Karls VI., des »Wahnsinnigen«, sollte das Narrenamt eine neue, eigentümliche Bedeutung erhalten... Die Chronisten haben bis zum Überdruß die melodramatischen Umstände geschildert, unter denen der junge Fürst mit 24 Jahren nach zwölfjähriger Regierungszeit endgültig den Verstand verlor. Von diesem finsteren Tage bis zu seinem Tod im Jahre 1422 bestand das Leben von Karl VI. aus einem einzigen mitleiderregenden Auf und Ab von Umnachtung und Klarheit. Während seiner Krisen dämmerte er in einem Zustand der Schlaffheit dahin, der an Verblödung grenzte und plötzlich, übergangslos, von Anfällen wilder Erregung abgelöst wurde. Eingeschlossen in seinem Zimmer, verbrachte er ganze Nächte damit, sich gegen eingebildete Feinde zu wehren. Er zerriß und zerstörte alles um sich herum, zerfetzte die Tapeten mit dem Degen und fügte sich selbst blutige Wunden zu, bis er am Ende seiner Kräfte in einen langen Erschöpfungszustand verfiel. Einige Stunden später stieß er rauhe, jammernde Schreie wie ein verletztes Tier aus, die, von Schluchzen und Gelächter unterbrochen, durch die nächtliche Stille hallten, die Mauern des Louvre durchbrachen und sich weit in der Ferne wie ein Seufzer über der Stadt verloren.

Nur in der Gegenwart weiblicher Personen, die sich in fast mütterlicher Fürsorge um ihn bemühten, fand er ein wenig Ruhe und Frieden: bei seiner jungen Tante Johanna von Burgund, seiner Schwägerin Valentine von Mailand und vor allem bei Odette de Champdivers, der treuesten und rührendsten Gefährtin seiner Einsamkeit, die, selbst fast noch ein Kind, den Beinamen »die kleine Königin« trug. Jeden Tag veranstaltete man einen zügellosen Reigen von Vergnügungen, Spielen und Maskeraden, in der Hoffnung, seine Melancholie, sei es auch nur für Augenblicke, zu zerstreuen.

Schon vor seinen ersten Krisen hatte Karl VI. sein Haus großzügig den vorbeiziehenden Possenreißern geöffnet. Im Louvre herrschte ein ununterbrochenes Kommen und Gehen von Gauklern aller Art: Musikanten, die »zum Aufspielen« kamen, »arme Kinder«, die Barlauf oder Schlagball spielten, Meister im Armbrustschießen, Seiltänzer, Komödianten und Bärendompteure. Angeblich spielte Karl als kleines Kind sehr gern mit Schweinsblasen, später bevorzugte er Trictrac und Tarock, sein Lieblingsspiel. Der Maler Jacquemin Gringonneur hatte »zu seiner Ergötzung« ein wunderbares Kartenspiel auf Goldgrund illustriert, von dem noch einige Blätter in der Pariser Nationalbibliothek zu bewundern sind. Außerdem fand Karl viel Vergnügen daran, die Tiere aus seiner kleinen Menagerie zu beobachten. Mit 13 Jahren besaß er schon zwei kleine Affen, zwei Truthennen, einige Hähne, graubeige Haselhühner, 22 Käuzchen, die ihm die »Küchenjungen« geschenkt hatten, und sogar einen Wolf.

Unter all diesen Zerstreuungen nahmen freilich die Narren den ersten Rang ein. Man kann sich denken, wie heikel, ja paradox ihre Aufgabe wurde, als der König den Verstand verlor und sie den Unglückseligen von seinen Visionen befreien sollten. Läßt sich ein ungewöhnlicherer Dialog vorstellen als der zwischen einem Verrückten, der sich bemüht, König zu sein, und einem Weisen, der den Narren spielen muß? Während der eine die ganze Tragik des wahnsinnigen Machthabers verkörpert (dies macht Karl VI. fast zu einer Shakespearschen Gestalt), stellte der andere sein lächerliches Spiegelbild dar, oder anders gesagt: die Narrheit der Narrheit.

Auf Grand Johan folgte im Februar 1383 Hainselin Coq, der Mann mit den meisten Schuhen in ganz Frankreich. Auch über seine restliche Garderobe brauchte sich der Narr nicht zu beklagen. Karl VI. kleidete sich viermal im Jahr neu ein, und ebensooft erneuerte er die Ausstattung seines Narren. Zu den Kleidungsstücken von Hainselin – darunter ein weit herabfallender langer roter Überwurf mit gleichfarbigem Fellfutter – kam noch die Livree der beiden Diener Jacques Coiffart und Perrin du Croix, die dem Rang ihres Herrn entsprach. Neben seinem Komikertalent besaß der Narr die Kräfte eines Jahrmarktboxers. Wenn Seine Majestät der Scherze überdrüssig war, lieferte ihm Hainselin einen Schaukampf, der wohl eher eine Art Slapstick im Stile Charlie Chaplins war. Den Zahlungsberichten zufolge gab man jedenfalls am 28. Februar sechzehn Sous für ein neues Hemd aus, da er sein altes während einer besonders turbulenten Darbietung zerrissen hatte. Denselben Aufzeichnungen nach stand Hainselin von 1383 bis 1407, also 24 Jahre, im Dienst des französischen Hofs.

Wünschte Karl VI., Abwechslung in seine Unterhaltung zu bringen, so griff er auf die »selbständigen« Narren zurück, von denen wir bereits berichtet haben. Als Belohnung für ihre Dienste erhielten sie ein kleines Almosen. So zahlte Karl VI. der Närrin Johanna, »weil sie einen gewagten Rock trug«, die nicht geringe Summe von vier Pfund und sechzehn Sous. Einem anonymen Narren, der ihn kurz zerstreute, gab er nur 64 Sous, immerhin noch mehr als das übliche Honorar, das wahrscheinlich bei etwa 16 Sous lag. Diesen Betrag ließ er nämlich einer Reihe von Narren ausbezahlen: einem Jehan le Herault, einem anderen Jehan, der vor ihm »gepredigt« hatte, an Colin d'Armentières, den Narren des Grafen de la Marche, und schließlich an dessen Namensvetter, den »Meisternarren des Herrn Mareschall von Sancerre…, um Kniehosen für eine Wallfahrt nach Notre-Dame de Cléry zu kaufen«.

Die Regentin Isabeau von Bayern sammelte nicht nur Liebhaber, sondern nahm auch die Dienste des Narren Guillaume Fouel und der Närrin Jehanne in Anspruch, die sie samt Mutter und Tochter der letzteren beköstigte. Abgesehen von den Männern gehörte die große Leidenschaft dieser modernen Messalina ihrer Menagerie: Nichts war zu schön oder zu teuer, wenn es um ihre angebeteten kleinen Tiere ging, denen sie nichts verwehren konnte. Sie kleidete ihren Affen in ein mit grauem Eichhörnchenfell gefüttertes Gewand und ließ eigens ein rotes, mit Zierschnallen beschlagenes Lederhalsband für ihn anfertigen. Um der eleganten Meerkatze Gesellschaft zu verschaffen, hielt sie ferner eine Leopardin, die ein ganzes Schaf pro Tag verschlang, einen Waldkauz, der nur Hühner mochte, und in einer prächtigen Voliere vielerlei Vögel mit dem unterschiedlichsten Gefieder und Gezwitscher: Turteltauben, Stieglitze, Hänflinge, Sperlinge, Finken und »andere Männchen und Weibchen«. Um das Dienstpersonal zur »Ergötzung« der Königin vollständig aufzuführen, sei zum Schluß noch ihre Zwergin erwähnt, der sie zwei Ellen Stoff (also 2,40 m!) für ein Mieder schenkte.

Die Brüder des Königs, Johann Herzog von Berry und Ludwig von Orléans, Gemahl von Valentine Visconti, der der schrecklichen Isabeau verfallen war, hielten ebenfalls ihre eigenen Narren. Herzog Johann hatte zwei: Jehannet und Milet, und dazu noch einen Bären, von dem er sich niemals trennen konnte und der ihn auf allen Reisen in einem Karren begleitete. Als der Herzog 1416 starb, schritten seine Narren in Trauerkleidung in seinem prunkvollen Leichenzug mit; leider wird nicht erwähnt, ob auch der Bär bei der Zeremonie dabei war. Coquinet, der Narr von Ludwig, hatte bekanntlich zwei Diener, Colin Castille und Eduard Lefort, und lebte auf mindestens ebenso großem Fuß wie der Narr des Königs, Hainselin Coq. Beide machten großen Eindruck, als sie zu Ostern 1388 in reichen langen Überwürfen aus grünem, mit rotem Eichhörnchenfell gefütterten Stoff, die eigens für die Feierlichkeiten angefertigt worden waren, in der Öffentlichkeit erschienen.

Der Nachfolger von Karl VI. wurde der »Zaunkönig von Bourges« genannt, weil er »von schwacher Konstitution« und unbeständig wie ein flatternder Vogel war: Karl VII. war ein wankelmütiger, willensschwacher Mann, dessen depressive Stimmung plötzlich in Anfälle von Überschwenglichkeit umschlagen konnte. Seine Porträts verraten sein schweres Erbe. Von krankhafter Schüchternheit und von melancholischen Ängsten geplagt, erschrak er bei dem bloßen Gedanken, eine Holzbrücke überqueren zu müssen, und geriet beim Anblick eines Fremden aus der Fassung. Seine Haltung gegenüber Jeanne d'Arc ist durch und durch bezeichnend für ihn. Während er zuerst wie gebannt von dem sicheren Auftreten der jungen Heldin war, überließ er sie später ihrem Schicksal und verfolgte ihren Prozeß mit völliger Teilnahmslosigkeit. Sicher war er erblich vorbelastet und durch die Gerüchte über seine Unehelichkeit schwer getroffen, die übrigens von seiner Mutter selbst bestätigt wurden, obwohl alles darauf hinweist, daß er sehr wohl

der leibliche Sohn seines Vaters war. Auf jeden Fall besaß Karl VII. keinerlei Eignung für das Königsamt. Er haßte Gewalt und Krieg und suchte, wie sein Großvater Karl V., Zuflucht in der Einsamkeit der Bibliothek. Die Chroniken weisen ausdrücklich darauf hin, daß er keinerlei Hochmut gegenüber den Armen an den Tag legte, sondern »alle Leute voller Bescheidenheit und Güte« empfing. Soviel man weiß, gehörte seine einzige leidenschaftliche Liebe der schönen Agnes Sorel, die es besser als die Jungfrau von Orléans verstand, Pflichtgefühl und Interesse für die Regierungsgeschäfte in ihm zu wecken. Nach dem Tode seiner Geliebten versank er völlig in Melancholie, obgleich seine Diener ihn hegten und pflegten und alles taten, um ihn zu zerstreuen. Es half nichts, daß er sich im Armbrustschießen übte, Schach spielte und drei Messen am Tag hörte und daß bei den Mahlzeiten »stets sein Arzt und seine treuen Gefährten und Kammerdiener anwesend waren, die etwas Fröhliches oder Geschichten von früher erzählten, an denen er Gefallen fand«. Der Chronist fügt hinzu, daß Karl VII. »sich aus weisen Narren nichts machte«. Tatsächlich blieb das Amt des Hofnarren während seiner ganzen Regierungszeit unbesetzt, während er sich der Dienste der fahrenden Possenreißer von Zeit zu Zeit bediente. So tauchen in seinen Rechnungsbüchern drei »arme, dem Hof folgende Narren« auf: 1454 Robinet und Dago (auch Nago geschrieben), der später dem Herzog der Bretagne diente, sowie ein gewisser Colart mit dem Spitznamen Monsieur de Laon, für den 1458 ein blaues Samtwams mit Besatz aus grünem Taft angefertigt wurde. Freilich wird die Funktion des Narren zu weit ausgelegt, wenn man wie manche Historiker diesen Titel den Dichtern Alain Chartier und François Villon verleiht. Um beiden das Narrenzepter in die Hand zu drücken, reicht es jedenfalls nicht, daß der eine von sprichwörtlicher Häßlichkeit war und sich *Poeta regius* nannte [75], noch daß der zweite, laut Rabelais, eine üble Posse in Szene setzte (vgl. Pantagruel IV, 13).
Während also Karl VII. keinen bestallten Narren beschäftigen wollte, hatte Königin Marie d'Anjou zu diesem Zweck eine Frau namens Michon angestellt. Am 27. Oktober 1454 ließ sie ihr von einem Schneider ein Kleid »anpassen« und einen »fröhlichen grünen« Hut machen. Einige Tage später borgte sie ihre teure Michon einer Freundin, Madame de Furgière, aus, die vier Meilen von Chinon entfernt wohnte. Wahrscheinlich langweilte sich diese Dame in ihrem Schloß und hatte das Bedürfnis, sich aufheitern zu lassen. Jedenfalls führte ein »Ackermann« die Närrin auf einem Pferd zu ihr hin und brachte sie auch für den bescheidenen Betrag von 13 Sous und 6 Heller wieder zurück.

Ludwig XI. war ein bürgerlicher, ja kleinbürgerlicher Herrscher: Niemals hätte er die Schatztruhen geplündert, um die Gaukler in Goldstoffe und Pelze zu kleiden, während er sich selbst mit einem schäbigen Wams aus grauem Leinen und einem groben Filzhut begnügte. Er war zu sparsam und führte den Staatsschatz lieber besseren Zwecken zu. Wer könnte ihm daraus einen Vorwurf machen? Er lachte zwar gern über die launigen Einfälle seines Barbiers und Vertrauten Olivier de Daim, seines Arztes Coictier und seines *Paten*, des Vogts Tristan L'Hermite; gegenüber den Berufsnarren empfand er jedoch ein gewisses Mißtrauen. Vielleicht erinnerte er sich voller Groll daran, daß der Narr von Karl dem Kühnen, ein gewisser Glorieux, seinem Herrn geraten hatte, den französischen König als Gefangenen in Péronne zurückzuhalten. Wie Brantôme berichtet, hatte er auch keinen Anlaß, sich zu dem einzigen Narren, der an seinem Hofe Dienst tat, zu beglückwünschen. Wenigstens einmal hätte dieser Narr besser daran getan, seine Zunge zu hüten. Hier die Geschichte:

Nach Ansicht seiner Gegner hatte Ludwig XI. seinen Bruder Karl, Herzog von Guyenne, heimlich und durch »erheuchelte Freundlichkeit« ermorden lassen. Nach dem Tod seines Bruders bezeugte Ludwig aber solch tiefen Schmerz, daß niemand ihn des Mordes zu verdächtigen wagte. Er trieb die Scheinheiligkeit so weit, daß er sogar den Narren des Verstorbenen bei sich aufnahm. Der Fürst war jedoch nicht nur grausam, sondern auch von naiver Frömmigkeit und wurde ständig von dem Gedanken an die Strafe Gottes verfolgt. Als er eines Tages in seiner Kapelle zu Unserer lieben Frau von Cléry, seiner guten Schutzpatronin, betete, vergaß er sich so weit, daß er sein Verbrechen lauthals gestand, ungeachtet des Narren, der zwei Schritte hinter ihm stand. Brantôme zufolge, erleichterte er sein Gewissen mit folgenden Worten:

> »Ah, meine gute Herrin, meine kleine Gebieterin, meine große Freundin, bei der ich immer Trost gefunden habe, ich flehe Dich an, bei Gott für mich zu bitten und mein Anwalt bei ihm zu sein, daß er mir den Tod meines Bruders verzeihe, den ich von dem bösen Abt von Saint-Jean-d'Angély[76] habe vergiften lassen. Ich bekenne mich Dir als meiner guten Schutzheiligen und Gebieterin. Aber was hätte ich tun sollen? Er schuf in meinem Reich nur Verwirrung. Erlange Verzeihung für mich, meine gute Herrin, und ich weiß, was ich Dir schuldig bin.«

Der Narr hatte das Gebet gehört. Sei's aus Dummheit, sei's aus dem Wunsch, seinen verstorbenen Herrn zu rächen, zögerte er nicht, beim Abendessen vor versammeltem Hofe alles zu wiederholen. Das Straf-

maß entsprach der Größe des Skandals; der törichte Narr überlebte die Beleidigung nicht. So kam er zu dem traurigen Privileg, als einziger Spaßmacher im Märtyrerverzeichnis der wahrheitsliebenden Narren zu figurieren. Ludwig XI. aber hatte Zeit genug, über den Grundsatz nachzudenken: »Man soll den Narren nicht allzusehr vertrauen, denn manchmal haben sie Geistesblitze wie die Weisen und sagen alles, was sie wissen, oder erraten es durch einen göttlichen Instinkt.«
Wie glaubhaft ist diese Anekdote? Genaugenommen erscheint alles an ihr unwahrscheinlich, angefangen von der lauten Beichte bis hin zur unglaubwürdigen Kühnheit (oder Dummheit) ihrer Protagonisten. Außerdem muß die Art mißtrauisch machen, in der Brantôme diese Geschichte erfahren haben will: »Vor mehr als 50 Jahren, als ich noch klein war, ging ich ins Kolleg von Paris und hörte dort diese Geschichte von einem alten Domherrn, der an die 80 Jahre alt war. Seither ist sie von einem zum anderen gegangen, von Domherr zu Domherr.« Im Klartext heißt das: alles Pfaffengeschwätz.

Es gibt keinen Hinweis, daß am Hof von Karl VIII. ein beamteter Narr existierte. Wie sein Vater hatte der König eine Leidenschaft für Vögel. Da er bereits eine übervölkerte Voliere geerbt hatte, ging er daran, sie mit seltenen Arten zu bereichern, ohne auf die Kosten zu achten. Die drei Papageien, die er im Januar 1481 kaufte, kosteten ihn ein kleines Vermögen, nämlich die hübsche Summe von 52 Pfund. Auch wenn Karl VIII. keinen eigenen Narren besaß (vielleicht wissen wir nur nichts davon), verachtete er offenbar das Narrenvolk durchaus nicht, denn er zeigte sich gegenüber den Possenreißern anderer Herren recht freigiebig. 1490 schenkte er Herrn von Anguerrande, dem Narren des »Bastards von Bourbon«, ein prächtiges Messer, dem des Herrn von Aubigny einen Bogen, und den Narren von Dunois und von Ludwig von Orléans machte er kleine Geldgeschenke. In seinem Todesjahr 1498 ließ er für einen Narren namens Le Vicomte ein Kostüm anfertigen, das in jeder Hinsicht der Livree glich, die die vier Tamboure seiner Stallungen trugen. Dennoch scheint Le Vicomte nur ein »dem Hof folgender Narr« gewesen zu sein, der bloß für kurze Zeit im Dienst des Königs stand, denn er hat keine weiteren Spuren hinterlassen.
Am Hofe von Ludwig XII. machten zwei Narren von sich reden: Polite und Caillette. Ersterer hatte einem Abt von Bourgueil gehört, bevor er an den Königshof kam. Das ist so ziemlich alles, was wir von ihm wissen. Bonaventure des Périers widmet ihm eine kleine Geschichte, die aber ganz den *Facéties* des italienischen Erzählers Poggio-Bracciolini entnommen ist, der sie übrigens dem Spaßmacher des Erzbischofs von

Köln zuschreibt. Der Spitzname von Caillette, dessen »naturgetreues« Porträt im *Narrenschiff* wiedergegeben ist, leitet sich von der Verkleinerungsform von *caille* her (Wachtel). Man nannte die Schwachsinnigen *Caillette*, weil ihr Geplapper ebenso sinnlos war wie das der Wachteln in den Weinbergen. Noch im 17. Jahrhundert gab es in der Gegend von Nîmes und Montpellier die Redewendung *être fou comme caillette* (»verrückt wie eine Wachtel sein«).[77] Nach Dreux du Radier, der kein Blatt vor den Mund nahm, war dieser Caillette einfach ein »dummer Narr«. Auch Rabelais trägt nichts zur Verbesserung seines Intelligenzquotienten bei. Wenn er schreibt, daß der Narr »vom Blute des Priamus« sei und ihn unter die Leute »von großer Würde und hohem Ansehen« einreiht, so ist dies purer Hohn. Auch folgende Geschichte von Bonaventure des Périers stellt die Verstandeskraft des Narren nicht in besseres Licht: Zwei Pagen hatten Caillette am Ohr an einen Pfosten genagelt. Als ein Hofmann vorbeikam und ihn fragte, wer ihn in diese ärgerliche Lage gebracht habe, wußte der Narr keine bessere Antwort als: »Was wollt Ihr? Ein Dummkopf hat mich da hingestellt, da hingestellt hat mich ein Dummkopf.«[78] – Nein, Caillette gehörte entschieden nicht zu den geistreichen Narren, von denen noch die Rede sein wird. Er war eher ein naiver Tölpel und ein etwas schwachsinniges, leichtgläubiges Schaf, kurz gesagt: ein unterentwickelter Vertreter seiner Zunft.

Dieser Narr wurde manchmal zu Unrecht mit einem anderen Caillette verwechselt, der eigentlich Jean Carrelin hieß und zur selben Zeit lebte. Ebenso einfältig wie sein Namensvetter – man nannte ihn den »König der Arglosen« – ging er mitten unter den kleinen Leuten von Paris frei seinem Beruf als Dummkopf nach. Im Hallenviertel kannte ihn jedermann; er gehörte zum vertrauten Straßenbild. Und da man wußte, daß er der ärmste der Bettler war, gab ihm jeder ein Almosen. Alle: Klatschweiber, Krämer, Lehrbuben und Studenten steckten ihm im Vorbeigehen etwas in die Tasche. Wenn die Kinder seine wunderliche Gestalt nur von weitem erblickten, liefen sie herbei und umringten ihn kreischend: »Schneuz dich, Caillette! Schneuz dich!« Daraufhin ließ Caillette zum Erstaunen der Passanten und zum Gaudium der Bengel seine Hose ein Stück herunter und schneuzte sich in seinen Hemdzipfel. Es kam auch vor, daß »böse Buben« ihn mit Dreck bewarfen und ihn auf tausenderlei Arten hänselten, was er meist stillschweigend ertrug. Manchmal verlor er jedoch die Geduld und verfolgte seine Peiniger mit Steinwürfen, ohne jemals einen zu treffen. Denn sie zerstreuten sich sofort in alle Winde, kamen dann zurück und riefen vor seiner Nase: »He, Caillette hierher, hierher Caillette!« Da gab der Unglückliche auf und verkroch sich unter einen Torbogen. Niemand weiß übrigens, warum er zu allen Männern *Papa* und zu allen Frauen *Mama* sagte. Wenn er eine dicke Amme erblickte, stürzte er sich auf sie, faßte sie mit beiden Händen an die Brüste und rannte sofort wieder kreischend davon: »Mama, Mama, schlagt mich nicht.« – Mit seiner ausgemergelten Gestalt, seinem bizarren Aufzug, den ewigen »Napf« unter dem Arm und ein »Ästchen« in der Hand, gehörte Caillette zu jenen vertrauten Gestalten: Geistesgestörten, Vagabunden und Phantasten, die zu allen Zeiten das Pflaster von Paris bevölkerten. Man hatte ihn gern, den »armen Caillette«, und jeder bedauerte es, als er seinen kindlichen Geist aufgab. Es fand sich sogar ein dahergelaufener Reimeschmied, der seinem Andenken einige boshafte Verse widmete. Es war, als hätte das ganze Hallenviertel etwas von seinem Geist verloren. Der arme Carrelin, genannt *Caillette*, Habenichts, Hohlkopf und »unschuldige Seele von Paris« hat wahrhaftig einen Platz im Paradies der Narren verdient.

Sechstes Kapitel

Der kluge Narr

Wer weise wäre, hätte keinen Narren. Wer einen Narren hat, ist also nicht weise. Wenn er kein Weiser ist, ist er ein Narr, ja möglicherweise der Narr seines Narren, auch wenn er König ist.
(Diderot)

Vom Aufwind der Renaissance getragen, bringt das Buch *Lob der Torheit* eine tiefgreifende Veränderung in der Narrengestalt zum Ausdruck. Mit Erasmus von Rotterdam treten wir in das Zeitalter des »Morosophen«, des »weisen Narren« ein. Dieses sogenannte Paradox von Erasmus – »paradox«, gehalten an die mittelalterliche Auffassung des Narrentums, besonders an das *Narrenschiff* – findet sich eigentlich bereits in der gegensätzlichen Darstellung der Narrheit im Alten und Neuen Testament: Während ersteres die Torheit negativ charakterisiert, bietet letzteres eine positive Version. Für das Alte Testament bezeichnet der Begriff der Narrheit bestenfalls ein sittenwidriges Verhalten, das das mosaische Gesetz verletzt, schlimmstenfalls aber Heidentum, ja sogar Gottlosigkeit. Die Evangelisten dagegen kehren den Gegensatz Wahnsinn – Weisheit um, indem sie der Narrheit einen starken positiven Wert verleihen. Weise ist nicht mehr derjenige, der sich dem Gesetz fügt, sondern im Gegenteil der, der sich von ihm abwendet und dem Wege Christi folgt, den die Welt für den Weg der Unvernunft hält, weil sie seiner Botschaft gegenüber taub geblieben ist. »Für den Ungläubigen sind gerade die Botschaft Christi und der neue Glaube bloße Narretei, während vor Gott die angebliche Weltklugheit die wahre Torheit ist. In diesem Sinne verkörpert Christus selbst den ersten ›weisen Narren‹.«[79]

Diese Umkehrung, auf der das »Paradox des Christentums« beruht, wirkte sich während des ganzen 15. Jahrhundert aus und fand ihren Höhepunkt im Konzept des »weisen Narren«, wie es im *Lob der Torheit* formuliert wird. Während der Narr alle seine äußerlichen Attribute bewahrte, wurden seine negativen Werte durch positive ersetzt. Erasmus rechtfertigte und feierte die Torheit als Quelle schöpferischer Freude und Lebensenergie. Er setzte sie an die Stelle eines Vernunftgebrauchs, der den Körper ebenso einengt wie den Geist abtötet. Wenn man die Narrheit als wesentlichen Bestandteil des Menschen anerkennt und ihr, wie Erasmus, das Wort erteilt, so bedeutet dies, den Menschen der »Tyrannei der Vernunft« (wie später Nietzsche sagen wird) zu entreißen und ihm sein Recht auf Unvernunft und Gelächter zurückzuerstatten. Es bedeutet, Fest, Spiel und freie Erfindung zu betonen, der tragischen Vision Brants die Unsterblichkeit in Schönheit und Kunst entgegenzusetzen und unsere Beziehung zum Imaginären von Schuld freizusprechen. Läßt man die Narrheit zu Wort kommen, so heißt dies auch, daß man die Wahrheit zu Gehör bringt, die den falschen Weisen die Maske vom Gesicht reißt. Was aber verkündet uns die Narrheit von ihrem hohen Lehrstuhl herab, auf den Erasmus sie gesetzt hat?

»Ich kenne keine Schminke, und mein Gesicht verbirgt nicht, wie es in meinem Inneren aussieht. Ich bleibe mir, auch bei meinen Verächtern, so treu, daß selbst diejenigen meiner Anhänger mich nicht verleugnen können, die sich Aussehen und Ansehen eines ›Weisen‹ verschafft haben, dennoch aber eher Affen gleichen, die in Purpur gewickelt sind, oder Eseln, die sich im Löwenfell verstecken. Mögen sie sich noch so beflissen verstellen, ein Paar Eselsohren wird doch stets sichtbar bleiben und den Midas verraten.«[80]

Wenn alle Menschen Toren sind, ist der richtige Narr der einzige vernünftige Mensch. So lautet im wesentlichen das Paradox von Erasmus. Und weil der Narr nicht für seine Worten und Taten verantwortlich ist, da man sich in seinem Falle über Dinge amüsiert, die jedem anderen den Kopf kosten würden, findet die Wahrheit bei ihm allein Zuflucht. Das erklärt, warum sich der König mit Narren umgibt. Allerdings kann der Narr die Wahrheit niemals klar und unmittelbar aussprechen. Er muß sich notgedrungen der Metapher des Lachens bedienen und seinen Reden eine unverhoffte, satirische oder komische Wendung geben. Die Fiktion des Wahnsinns muß unter allen Umständen gewahrt bleiben. Man darf niemals vergessen, daß die Wahrheit aus dem Munde eines Narren kommt (ähnliches sagt das Sprichwort »Kindermund tut Wahrheit kund«). Schließt die Narrheit also einen Kompromiß mit der Ordnungsmacht? – Nennen wir es lieber »höhere Ironie«. Ebenso wie Markolf, wie Äsop – der verkrüppelte Sklave, ein Auswurf der Menschheit – oder wie die Narren bei Shakespeare ihre Herren und Könige demütigten, beschämt der Narr den Weisen, nicht weil er klüger, sondern weil er verrückt ist.

Den Eroberungsträumen und der Ruhmsucht setzt der »weise Narr« die einfache Liebe zum Frieden entgegen, den Kriegslasten das Elend des Volkes. Immer wieder bringt er die hochfahrenden, ehrgeizigen Pläne auf den Boden der niedrigen Alltagsrealität zurück. Er entmystifiziert, spielt die Realität gegen die Scheinwelt aus, die Sicherheit gegen das Abenteurertum, das Handfeste gegen die Chimären. Er entlarvt die falsche Größe der Mächtigen ebenso wie das falsche Wissen der Gelehrten und Theologen. Er ist ein Sancho Pansa an der Seite Don Quichottes, also der Narr eines Narren, der die Windmühle eine Windmühle nennt. – Der erste dieser weisen Narren am französischen Hofe trägt den berühmten Namen Triboulet.

Im Juni 1900 machte die seriöse Zeitung *Journal des débats* ihren Lesern eine an sich recht banale Mitteilung: Romain Mouton, Jahrmarktsdirektor, feierte in der Pfarrei Saint-Symphorien, unweit von Tours, die Hochzeit seiner Tochter. Das Ereignis hätte sicher keinerlei Beachtung gefunden, wäre dieser Mouton nicht, der Zeitung zufolge, ein ferner Nachfahre des berühmten Triboulet, des Narren von Franz I., gewesen. Echte Urkunden sollten beweisen, daß er in direkter Linie vom französischen König höchstpersönlich und… von der Tochter des Hofnarren abstammte.

Natürlich ist diese Information bloß eine »Ente«, die sich wahrscheinlich ein Redakteur auf der verzweifelten Suche nach einer Schlagzeile zusammengebastelt hat. Dennoch verdient sie insofern unsere Aufmerksamkeit, als sie versucht, eine Legende Wirklichkeit werden zu lassen, oder anders formuliert: die dichterische Erfindung vor die geschichtliche Wahrheit zu stellen. Wie viele Leute kennen Triboulet nur aus Victor Hugos Drama oder Verdis Oper und Chicot nur aus den Romanen von Dumas? Manche zweifeln sogar an der Existenz des Narren. Freilich hat sich die Legende seiner Figur nicht erst in der Romantik bemächtigt. Schon zu Lebzeiten (denn es gab ihn durchaus) hat Triboulet zahlreiche Anekdoten von höchst zweifelhafter Glaubwürdigkeit inspiriert, die die Arbeit des Historikers nicht gerade leichter machen. Ähnlich verhält es sich mit allen Narren, die nach ihm kamen. Besonders seit der Renaissance wurde der Narr mehr und mehr zu einer Art mythischen Heldenfigur, halb Fiktion, halb Wirklichkeit. Obwohl jeder den Namen Triboulet kennt, weiß niemand genau, wer er war, denn dafür müßte man zwischen Geschichte und Geschichtsroman trennen können.

Unser Narr hieß mit richtigem Namen Férial oder Févrial, und sein Geburtsort Foiz-les-Bois, ein kleiner Weiler, liegt nur einen Pfeilschuß vom Schloß Bois entfernt, der Lieblingsresidenz der französischen Könige seit Heinrich III. König Ludwig XII. brauchte also nicht weit zu suchen, als er diesen Bauernsohn in jungen Jahren an den Hof brachte. Der Narr wurde zu dieser Zeit als »armer Dummkopf« von schwächlicher Konstitution beschrieben, ein rechter Prügelknabe für die Pagen und Lakaien, die seine Schwäche weidlich ausnutzten. Um Triboulet

seinen Peinigern zu entziehen und ihn zugleich auf seinen Beruf vorzu-
bereiten, stellte Ludwig XII. ihn unter die Obhut eines Betreuers namens Michel Le Vernoy. Nach den Auskünften von Bonaventure des
Périers hatte Le Vernoy keine leichte Aufgabe: Es war »ein schönes
Stück Arbeit«, den schwerfälligen Geist seines Schülers beweglicher zu
machen. Und zum Beweis seiner Behauptung erzählt er folgende Geschichte: Beim Einzug von Ludwig XII. in Rouen am 28. September
1508 wurde Triboulet vorausgeschickt, um die Ankunft des Hofs zu
melden. Als er stolzgeschwellt auf einem schönen Schlachtroß, das in
seinen Farben geschmückt war, sein »Festtagszepter« schwenkte,
spornte er das Tier so kräftig an, daß es im gestreckten Galopp davon-
stürmte. Sein Betreuer schrie sich vergeblich die Kehle wund: »Halt an,
Unglückseliger! Bleib stehen! Wenn ich dich erwische…« Nichts half,
Triboulet gab seinem Pferd weiter fest die Sporen, während der andere
aus vollem Leibe weiterschimpfte: »Willst du wohl stehenbleiben! Halt
an!« Da antwortete Triboulet, dessen Pferd immer noch tänzelte, ganz
außer Atem: »Bei Gott! Verfluchtes Vieh! Ich kann ihm noch so sehr
die Sporen geben, es bleibt einfach nicht stehen!«[81]
Wenn der Betreuer auch Triboulet nicht zu einem guten Reiter machte,
erzog er ihn doch zu einem anständigen Narren. Freilich nicht, ohne
ihm unzählige Male den Riemen überzuziehen. Um trotz dieser
schändlichen Erziehungsmethode ein guter Narr zu werden, mußte der
Lehrling schon einige natürliche Begabungen mitbringen: Triboulet
galt als einer der talentiertesten »Spaßmacher« seiner Zeit. Dies behauptet zumindest das halb ernsthafte, halb spaßige Pseudoepigramm,
das lange vor seinem Tode verfaßt wurde:

> *Triboulet suis, qu'on peut juger en face*
> *N'avoir esté des plus saiges qu'on face.*
> *Honneste fus chascun contrefaxsant,*
> *Sans jamais estre au dames malfaisant.*
> *Du luth jouay, tambourin et vielles,*
> *Harpes, rebecs, doulsaines, challemelles,*
> *Pipetz, flaiolz, orgues, trompes et corps,*
> *Sans y entendre mesure ni accords.*
> *En chantz, danses, fis choses non pareilles,*
> *Mais dessus tot de prescher fis merveilles;*
> *Car mon esprit, qui n'eut oncques repoz,*
> *En vingt paroles faisoit trente propoz.*
> *Armé en blanc, joustay d'espée et lance,*
> *Aussi cruel à plaisir qu'à oultrance.*

Devant moi pages tramblaient comme la fièvre,
Fyer menaceur, et hardy comme un lièvre.
Le roy adonc me fait seoir à sa table,
Où luy donnay maint passe-temps notable.
Oncques homme qu'il eust en son service
*Ne fit si bien comme moi son office.**

Obwohl er nicht eigentlich mißgestaltet war, ähnelte Triboulet in gewisser Hinsicht einem Zwerg: Er hatte einen krummen Rücken, große Augen und eine niedrige Stirn, unter der die Nase stark hervorsprang. So beschrieb ihn zumindest 1509 Jean Marot (Kammerdiener und Geschichtsschreiber des Königs, selbst Dichter und Vater eines Dichters), wobei er auch die Talente des Narren kurz würdigte, und zwar glaubhafter als das gerade zitierte Pseudoepigramm.

Triboulet fut un fol, de la teste escorné,
Aussi saige à trente ans que le jour qu'il fut né,
Petit front et gros yeux, nez grand, taillé à voste
Estomac plat et long, hault dos à porter hoste.
Chacun contrefaisoit, chanta, dansa, prescha,
*Et du tout si plaisant qu'onc homme ne fascha.***

Möglicherweise ist dieses Porträt auch nur eine Karikatur, vor allem wenn man es mit einer Rötelzeichnung des Narren vergleicht, die zwischen 1510 und 1520 entstand und im Musée Condé von Chantilly aufbewahrt wird. Triboulet, der hier nur von der Taille aufwärts dargestellt ist, weist keine Spur von einem Buckel auf. Sein gerötetes Gesicht mit den breiten, starken Backenknochen, der wuchtige Unterkiefer, die zusammengekniffenen, vor Spottlust blitzenden Augen – alles in

---

* Triboulet bin ich, dem man ansieht am Gesicht, / daß er nicht einer der Weisesten ist. / Ehrlich war ich, ahmte jeden nach, / ohne je den Damen ein Leid anzutun. / Laute spielte ich, Tambourin und Drehleier, / Harfe, Rebec, Dulcimer, Schalmeien / Flöte, Flaiolz, Orgeln und Trompete, / ohne je Takt oder Akkorde zu kennen, / Und Lieder, Tänze machte ich, ohnegleichen, / aber vor allem predige ich wunderbar; / denn mein Geist, der niemals ruhte, / machte dreißig Reden aus zwanzig Worten. / Weißgekleidet trug ich Degen und Lanze, / die im Spiel so grimmig waren wie im Kampfe. / Vor mir zitterten die Pagen wie im Fieber, / bedrohlich war ich und tapfer wie ein Has'. / Der König gar ließ mich an seiner Tafel sitzen / und hatte manch guten Zeitvertreib dabei. / Kein Mann in seinen Diensten, / erfüllte so gut sein Amt wie ich.

** Triboulet war ein Narr, ein rechter Eselskopf, / mit dreißig Jahren noch so klug wie am Tage seiner Geburt, / mit niedriger Stirn, großen Augen, und einer wuchtig gebogenen Nase, / einem langen, platten Bauch und einem krummen Rücken, geeignet zum Draufsitzen. / Er ahmte jeden nach, sang, tanzte und predigte, / und all dies so vergnüglich, daß er niemanden verärgerte.

seinen Zügen atmet die Lebenslust, den unersättlichen Appetit, die Wollust und Schalkhaftigkeit einer Gestalt von Rabelais.

Wir haben bereits gesehen, daß die Narren ihren Herren überallhin folgten, sogar bis in die Verbannung (man erinnere sich an das Schicksal des unglückseligen Jehan Arcemalle). Nicht weniger gefährlich war es für sie, wenn ihr Gebieter in den Krieg zog. So sah sich Triboulet 1509 genötigt, Ludwig XII. auf seinem Feldzug gegen Venedig zu begleiten. Der arme Triboulet wurde aufs Schlachtfeld geschleppt wie ein Lamm zur Schlachtbank! Welch ein Schreck durchfuhr ihn, als er bei der Belagerung von Peschiera zum ersten Mal den Kanonendonner vernahm! Jean Marot hat von dieser Szene, die er selbst miterlebte, eine witzige Skizze hinterlassen:

> *Triboulet, fol du roi, oyant le bruit, l'horreur,*
> *Courroit parmi la chambre, en si grande frayeur,*
> *Que sous un lit de camp, de peur s'est retiré,*
> *Et crois qu'encore y fût, qui ne l'en eût tiré.*
> *N'est de merveille donc si sages craignent coups,*
> *Qui font telle tremeur aux innocents et fous.*[82]*

Zum Glück war unser Narr mit dem Schrecken davongekommen. Offenbar wurde ihm im Krieg kein Haar gekrümmt, denn 1514, also fünf Jahre später, treffen wir ihn auf der dritten Hochzeit von Ludwig XII. wieder, ausstaffiert mit einem gelb-roten Seidengewand, während er ein Jahr später, ganz in Schwarz, hinter dem Sarg Ludwigs XII. einherschritt. Kurz nach der offiziellen Trauerfeier trat er in den Dienst eines neuen Herrn, König Franz I., der glanzvollste Fürst der Renaissance, dem nachgesagt wurde, daß er in jeder Hinsicht (selbst in seinen Niedrigkeiten) großartig gewesen sei. An seinem Hofe eröffnete sich Triboulet eine große Karriere, die ihn bis in den höchsten Rang seines Berufsstandes führen sollte. Zuerst in materieller Hinsicht: Nicht, daß er sich vorher zu beklagen gehabt hätte, Ludwig XII. hatte ihn stets gut versorgt und es ihm weder an schöner Kleidung noch an Lakaien, ja nicht einmal an einem eigenen Kaplan fehlen lassen. Triboulet besaß nämlich einen Geistlichen ganz für sich allein. Aber im Grunde genoß er nicht mehr Ansehen als Muguet, der Sperber des verstorbenen Königs, oder dessen beide Lieblingshunde, Ralay und Chailly. In einem

---

* Als Triboulet, Narr des Königs, den Lärm und die Greuel hörte, / rannte er durch das Zimmer, in so großem Schreck, / daß er sich aus Angst unter einem Feldbett verkroch, / ich glaube, dort wäre er noch, hätte man ihn nicht hervorgezogen. / Ist also kein Wunder, wenn Weise die Schüsse fürchten, / die Unschuldige und Narren so zum Zittern bringen.

Vers, den *Muguet, der Vogel von König Ludwig XII.* verfaßt haben soll, stellt der gefiederte Autor ihn auf eine Stufe mit den Tieren:

> *Trois passe-temps parfaits a eu Loys douzième:*
> *Triboulet et Chailly, et je fais le troisiesme;*
> *Triboulet pour la chambre, Chailly pour champ est duit,*
> *Et moi, je volle en l'air pour gibier et déduit.**

Ein anderer, ungefähr zeitgleich entstandener Vers schreibt dem Jagdhund Ralay folgende Worte zu:

> *Le bon Chailly, Triboulet et Muguet*
> *Tous de par moi doivent aller au guet.***

Wie man sieht, war die wahre Welt des Narren immer noch die Menagerie. Erst Franz I. holte Triboulet dort heraus und verschaffte ihm einen Platz unter den Großen seines Königreichs. Mit ihm beginnt die wahre Regentschaft des Narren, sein goldenes Zeitalter, das bis Ende des 16. Jahrhunderts dauern sollte.

Triboulet hatte eine so glanzvolle Stellung am Hof, daß er sie – nach seinen eigenen Worten – weder gegen eine Herzogskrone noch gegen eine Bischofsmitra eingetauscht hätte. Er verstand sich selbst als »Herrscher über alle, die er verspottete«. Triboulet spielte nämlich nicht nur den Unterhalter des Königs wie die meisten seiner Vorgänger. Er fungierte außerdem als Kritiker, verständiger Berater und manchmal sogar als politischer Ratgeber. Er nahm an den Sitzungen des königlichen Rats teil, und seine Vorschläge fanden Gehör. Freilich hatte er keine Ähnlichkeit mehr mit dem demütigen, kleinen Dummkopf vor zwanzig Jahren, der vor dem Peitschenknall seines Erziehers gezittert hatte. Er war ein gewandter Spötter geworden, der Parodie und Satire geschickt einzusetzen verstand, über jeden lästerte, jedem seine Meinung sagte und niemanden dabei schonte. All dies tat er so humorvoll und mit solchem Witz, daß er niemanden verärgerte, ohne jemals ein Blatt vor den Mund zu nehmen. War er in seiner Jugend tatsächlich naiv gewesen, so spielte er nun die Rolle des Naiven besser als jeder andere. Dies war sogar seine Spezialität, sein »Rollenfach«, wie man am Theater sagen würde. Er glänzte in der Rolle des »einfachen Schlaukopfs«, hinter der sich ein scharfer Verstand verbirgt. Dieses Bild (bzw. diesen

---

* Drei Dinge zum vollkommenen Zeitvertreib hatte Ludwig XII.: / Triboulet und Chailly und schließlich mich selbst; / Triboulet ist fürs Zimmer, Chailly fürs Feld abgerichtet, / und ich flieg in die Lüfte auf der Suche nach Beute und zum Vergnügen.
** Der gute Chailly, Triboulet und Muguet / sie alle müssen wie ich auf der Lauer sein.

Mythos) vermitteln zumindest unzählige Bonmots, Witze und scherzhafte Bemerkungen, die ihm zugeschrieben werden und mit denen man einen ganzen dicken Band füllen könnte. Freilich sind die meisten Geschichten unglaubwürdig. Sie gehen auf die »tolldreiste« und gelehrte Literatur des Mittelalters zurück; viele sind nur Neufassungen von älteren Erzählungen, die aus französischen und anderen, besonders aus italienischen und spanischen Geschichtssammlungen stammen. Triboulet erscheint hier als Archetyp des »weisen Narren«, der dem Fürsten etwas von der Volksweisheit nahebringt. Inmitten des Hofstaats verkörperte er eine Spielart der sogenannten Volksseele: eine Mischung aus Albernheit, gutmütiger Derbheit, falscher Naivität und solider Menschenkenntnis. Wie man sieht, hat all dies nichts mit »Aufbegehren« zu tun... und vor allem nichts mit dem berühmten »gesunden Menschenverstand«, der scheinbar dem Wahnsinn der Regierenden entgegensteht, in Wahrheit jedoch stets ihr mächtigster Verbündeter bleibt. – Hier nun eine Auswahl der bezeichnendsten Anekdoten, die das Grundgerüst der Triboulet-Legende bildeten. Sie vermitteln eine ziemlich genaue Vorstellung von den Denk- und Verhaltensweisen, die von einem Narren erwartet wurden.

Die erstaunlichste Anekdote stammt von Bonaventure des Périers, dem wir eine ganze Reihe von Narrengeschichten verdanken: Eines Abends begab sich Franz I. in Begleitung von Triboulet in die Kapelle, um die Vespermesse zu hören. Bei ihrem Eintritt in die Kirche herrschte eine beeindruckende Stille. Doch kaum hatten sie sich gesetzt, stimmte der Bischof das *Deus in adjutorium* an, in das der Chor mit mächtiger, schallender Stimme einfiel. Da stand Triboulet auf, stürzte sich auf den Bischof und versetzte ihm eine paar kräftige Faustschläge. Ohne große Aufregung rief der König ihn zu sich und fragte ihn nach den Gründen für seinen Zorn auf den Gottesmann. »Aber, mein Cousin«, antwortete Triboulet, »als wir hier eintraten, war kein Ton zu hören, und der da hat diesen ganzen Höllenlärm entfesselt.«[83] – Ob wahr oder nicht, diese Szene belegt, daß zu Beginn des 16. Jahrhunderts noch eine geradezu antike, vorchristliche Freiheit gegenüber den Kultgegenständen und -orten herrschte.

Ein andermal drohte ein hoher Herr, der sich über einen allzu frechen Scherz des Narren geärgert hatte, Triboulet mit dem Stock totprügeln zu lassen. »Fürchte nichts«, sagte der König, »wenn jemand es wagte, Hand an dich zu legen, ließe ich ihn eine Viertelstunde später aufhängen.« – »Ach, Cousin«, jammerte Triboulet, »könntet ihr ihn nicht bitte eine Viertelstunde vorher hängen lassen?« – Diese Anekdote geht natürlich nicht sehr tief, enthüllt aber einen wichtigen Charakterzug

Triboulets: seine Feigheit. Triboulet war eine Memme, »feige wie ein Hase«, wie es hieß. Erinnern wir uns nur an seine Angst bei der Belagerung von Peschiera und an andere Episoden ähnlichen Schlags. Dieser Charakterzug machte ihn endgültig zu einer typisch volkstümlichen Figur, denn in der Auffassung seiner Zeit galt das Volk als feige (es erschrickt bei jeder Kleinigkeit, kann keine Waffe tragen usw.), während Heldenmut allein dem Adel vorbehalten war.

Mehrere kleine Geschichten erzählen, wie Triboulet in die Staatsgeschäfte eingriff; hier nur zwei dieser Anekdoten:
1524 plante Franz I. seinen unseligen Feldzug gegen Mailand, der mit seiner Gefangennahme bei Pavia enden sollte. Er berief den Rat ein, um dessen Urteil über die beste Möglichkeit, in Italien einzufallen, zu hören. Nachdem jeder seine Meinung geäußert hatte, warf Triboulet ein: »Das ist alles schön und gut, meine Herren, aber Ihr vergeßt das Wesentliche.« – »Und das wäre?« fragte der König. »Nun, Ihr sprecht stets darüber, wie man nach Italien hereinkommt, aber nicht, wie Ihr wieder herauskommen könnt.«[84] An diesem Tage hätte der König besser getan, so fügen die Biographen hinzu, dem Rat seines Narren zu folgen.
Ein andermal, 1539, beschloß Franz I., Kaiser Karl V. freies Geleit durch Frankreich zu gewähren. Triboulet bemerkte dazu: »Wenn der Kaiser verrückt genug ist, sich in die Höhle des Löwen zu begeben, schenke ich ihm meine Narrenkappe.« – »Und wenn ich ihn wirklich unbehelligt hindurchziehen lasse, als wäre es sein eigenes Land?« fragte der König. »Dann, Sire, schenke ich Sie Euch.« – Gut geantwortet, doch leider stellt sich heraus, daß Triboulet 1539 das Diesseits bereits verlassen hatte. Außerdem gibt es mehrere Versionen von diesem Dialog.
Die Tradition hat genau dieses Stereotyp vom Ratgeber überliefert, der seine klugen Ansichten in witziger Form unter die Leute bringt. Zweifellos hat auch Rabelais Anteil daran, war er doch der erste, der Triboulet den Beinamen »der kluge Narr« verlieh. Was die Poetik des Spotts betrifft, geht Rabelais freilich über die zitierten Bonmots hinaus. Im Grunde beschränken sich diese Anekdoten darauf, dem Narren vernünftige, sinnvolle Sätze in den Mund zu legen. Bei dem Verfasser von *Pantagruel* dagegen bringt Triboulet seine Sentenzen in einem unzusammenhängenden Kauderwelsch vor, das die Sprache der Orakel parodiert. Gerade weil er unvernünftiges Zeug spricht und sich wie ein Verrückter gebärdet, gilt Triboulet als weise. Er ist nicht nur der Hofnarr des Königs, sondern der Narr an sich, der Narr schlechthin, die »Perle« des Narrentums.

»Da käm' mir«, sprach Pantagruel, »Triboulet am zuständigsten für« – »Jawohl, ganz und gar. Ist ein hochsässiger, herrenmäßiger, ungeschminkter, von Ewigkeit her bedingter, verzückter und verrückter Narr…«[85]

Ich beende an dieser Stelle die Aufzählung, denn sie enthält mehr als 200 Beiwörter! Da man also keinen echteren Narren finden kann, wird Panurg den Triboulet als Orakel befragen, ob er heiraten soll oder nicht. Nachdem Panurg ihm sein Anliegen in »schönen und zierlichen Worten« auseinandergesetzt hat, verkündet ihm Triboulet, in Gesten und Worten das Orakel:

»… bevor (Panurg) noch fertig war, schlug ihm Triboulet mit der Faust mächtig zwischen die Schultern, steckt' ihm die leere Weinbuddel in die Hand, schwenkt' ihm die Schweinsblase unter der Nasen und krähte statt jeder Antwort, indes er heftig mit dem Kopf wackelte: ›Bigoscht! bigoscht! hitziger Narr! gib acht, Mönch! Dudelsack von Buzancay!‹ Dann wischt' er aus der Gesellschaft und spielte mit der Blase, hoch ergetzt durch das liebliche Erbsenrasseln. Und war kein Wort mehr aus ihm herauszukriegen. Ja, als Panurg noch weiter in ihn drang, zuckte Triboulet den Holzsäbel und wollt' ihm zu Leibe.«[86]

Triboulet nimmt im Werk Rabelais' eine Sonderstellung ein. Er tritt nämlich genau in dem Moment auf, in dem Panurg alle Quellen der Wissenschaft erschöpft hat und in einer Sackgasse steckt. Dank Triboulet kann er nun die Suche nach dem Orakel der »Göttlichen Flasche« fortsetzen, die ihn nach mancherlei Umwegen zu guter Letzt zum Ziel führt. Von Triboulet stammt auch die endgültige Antwort im fünften und letzten Buch. Dieser prophetische Narr, durch den sich der Sinn des gesamten Werks erhellt, steht also für den Autor-Demiurgen persönlich: Rabelais selbst ist unter der Narrenkappe versteckt.

Das genaue Todesdatum von Triboulet ist unbekannt, wir können es nur annäherungsweise kurz vor 1538 ansetzen, da der Dichter Jean Vouté in diesem Jahr in seinen lateinischen Gedichten einen Nachruf auf unseren Narren veröffentlicht hat:

> *Vixi morio, regisbusque gratus*
> *Solo hoc nomine; viso num futuris*
> *Regum morio sim Jovi supremo.*[87]

Obgleich Triboulet der einzige festangestellte Träger des Narrenzepters am Hofe von Franz I. war, stritten sich noch eine ganze Reihe anderer Spaßmacher um die Ehre, den Herrscher zum Lachen zu bringen. Außer Ortis, dem *Mohren des Königs*, von dem oben die Rede war, gab es noch einen Possenreißer namens Villemanoche, einen fröhlichen Burschen mit trockenem Humor. Wie Pasquier behauptet, war er bei tadellosem Verstand, hatte aber zwei Marotten: Die erste betraf seine Herkunft. Er behauptete nämlich steif und fest, adliger Abstammung zu sein. Clément Marot hat sich auf eine liebenswürdige Art darüber lustig gemacht, indem er einen Phantasiestammbaum entwarf und die Vorfahren des Narren, die er Pichelin nennt, mit allen gekrönten Häuptern Europas verschwägerte.[88] Aus dieser ersten Marotte ergab sich eine zweite Wahnvorstellung. Wegen seiner hohen Abstammung war natürlich keine Partie im ganzen Reich Villemanoches würdig. Angeblich gab es keine Prinzessin, die nicht davon träumte, ihn zu heiraten. Von diesen Marotten abgesehen, verfügte der Narr aber – nach Pasquier – über ein vollkommen gesundes Urteilsvermögen...[89]

Allem Anschein nach gehörte Villemanoche zu jenen Gelegenheitsnarren, die stundenweise bezahlt wurden und nicht zum Königshof gehörten. Dies dürfte auch für den »unterhaltsamen« Guillaume de Louviers gelten, dem Franz I. 22 Pfund und zehn Sous gab, weil er ihm »die Zeit vertrieben hatte«, oder für Pierre Briandas, der es so gut verstand, die Gunst des Königs zu gewinnen, daß dieser ihm das Amt des »Zündmeisters und Schankwirts am Hof für die Hilfsgeneräle zu Paris« übertrug, das seit seiner Thronbesteigung unbesetzt war.[90] Dabei blieb es übrigens nicht, denn acht Jahre später, 1564, trug Briandas noch dazu den begehrten Titel »Kellermeister des Thronfolgers«.

Wir haben bereits erzählt, daß Franz I. dem Possenreißer des Papstes beim Treffen in Aigues-Mortes ein Goldmedaillon geschenkt hatte. Natürlich konnte er dem Narren des Kaisers Karl V., einem gewissen Perricquou, kein geringeres Geschenk machen, um so weniger, als dieser ihn einmal höchst unterhaltsam »erbaut« hatte. Doch sei es, daß das Geschenk vergessen wurde oder auf dem Grunde irgendeines Koffers verborgen lag, man konnte suchen, soviel man wollte, es blieb unauffindbar. In seiner Verlegenheit stürzte der König zur Amme des Thronfolgers, nahm ihr ihre goldene Halskette ab und ließ sie sofort dem Herrn Perricquou überbringen. Einige Monate später befahl er, Jeanne Laurence (so hieß die Amme), die hübsche Summe von 180 Pfund als Entschädigung für die Kette auszubezahlen. Der Narr von Karl V. hatte also keinen Grund, sich über sein Geschenk zu beklagen![91]

Abgesehen von den bestallten Narren und fahrenden Gauklern war das Haus von Franz I. stets von Spaßmachern aller Art gefüllt, über deren Namen und Talente uns die Rechnungsbücher Aufschluß geben. Sie gehörten alle zum fahrenden Volk und brachten stets Lachen, Spiel und Illusionen mit sich. Man könnte geradezu ins Träumen geraten über diese »abendlichen Besucher«, die Jongleure, Spielleute, Komödianten und Dichter, die von einem Schloß zum anderen zogen. Wie mochte jener Herr Paulo Belmissere de Pontreuil ausgesehen haben, »der jeden Abend Kompositionen, Gelegenheitsstücke und Ansprachen in den verschiedensten Wissenschaften zum besten gibt, in welchen er glaubt, sehr bewandert zu sein« und mit denen er dem König »Vergnügen und Erholung« verschaffte? Oder Jehan de l'Espine aus Pont-Alletz, *Songecreux* genannt, »der dem besagten Herrn mit seiner Truppe folgte und mehrere Possen vor ihm aufführte«? Oder die sechs Possenreißer und Schauspieler, die 46 Pfund erhielten, da sie dem König in Villers-Cotterêts »einige neue Possen und Spiele fröhlicher Art« darbrachten? Das Honorar dieser Leute variierte je nach dem Vergnügen, das sie dem Fürsten bereitet hatten. Der höchste Betrag ging an einen spanischen Zauberkünstler, der die phantastische Sumem von 226 Pfund »für die raffinierte Handhabung der Karten« erhielt, »mit denen er dem König die Zeit vertrieb«. Nur zum Vergleich sei angeführt, daß die Freudenmädchen, »die dem Hof folgten«, alle zusammen nur 90 Pfund bekamen, und zwar »für den Blumenstrauß, den sie dem König am 1. Mai vergangenen Jahres schenkten, und für das Neujahrsgeschenk, das sie ihm am ersten Tage dieses Monats (Januar 1538) überreichten«.

Der Nachfolger Triboulets hieß mit richtigem Namen Jean-Antoine Lombard, war aber vor allem unter dem Pseudonym Brusquet bekannt. Um 1520 in Antibes geboren, begann er zunächst, Medizin zu studieren. Damit scheint er jedoch nicht weit gekommen zu sein, denn seit Januar 1536 – also mit 16 Jahren – treffen wir ihn als Chirurg in der französischen Armee an, die sich vor den Mauern von Avignon verschanzt hat. Dort verabreichte er den schweizerischen Söldnern und Landsknechten seine selbstgebrauten Arzneien, »was ihm einen schönen Batzen einbrachte«, wie Brantôme bissig bemerkte. Wenn es ihm wider Erwarten gelang, den einen oder anderen zu heilen, war das reiner Zufall; die anderen, d. h. die meisten »schickte er in Scharen *ad patres*«. Man brauchte in der Tat eine überdurchschnittliche Kondition, um die Behandlung unseres Arztlehrlings zu überstehen. Seine Präparate auf der Basis von Quecksilbersublimat, Bleisalz und Krötenhirn konnten den stärksten Kerl umwerfen. Um sich eine Vorstellung von seinen Behandlungsmethoden zu machen, braucht man sich nur das Rezept anzuschauen, das er für den Botschafter von Venedig schrieb. Eines Tages wollte Brusquet diesem Herrn seine Aufwartung machen, um ihm »ein bißchen was abzugaunern«, und traf ihn, von heftigen Leibschmerzen geplagt, im Bett an. Als der Kranke Brusquet erblickte, fragte er ihn, ob er nicht ein Mittel gegen seine Krankheit kenne (er wußte, daß Brusquet Arzt war). »Ei, freilich, ja«, antwortete Brusquet ohne Zaudern, »es ist ein unfehlbares und sehr einfaches Mittel, das ich selbst bei Gelegenheit anwende. Es genügt, daß Ihr den Finger einer Hand in den Mund, einen Finger der anderen Hand kräftig in den After steckt und beide in regelmäßigen Abständen miteinander vertauscht. Macht das ungefähr eine halbe Stunde lang, die Winde werden auf der einen wie auf der anderen Seite entweichen, und Ihr werdet Euch vollkommen erleichtert fühlen.« Der ehrwürdige Gesandte der durchlauchten Republik dankte Brusquet herzlich und befolgte getreulich sein Rezept. Unser Scharlatan aber beeilte sich, seinen Streich am Hofe zu verbreiten, wo man sich köstlich darüber amüsierte.

Immerhin war diese Roßkur weniger gefährlich als die Behandlung, die er den armen Teufeln des königlichen Heers angedeihen ließ. Seine Methoden verursachten so viele Verluste, daß es dem Konnetabel von Montmorency, dem Oberkommandanten des Heers, schließlich zu bunt wurde. Er ließ den jungen Schüler des Hippokrates vorführen, schimpfte ihn gehörig aus und verurteilte ihn zum Strick. Der Galgen wurde schon aufgestellt, da fiel der Thronfolger, der künftige Heinrich II., der nicht ohne Vergnügen von Brusquets Schalkhaftigkeit gehört hatte, dem Henker in den Arm. Er ließ den Verurteilten zu sich kommen und fragte ihn in halb ernsthaftem, halb scherzhaftem Tone: »Nun, Jean Antoine Lombard, es scheint, daß deine Arzneien mehr Opfer fordern als die Musketen unserer Gegner.« – »Hoher Herr«, entgegnete der andere mit breitem Grinsen, »ist jemals einer, den ich gepflegt habe, zu Euch gekommen und hat sich beklagt? Habe ich sie nicht für alle Ewigkeit geheilt?« Überwältigt von soviel Dreistigkeit, begnadigte der König Lombard. Mehr noch: Er nahm ihn in seine Dienste auf, und zwar als Garderobemeister und Kammerdiener – ein sehr begehrter Posten, den Lombard sich mit den berühmtesten Dichtern seiner Zeit: Clément Marot, Bonaventure des Périers und Ronsard teilen durfte.[92]

Ungefähr zu dieser Zeit nahm Lombard den Beinamen Brusquet an, wahrscheinlich weil er meinte, daß er zu seiner tatsächlichen Rolle besser paßte. Denn in Wirklichkeit übte er das Amt des königlichen Hofnarren aus, und zwar mit beispiellosem Talent, wie versichert wird.[93] Nach den Worten Brantômes war er »ein Possenreißer, wie es nur einen gab und nie wieder einen geben wird (…), zum Sprechen, Gestikulieren, Schreiben und Erfinden, kurzum zu allem geschaffen, ohne dabei zu attackieren oder zu mißfallen«. Wahrlich schmeichelhafte Worte von einem Mann, der sonst nicht mit Lobeshymnen um sich zu werfen pflegte! Brusquet verfügte vor allem über die Gabe, eine Unzahl von Streichen zu erfinden, ohne sich je zu wiederholen. Dank seines außergewöhnlichen Einfallsreichtums konnte er drei Herren nacheinander dienen, da er stets neue Narrheiten ausheckte. O gewiß, seine Aussprüche zeichneten sich nicht durch besonderen Scharfsinn oder Eleganz aus, das war nicht seine Stärke, dafür besaß er jedoch eine geniale Begabung, die verrücktesten, drolligsten Situationen zu provozieren. Mit einem Wink seines Zauberstabes verwandelte er die triste Alltagswirklichkeit in ein überwältigendes Spektakel. Dank dieses Fürsten der Illusionen erschien das Leben als ein immerwährender Karneval.

Wenn man Brusquets gelungene Streiche sammeln würde, könnte man unschwer einen ganzen Band damit füllen, so behauptete Brantôme, der einige Anekdoten in seinen *Mémoires* festgehalten hat. Brusquet war übrigens nicht der einzige, der in der Kunst der Posse glänzte; er hatte einen berühmten Partner und Rivalen in Gestalt des Marschalls Pierre Strozzi, des Neffen von Katharina von Medici. Strozzi war einer der verdienstvollsten Männer am Hofe Heinrichs II., ein »geistig und körperlich schöner Mann...«, eher feurig als sanft, obwohl er gerne lachte, spaßte und Scherze machte, was er sehr gut konnte« (Brantôme). Trotz ihrer unterschiedlichen Stellung bildeten Brusquet und Strozzi ein perfektes Betrügerpaar. Sie wetteiferten darin, wer dem anderen den übelsten Streich spielen würde. Liest man heute ihre Schelmenstücke, so verblüfft, wieviel Unverfrorenheit, Zeit und Geduld sie für ihre Listen aufwandten. Es handelte sich nicht einfach um kleine Foppereien, sondern um gigantische Betrugsmanöver, die außer Phantasie einen Plan, eine Inszenierung, Komparsen und entsprechende Requisiten erforderten. Solche Szenen konnte man nicht improvisieren, sie mußten von langer Hand vorbereitet, möglicherweise sogar wie ein Schauspiel einstudiert werden, um den gewünschten Erfolg sicherzustellen. So organisierte Strozzi, um sich für den Diebstahl seiner goldenen Achselschnüre zu rächen, einen richtigen Einbruch in Brusquets Haus und stahl dem Narren vor der Nase das ganze Silberzeug weg. Ein andermal war die Reihe an Brusquet: Er lieh sich am Tor des Louvre das stolze Roß des Marschalls aus, schnitt ihm die Mähne und eine Ohrhälfte ab, legte ihm statt des prächtigen Geschirrs einen einfachen Postsattel samt einer schweren Truhe auf und ritt damit bis Longjumeau. Dann schickte er das arme, erschöpfte Tier, verdreckt und unkenntlich, an seinen Besitzer zurück, der natürlich vor Wut schäumte.

Einige Zeit später beschlossen die beiden Strolche in einem gemeinsamen »Waffenstillstandsabkommen«, ihre »schändlichen Spiele« einzustellen. Um ihre Versöhnung zu besiegeln, lud Brusquet den Marschall samt einem Dutzend Edelmännern zu sich ein, wobei er seinem ehemaligen Rivalen ein Mahl versprach, das ihm und seines Gefolges würdig sei. Sobald sich alle zu Tisch gesetzt hatten, entfernte sich der Gastgeber unter dem Vorwand dienstlicher Verpflichtungen. Alsbald wurden den Gästen 30 Pasteten aufgetischt, die einen köstlichen Wohlgeruch verbreiteten. Ein jeder bediente sich, öffnete die goldbraune Kruste und fand im Inneren – o Graus! – Stücke von Gurten, Sätteln und Riemen, das »ganze alte Zeug« von Postpferden. Strozzi soll als erster über diesen Streich gelacht haben, so wird erzählt. – Kurz darauf machte er Brusquet eine Gegeneinladung. Er tischte ihm ein köstliches Festmahl auf und fragte danach: »Nun Brusquet, hast du nicht gut geschmaust? Habe ich dich hinters Licht geführt, wie du es letztes Mal getan?« – »Es stimmt«, erwiderte Brusquet, »noch nie in meinem Leben habe ich so gut gespeist.« – »Möchtest du jetzt wissen, woraus das Frikassee bestand?« Auf ein bejahendes Zeichen von Brusquet ließ Strozzi den Kopf eines kleinen Maultiers auf den Tisch stellen, das Brusquet zärtlich geliebt hatte. Als Brusquet das arme Tier wie einen Wildschweinkopf hergerichtet sah, »mußte er sich auf der Stelle so heftig übergeben, daß er fast daran krepiert wäre«.

Ein andermal schickte Brusquet zwei Franziskanermönche in das Haus des Marschalls, die er mittels eines schönen Goldtalers davon überzeugt hatte, daß Herr Strozzi von einem Dämon besessen sei und daß sie ein gutes Werk täten, wenn sie den Teufel austreiben würden. Die beiden Mönche machten sich also entschlossen mit einer gehörigen Portion Weihwasser im Handgepäck nach Saint-Germain auf. Brusquet zeigte ihnen den Weg, führte sie sogar bis an die Zimmertür und schob sie vorsichtig hinein, wobei er darauf achtete, selbst nicht gesehen zu werden. Die Mönche näherten sich dem Bett des Marschalls und fragten ihn scheinheilig, wie es seiner Seele ginge. Strozzi, der nicht als fromm galt, richtete sich, verblüfft über die plötzliche Erscheinung der beiden Kapuzengestalten, von seinem Lager auf und schrie wütend: »Was macht ihr hier? Hinaus, verdammt noch mal! Verschwindet, oder ich lasse euch aus dem Fenster werfen!« Die beiden Exorzisten ließen sich nicht beirren und begannen, den »Besessenen« mit Weihwasser zu besprengen und Gebetsformeln zu murmeln. Erbost stürzte sich der Marschall auf seinen Degen, der am Fußende des Bettes hing, wie es damals Brauch war. Einer der beiden Mönche hatte jedoch seine Absicht erraten und sich bereits der Waffe bemächtigt. Der erzürnte Marschall verfolgte ihn durch das ganze Zimmer, bis er ihn schließlich an der Kutte erwischte und zu Boden warf, woraufhin der andere Bruder, der immer noch sein Vaterunser murmelte, sich seinerseits ins Gefecht warf. Man kann sich kaum eine irrwitzigere Rauferei vorstellen als dieses Handgemenge zwischen den beiden »würdigen Vätern« und dem Hauptmann der königlichen Armee. Strozzi gebärdete sich wahrhaftig wie der Teufel, verwickelte sich in die Kutten und stieß wilde Flüche aus, die sämtliche Heilige im Paradies erschaudern lassen mußten. In diesem Augenblick öffnete sich die Tür und die Diener Strozzis stürzten, durch den Lärm angelockt, herbei, um ihrem Herrn zu helfen. An ihrer Spitze befand sich übrigens Brusquet höchstpersönlich, der gekommen war, um das Gelingen seines Anschlags auszukosten.

Dieser »enorme« Streich, der von Rabelais stammen könnte, wäre für seinen Urheber fast übel ausgegangen. Zwei Tage später reichte nämlich der Marschall gegen Brusquet Klage beim Inquisitor ein, einem der gefürchtetsten Männer Frankreichs. Obwohl niemand die Kirche ernster nahm als ein Kasperletheater, wollte andererseits keiner als Ungläubiger gelten, der die Gottesmänner mit dem Degen in der Hand verfolgte. Brusquet wurde also ins Gefängnis geworfen und mußte dort auf sein Urteil warten. Zweifellos hatte er das Gefühl, daß er diesmal zu weit gegangen war und schwerlich aus der Sache herauskommen würde. Strozzi meinte aber offenbar, daß die Angst schon Strafe genug sei, und zog seine Klage zurück. Zum Zeichen der Verzeihung ging er sogar selbst, Brusquet aus seinem Kerker befreien.

Brusquet hatte eine Frau, die »häßlichste, die der Teufel jemals geschissen hat«, wie er zu sagen pflegte. Die Königin Katharina von Medici war neugierig, diesen »Schandfleck der Natur« zu sehen, und gab Anweisung, sie kommen zu lassen. Bevor der Narr ihrem Wunsch Folge leistete, warnte er die Königin, seine unglückselige Gattin sei nicht nur mit einem häßlichen Äußeren, sondern dazu mit Schwerhörigkeit geschlagen, so daß Ihre Majestät kaum Vergnügen an der Unterhaltung finden würde. »Daran soll's nicht scheitern«, sagte die Königin, »ich möchte sie trotzdem treffen, um mit ihr über ihre Ehe zu plaudern.« Am Tage der Audienz erzählte Brusquet seinem treuen Eheweib, daß die Königin in höchstem Grade schwerhörig sei und daß sie deshalb so laut wie möglich sprechen müsse. Man kann sich vorstellen, in welchem Lärm die Unterhaltung vor sich ging: Beide Frauen brüllten so laut, daß ihr Geschrei bis auf den Palasthof zu hören war.[94]

Dies ist also einer jener »netten Einfälle«, die für unseren Narren typisch waren. Brantôme erzählt noch mehrere Geschichten, wenn auch längst nicht alle, denn nach seinen Worten gibt es »so viele davon, daß man nie ein Ende findet«. Weniger bekannt ist dagegen, daß sich hinter der Maske des Possenreißers ein außerordentlich geschäftstüchtiger, kaufmännischer Verstand verbarg. Guillaume Bouchet schreibt: »Hättet Ihr Brusquet gesehen und ihn sprechen gehört, so wäre er Euch wie ein Spaßmacher vorgekommen. Doch nach seinen Handlungen und Geschäften zu schließen, hättet Ihr ihn für einen gut unterrichteten Mann gehalten.« Wenn Brusquet ein »weiser Narr« war, so profitierte er selbst am meisten davon. Während Heinrich III. und dessen Hofstaat über seine Späße lachten, gelang es ihm, den Posten des »Direktors der Pferdestation von Paris« zu ergattern, der es mit den fettesten Kirchenpfründen des Königreichs aufnehmen konnte. Bislang war nämlich der Gebrauch von öffentlichen Kutschen und Relaispferden in der Hauptstadt unbekannt, so daß Brusquet sich gewissermaßen einer Monopolstellung erfreute. Und da er seine Interessen ausgezeichnet zu vertreten verstand, führte er schon bald ein blühendes Unternehmen. Nach Brantôme hielt Brusquet stets an die 100 Pferde in seinen Stallungen. Zu diesen Einkünften kam noch sein Jahresgehalt als Hofnarr, das sich auf 240 Tourainer Pfund belief, nicht gerechnet die Beutestücke aus seinen zahlreichen Diebestouren. Brusquet konnte nämlich das Haus eines hohen Herrn nicht verlassen, ohne irgendeinen Wertgegenstand mitgehen zu lassen: hier eine kostbare Vase, dort einen Silberleuchter... Im allgemeinen richtete er es so ein, daß man ihm die Dinge schenkte. Andernfalls scheute er sich nicht, sich selbst zu bedienen. Im übrigen war ihm jedes Mittel recht, den anderen um seine Habe zu erleichtern. Man erinnere sich nur, wie er seinen Kollegen, den Narren des spanischen Königs, hereingelegt hatte, indem er dessen Gold- mit einer Messingkette vertauscht hatte. Seine Opfer trugen ihm die Streiche keineswegs nach oder belangten ihn gar gerichtlich; sie lachten eher über die tausenderlei Listen, die er erfand, um sie zu bestehlen. Die Gaunerei wurde gewissermaßen zu seinen Talenten gezählt: Man bewunderte seine Fingerfertigkeit und empfand vielleicht sogar einen Anflug von Stolz, von einem so genialen Langfinger, wie es selten einen gab, übers Ohr gehauen worden zu sein.

Dank seiner lukrativen Unternehmungen und Beutezüge sowie seiner Sparsamkeit, die er angeblich bis zum Geiz trieb, war Brusquet schließlich der stolze Besitzer eines beträchtlichen Vermögens. Heinrich II. schätzte ihn sehr und wollte ihn deshalb – über die großzügigen materiellen Begünstigungen hinaus – mit einem Richteramt beehren. Er ernannte Brusquet zum Landrichter seiner Geburtsstadt Antibes, d. h. zu einem Magistrat, der im Namen des Königs Recht sprechen durfte und die Stadtratssitzungen leitete. Diese heikle Aufgabe, der Brusquet »zuverlässig und fleißig« nachkam, brachte ihm immerhin 120 Pfund im Jahr ein, ganz zu schweigen von den »Ehrungen, Ansehen, Vorrechten, Abgabebefreiungen und sonstigen Freiheiten und Rechten«, die ihm aus diesem Amt erwuchsen.[95]

Nach dem Tode von Heinrich II., der durch den berühmten Lanzenhieb von Montgomery verursacht wurde, finden wir Brusquet am Hof von Franz II. wieder, der seinerseits bereits nach einem Jahr Regentschaft starb. Daraufhin wechselte Brusquet an den Hof von Karl IX. über, der ihm zumindest in den ersten Jahren sehr gewogen war. 1565 nahm Brusquet nämlich an einem prächtigen Fest teil, anläßlich dessen er »schwarze geschlitzte Samthosen mit goldenen Fransen, die mit schwarzem, gold- und silbergestreiftem Taft zu Pluderhosen gemacht waren«, erhält.

Wenig später verließ ihn jedoch plötzlich das Glück, das ihm so viele Jahre lang hold gewesen war: Religiöser Fanatismus vergiftete das Leben am Hof von Karl IX. Er schuf ein Klima des Mißtrauens und Argwohns, das jeden fürchten ließ, »der Religion«* verdächtigt zu werden, wie es hieß. Was Brusquet angeht, waren tatsächlich einige beunruhigende Gerüchte im Umlauf. Es wurde behauptet, daß er mit dem Lager der Hugenotten sympathisierte und seinen Einfluß bei der Post ausnutzen würde, um für sie schädliche Depeschen des Königs verschwinden zu lassen. Diese Beschuldigungen entbehrten durchaus nicht jeglicher Grundlage. Brusquet hatte nämlich einen protestantischen Schwiegersohn, der seine Gesinnung keineswegs verbarg, sondern öffentlich kundtat, ohne sich darum zu kümmern, daß er seinen Schwiegervater damit in Gefahr brachte. Dieser Schwiegersohn hatte tatsächlich einige Postsendungen aus dem Verkehr gezogen, um seinen Glaubensgenossen zu helfen. Das brachte Brusquet zu Fall.

Als in Paris die ersten Krawalle ausbrachen, wurde sein Haus in Brand gesteckt und vom Pöbel geplündert. Er selbst war gezwungen zu verschwinden und fand zunächst in Nogent-le-Roi bei der Herzogin von Bouillon Zuflucht, »die ihn herzlich aufnahm«. Später floh er zu deren Mutter, der Herzogin von Valentinois, besser bekannt unter dem Namen Diana von Poitiers, die ihn »im Andenken an den guten König Heinrich II.« auf ihrem Schloß von Anet Gastfreundschaft gewährte. Während dieses allzu kurzen Aufenthalts hat Brusquet wohl oft unter dem Blätterdach des Parks mit der ehemaligen Favoritin in Erinnerungen an die glücklicheren Tage am Hofe geschwelgt, über den sie beide –

* des Protestantismus (Anm. d. Ü.)

sie durch ihre Schönheit, er durch seine Narrheit – geherrscht hatten. Doch schon bald mußte er auf diese zarten Unterhaltungen verzichten. Am 25. April 1566 starb Diana, und Brusquet war gezwungen, das herrliche Anet zu verlassen. Der Einsamkeit und dem Vergessen ausgeliefert, von allen verlassen, ruiniert und nur den Ausblick auf das Alter vor sich, riß er sich von diesem Ort los, ohne zu wissen, wohin er sich wenden sollte. Glücklicherweise bot ihm die gute Herzogin von Bouillon ein zweites und letztes Mal ihre Gastfreundschaft an.

Von seinem Exil aus versuchte Brusquet, die Huld des Königs zurückzugewinnen. Er bat Philipp Strozzi, den Sohn seines früheren Spielgefährten, der acht Jahre vorher bei der Belagerung von Thionville gefallen war, zu seinen Gunsten zu vermitteln. Brusquet verfaßte einen pathetischen Brief, in dem er Strozzi anflehte, im Namen der früheren Freundschaft, die ihn mit seinem Vater verbunden hatte, mit ihm Mitleid zu haben und seine Begnadigung zu erwirken, »damit er den Rest seiner alten Tage in Ruhe und Frieden verbringen könne«. Doch das Schicksal wollte es anders. Noch bevor er eine Antwort erhalten hatte, starb Brusquet 1567 oder 1568, das genaue Datum ist leider unbekannt. Angenommen, er war nicht älter als sechzehn, als er die Soldaten in Avignon »zu Ader ließ«, starb er also mit ungefähr 50 Jahren.

Kurz bevor Brusquet in Ungnade gefallen war, erwähnen die Rechnungsbücher der Schatzkammer 1559 einen anderen Narren namens Thony, die Verkleinerungsform von Antoine, manchmal auch Thonin, Thouin oder Thosnil geschrieben.[96] Thony stammte aus einem Dorf namens Coucy in der Picardie und gehörte einer jener Narrensippen an, die wir weiter oben beschrieben haben. Seine beiden Brüder übten bereits den Narrenberuf aus. Von dem einen ist nur der Name Gazau überliefert; der andere, der anonym geblieben ist, gehörte Hippolyte d'Este, Kardinal von Ferrara und Sohn von Lukrezia Borgia. So blieb noch der Jüngste, Antoine, den der Herzog von Orléans, der zweite Sohn von Franz I., für sich beanspruchte, kaum daß er ihn gesehen hatte. Der Junge war nicht besonders intelligent, aber voller Anmut und Heiterkeit. Er war ebenso hübsch wie ein Page und ebenso keck. Seine Mutter weigerte sich anfänglich, ihn herzugeben, da sie ihn für das Priesteramt vorgesehen hatte, gewissermaßen um das Narrentum der beiden anderen wettzumachen. Die arme Frau ahnte ja nicht, daß gerade ihr Jüngster der närrischste von allen dreien war. Der Herzog redete ihr gut zu, machte geltend, daß der Kirchenberuf Thony nichts einbrächte, daß ihn eine brillante Karriere am Hofe erwartete und führte schließlich jene »gewichtigen Gründe« an, denen eine notleidende Mutter, sei sie auch noch so fromm, nicht widerstehen kann. So entging Thony der Tonsur, um die Narrenkappe zu tragen.

»Zu Beginn«, schrieb Brantôme, »war er ein kleiner Schwachkopf, dumm und eingebildet. Aber durch die Gaunereien, Schelmenstücke, galanten Abenteuer und Spitzbubenstreiche am Hof wurde er so gut belehrt, abgerichtet, zurechtgebogen, umgeformt, gewitzt und abgefeimt«, daß er in kurzer Zeit die für sein Metier erforderlichen Talente erwarb. Das hätte aber wahrscheinlich nicht gereicht, wenn er nicht gleichzeitig »Lektionen und Unterweisung« von seinem Erzieher und »Magister der Narrenkunst« erhalten hätte, einem gewissen Louis de la Groue, genannt Farce.

Nach dem Tod des Herzogs von Orléans treffen wir Thony im Dienste von Heinrich II. an, der ihm offenbar lebhafte Sympathie entgegenbrachte. Ein knappes Jahr später gab er nämlich bei seinem bestallten Hofmaler Guillaume Boutelon ein Porträt des Narren in Auftrag. Dieses Gemälde ist leider verlorengegangen, doch sind uns die Gesichtszüge des Narren durch eine Zeichnung von Clouet überliefert, der ihn mit einem merkwürdigen Barett auf dem Kopf darstellt, aus dem zwei Hundeohren wachsen. 1565 nahm Thony zusammen mit Brusquet an dem Turnier, das wir weiter oben beschrieben haben, in einem prächtigen »altmodischen« Gewand teil. Um dieses weite Kleid mit Schleppe herzustellen, wie man es am Hofe Karls IX. trug, brauchte man nicht weniger als zehn Ellen Samt (also ungefähr zwölf Meter!).

Es ist bereits erstaunlich, daß Thony so rasch die Gunst seines Souveräns gewonnen hatte, denn Heinrich II. galt nicht gerade als warmherzig. Daß es ihm aber gelang, das Herz des Konnetabel Anne von Montmorency zu erobern, grenzt fast an ein Wunder. Der Kronfeldherr hatte den unnachgiebigsten Charakter im ganzen Land. In seinem ganzen langen Leben hatte man nie erlebt, daß er einer zärtlichen Regung, geschweige denn einer mitleidigen, nachgegeben hätte. Die Bauern, die sich gegen die Steuern erhoben hatten, und die Protestanten, die gegen die Guise revoltierten, erinnerten sich noch der grausamen Strafen, die er angeordnet hatte. Die Überlebenden berichteten, daß er ruhigen Schrittes mitten durch die von seinen Leuten geplünderten und niedergebrannten Dörfer spazierte, gleichgültig an den armen Teufeln vorbeiging, die am Strick baumelten, und seinen Rosenkranz betete. »Gott behüte uns vor dem Vaterunser des Herrn Konnetabel«, flüsterte man sich in diesen Gegenden zu. Derselbe Herr de Montmorency hatte den jungen Brusquet bei der Belagerung von Avignon zum Tode verurteilt.

Wie ist es dem kleinen Narren Thony nur gelungen, den harten alten

Krieger einzuwickeln? Fest steht, daß der Kronfeldherr derart an ihm hing, daß er ihn nicht mehr entbehren mochte. Vielleicht suchte er bei seinem jungen Gefährten unbewußt jenen Sinn für das flüchtige, zweckfreie Spiel, den er selbst im Felde nie kennengelernt hatte und dessen Zauber ihm bislang verschlossen war. Im Alter von über 65 Jahren entdeckte er gleichsam die Kehrseite der Welt, ihr lächerliches Gesicht, das ihn zu bezaubern schien. So unglaublich es klingen mag: Der Konnetabel liebte Thony und versuchte mit allen Mitteln, seine Zuneigung zu gewinnen. Er ging sogar so weit, ihn zu bitten, er möge ihn »Vater« nennen, ein unerhörtes und dementsprechend aufschlußreiches Privileg. Jeden Tag wollte er ihn an seinem Tische sitzen haben. Er setzte ihn neben sich und schäkerte während der ganzen Mahlzeit mit ihm. Und wehe, wenn irgendein Page oder Lakai sich dem Narren gegenüber nur die kleinste Frechheit herausnahm – der Flegel wurde sofort mit einer Tracht Prügel zurechtgewiesen.

Aber eine verlöschende Flamme kann einen Schmetterling nicht zurückhalten. Die Bemühungen des alten Feldherrn vermochten nicht zu verhindern, daß der junge Mann das Weite suchte, als sein Herr offiziell in Ungnade fiel. Thony war bis auf den Grund seiner Seele ein Höfling. Er folgte stets dem, den das Morgenlicht der königlichen Gunst umstrahlte, wandte sich jedoch sofort von ihm ab, wenn dessen Stern zu sinken drohte. Wie der ganze übrige Hof wußte auch Montmorency von dieser Charakterschwäche. Er wußte, daß Thony ein geschickter Intrigant war, der billigsten Schmeicheleien fähig und undankbar gegen seine Wohltäter. Trotzdem behandelte er ihn weiterhin wie seinen Sohn. Am Tage, als er seinerseits verlassen wurde, brummte er nur: »Das ist der närrischste Höfling, den ich jemals gesehen habe.«

Wie Brusquet diente Thony nacheinander drei Regenten: Heinrich II., Franz II. und Karl XI., bevor er frühzeitig, Ende 1572 oder Anfang 1573 im Alter von kaum 35 Jahren, starb. Wir haben bereits erwähnt, daß Karl IX. den Dichter Ronsard beauftragte, ein Epitaph auf den Narren zu verfassen. Der Dichter mußte dem Wunsche nachkommen, »vergaß« aber, den Nachruf in seine gesammelten Werke aufzunehmen.

Solange der zukünftige Heinrich II. Thronfolger war, unterschied sich sein Haus kaum von dem seiner Brüder, den Herzogen von Orléans und Angoulême. Die drei Fürsten teilten sich die Dienste eines Narren namens Martin, genannt Le Bailli, den wir noch nicht erwähnt haben. Tatsächlich könnte man diesen Narren stillschweigend übergehen, gäbe es da nicht ein merkwürdiges Detail: Le Bailli war nämlich der einzige französische Hofnarr, der die Kette vom Orden des Heiligen

Michael trug, den Ludwig XI. gegründet hatte. Natürlich handelte es sich nicht um die richtige Kette, sondern um eine Nachahmung aus vergoldetem Messing, die aus ineinanderhängenden Herzen bestand. Auf dem Medaillon war anstelle des hl. Michael, der den Drachen tötet, eine Teufelsfigur zu sehen. Dieses Schmuckstück, das der Narr um den Hals trug, kennzeichnete ihn öffentlich als satirische, lachhafte Parodie seines Herrn.[97]

Wir wollen den Hof von Heinrich II. und Katharina von Medici nicht verlassen, ohne etwas zu den weiblichen Spaßmachern zu sagen, die dort ihr Unwesen trieben. Allerdings gelang es keiner der Närrinnen, sich in ihrem Beruf wirklich auszuzeichnen. Anscheinend waren die Narren meist begabter als ihre Kolleginnen. Woran lag das? Vielleicht war der Grund, daß die Narren im allgemeinen dem König gehörten und damit am heiligen Charakter der Königswürde teilhatten, während die Frauen (bis auf wenige Ausnahmen) der Königin dienten und nicht in diesem Glanz standen. Vielleicht gesteht man auch einer Frau weniger leicht zu, daß sie ein groteskes Selbstbild darbietet. Bis vor kurzem, und eigentlich noch heute, ist die Farce eine Domäne der Männer gewesen. Es gibt keine berühmten weiblichen Clowns, und auch die großen Komiker des amerikanischen Films waren stets Männer. Was Mathurine angeht, die einzige Närrin in der Geschichte, die einen gewissen Bekanntheitsgrad erreichte, so kleidete sie sich halb wie eine Frau, halb wie ein Mann und trug einen Degen am Gürtel. Warum versuchte sie, ihr Geschlecht vergessen zu machen? Erträgt man es nicht, daß eine Frau in der Narrenmaske ihre eigene Lächerlichkeit darstellt, weil sie bereits durch ihre gesellschaftliche Stellung eine Form der *Differenz*, der *Fremdheit* verkörpert? Im Grunde würde die Närrin lediglich ihre tatsächliche Situation in Szene setzen, ein unerträgliches Schauspiel, das einer Anklage gleichkäme. Aber es gibt noch eine andere Erklärung, die mit der imaginären Funktion des Narren zusammenhängt, nämlich mit seiner Rolle als lächerlicher Doppelgänger des Königs. Da das Salische Gesetz die Frauen von der Thronfolge ausgeschlossen hatte, konnte der Narr des Regenten nur ein Mann sein: Die männliche Macht bedurfte einer männlichen Gegenmacht. In dieser Hinsicht ist bezeichnend, daß die erste Närrin eines französischen Königs, Mathurine, genau in dem Augenblick auf den Plan trat, als die Narrenrolle aus Gründen, auf die wir später noch eingehen werden, an Bedeutung verlor.

Da die Närrinnen also nicht dem König dienen konnten, blieb ihnen meist nur der Dienst an der Seite der Königin oder Prinzessinnen. Aus den Rechnungsbüchern der Schatzkammer geht hervor, daß 1528 am

Hof von Franz I. eine Närrin lebte, die den pompösen Spitznamen Madame de Rambouillet trug. Ihre Nachfolgerin hieß Cathelot (eine Verkleinerungsform von Catherine, die besonders in der Touraine und im Blésois gebräuchlich war), die zuerst Marguerite de Valois (der Schwester von Franz I.) gehörte, dann zu Elisabeth von Österreich überwechselte, die sie schließlich an ihre beiden Töchter Magdalena und Margarete weitergab. Das Porträt dieser Närrin, das im Musé Condé von Chantilly aufbewahrt ist, zeigt eine kräftige Frau aus dem Volke, mit festen runden Wangen und schelmisch geschürzten Lippen, die ihrem sicheren Blick entsprechen. Diese Cathelot hatte eine Gouvernante namens Françoise Girard, die 1534 den Betrag von 190 Pfund erhielt, »damit sie sich um das Betragen, die Beköstigung und gute Behandlung von besagter Chatelot noch sorgfältiger und mit Bedacht kümmere«. 1556 wird Cathelot von La Jardinière abgelöst, ein armes Mädchen, das in kostbare, mit Eichhörnchenfell gefütterte Gewänder gesteckt wurde und die Gouvernante Charlotte Mariel bekam. Sie mußte die Königin bei ihren Reisen auf einem »kleinen Karren« begleiten, auf dem sich auch die Gouvernante und ihr Gepäck befanden. Nach ihr kam eine gewisse Jacquette, die zuerst als »Unterhalterin« und ab 1570 als »Närrin« von Katharina von Medici geführt wird.

Die Leidenschaft von Katharina von Medici für absonderliche Naturgeschöpfe ist bekannt. Neben den Närrinnen sammelte sie Zwerge und Zwerginnen, Affenweibchen, Papageien und andere exotische Tiere. Das Prunkstück ihrer Sammlung bildeten zwei Mohammedanerinnen, eine Maurin und eine Türkin, die sie überallhin mitnahm und denen sie jegliche Sorgfalt angedeihen ließ, da sie Seltenheitswert besaßen. Die Königin kümmerte sich nicht nur um ihr materielles Wohlergehen, sondern auch um ihr Seelenheil. So händigte sie beiden regelmäßig sechs Sous aus, um ihren Beichtvater zu bezahlen. Es kam auch vor, obgleich selten, daß eine Fürstin einen männlichen Spaßmacher einstellte. Dank Brantôme ist uns einer dieser Narren bekannt. Es handelt sich um Legat, der am Hofe von Elisabeth auftauchte, der Tochter von Katharina, die 1559 Königin von Spanien wurde. Dieser Legat legte sein Recht auf verbale Freizügigkeit recht weit aus, wie folgende Indiskretion aus den *Dames galantes* beweist: Bei irgendeiner Gelegenheit sagte Elisabeth, indem sie die Beine ein wenig spreizte, sie würde gern mit einem Fuß den Palast von Madrid und mit einem anderen jenen von Valladolid berühren. Darauf rief Legat aus: »Und ich, ich wäre gerne dazwischen, con un *carajo de borrico, para encargar y plantar la raya.*«[98]

Siebtes Kapitel

Der Narr im Barock

Die Regentschaft von Franz II., der mit 17 Jahren starb, war zu kurz, um das Narrenpersonal auszuwechseln. So behielt der König die Narren, die ihm sein Vater überlassen hatte, und vermachte sie auch seinem Nachfolger. Karl IX., wegen der Bartholomäusnacht von der Geschichte geächtet, wird gewöhnlich als blutrünstiges Monster dargestellt. Dabei vergißt man, daß die wahren Verbrecher, die ihn zu diesem schrecklichen Massaker anstifteten und seine Hand führten, sich im Schatten des Throns verbargen. Während der Papst in Rom mit großem Prunk die »einzigartige Gnade« feierte, die der Gemeinschaft der Christenheit durch dieses Gemetzel zuteil geworden sei, wurde der zweiundzwanzigjährige Fürst von fürchterlichen Gewissensbissen geplagt. Seine Gewissensqualen trieben ihn bis an den Rand des Wahnsinns und verließen ihn bis zum Ende seines kurzen Lebens nicht mehr.

Übrigens war dieser Sprößling aus dem Hause Valois eine faszinierende Persönlichkeit. Er vereinigte in sich die Hauptmerkmale seines Geschlechts: Gewaltsam, launenhaft und in jeder Hinsicht übermäßig, tobte er seine Kräfte in erschöpfenden Ritten durch die Wälder aus, trieb seine Jagdleidenschaft so weit, daß er seine Hände in das noch dampfende Blut der Tiere tauchte, und arbeitete nächtelang mit Hammer und Amboß in der Schmiede. Diese harten körperlichen Tätigkeiten beleuchten jedoch nur einen Aspekt seiner Persönlichkeit. Um sein Porträt zu vervollständigen, sei darauf verwiesen, daß er sich auch an Musik und Poesie berauschte, seinen beiden Leidenschaften. Er ließ Rolando di Lasso aus Bayern kommen und schrieb selbst Gedichte, die er dem Dichter Ronsard, seinem Meister und Freund, vorlegte. Die einzige Geliebte, die wir kennen, hieß Marie Touchet, eine junge Bürgerstochter aus Orléans, die wie ein flüchtiger Lichstrahl inmitten der düsteren Visionen erscheint, die den König seit der tragischen Bartholomäusnacht allabendlich heimsuchten. Seine Vergnügungen überraschen durch ihren fremdartigen Charakter: Er liebte fratzenhafte Masken, groteske Verkleidungen und entfesselte Tänze, kurz: er führte seinen Beinamen *Prince du Bizarre* vollkommen zu Recht. Niemals befand sich ein Herrscher in so harmonischer Übereinstimmung mit der imaginären Bilderwelt seiner Zeit.

Kann es bei einer solchen Veranlagung wundern, daß sich Karl IX. von dem seltsamen Wesen der Narren angezogen fühlte? – Nicht nur, daß er sich nach Art seiner Väter über die Spaßmacher amüsierte. Er erkannte vielmehr in ihnen denselben Bruch mit der Alltagswelt, der auch ihn zu einer der legendären Herrscherfiguren machte, in denen sich Macht und Wahnsinn vereinigen. Freilich gehört dazu nicht viel, denn beides liegt eng beieinander: Zwischen den Possenreißern, die den Wahnsinn simulierten, und seiner eigenen Exaltiertheit spann sich ein enges Netz geheimer Übereinstimmung und stummen Einverständnisses. Die Narren an seiner Seite bedeuteten für den König eine ständige Infragestellung seiner selbst (man erinnere sich an die Rolle, die Folial für seinen Herrn spielte). Ohne Zweifel faszinierten ihn weniger die albernen Scherze als der paradoxe Status der Possenreißer: Waren sie nicht, wie er selbst, halb Fiktion, halb Wirklichkeit?

Neben Thony und Brusquet engagierte Karl IX. den Possenreißer *Greffier de Lorris*, der erstmalig 1561 in den Rechnungsbüchern auftaucht. Dieser Narr erfreute sich eines gewissen Rufs; er kommt in mehreren Possen des 16. Jahrhunderts vor. Obgleich sein genaues Todesdatum unbekannt ist, läßt sich einer Eintragung entnehmen, daß er 1566 nicht mehr lebte. In diesem Jahr wurde er nämlich durch Etienne Doynie ersetzt, der seinen Platz wiederum – entweder wegen persönlicher Unfähigkeit oder mangels königlicher Gunst – bereits 1567 Pierre de Provins überließ, von dem wir nur den Spitznamen Sieur de Rozières kennen.

Heinrich III. verkörpert den Inbegriff barocker Prunksucht. Wir wollen auf seine merkwürdigen Eigenheiten hier nicht weiter eingehen. Die Geschichtsschreiber (und nicht die geringsten unter ihnen) sind schon zur Genüge über den degenerierten, ungesunden, perversen Charakter des Monarchen hergezogen, der, umringt von einem Schwarm nach Moschus duftender und schmuckbeladener Epheben, ganz in träge Apathie versunken sein soll wie eine orientalische Prinzessin. Zu diesen verderbten Sitten kamen noch seine abergläubischen Religionspraktiken mit ihren unheimlichen und seltsamen Zeremonien. Er häufte Pilgerfahrten auf Zeiten der Zurückgezogenheit, gründete eine Bruderschaft der Büßer und schritt im Fackelschein in sonderbaren Prozessionen mit, wobei er, in eine härene Mönchskutte gekleidet, seinen Rosenkranz aus Totenköpfen betete. Dieses Porträt käme im Grunde der Wahrheit sehr nahe, ließe es nicht außer acht, daß Karl IX. ein gewissenhafterer König war, als man annehmen sollte, der seine Pflichten sehr ernst nahm, jegliche Gewalt verabscheute und als toleranter Fürst galt. Obgleich rätselhafterweise kleinlich auf die Einhaltung der Etikette bedacht, war er zugleich ein zutiefst menschlicher

Regent, der mit seinem Begnadigungsrecht großzügiger umging als irgendeiner seiner Vorgänger. Was an diesem Herrscher irritiert oder befremdet, ist, daß er sich mehr als jeder andere Souverän seiner *Schauspielerrolle* bewußt war. Angesichts der Pracht, die er bei der Zurschaustellung seiner Königswürde entfaltete, konnte man ihn geradezu für einen Theater- oder besser Opernkönig halten. Theatralisches Gehabe, Gefallen am großen Auftritt, üppige Phantasien, keins dieser Elemente fehlte diesem letzten Sproß des Hauses Valois, der die Eigenschaften seines Geschlechts in sich, wie kein anderer Valois, bis zum Übermaß gesteigert hatte. Man hat Heinrich III. auch als lebende Allegorie des ausgehenden 16. Jahrhunderts bezeichnet, eine äußerst treffende Charakterisierung, besonders wenn man bedenkt, daß er die großen ästhetischen Obsessionen seiner Zeit teilte, nämlich Prunksucht, Geschlechtertausch und Metamorphose. – Vor allem die Prunksucht: Heinrich III. liebte es, sich in Szene zu setzen. Seine Homosexualität trug er derart unverfroren zur Schau, daß sie einer Provokation gleichkam. Mit seinen übermäßig geschminkten Augen, den angemalten Lippen, dem gekräuselten Haar, den sagenhaften Hosen aus anschmiegsamer Seide und der Perlenkette stellte er gleichsam das Sinnbild des Invertierten dar. Seine kindlichen Spiele waren ebenfalls kein Staatsgeheimnis. Jeder bei Hofe wußte, daß er ganze Tage damit verbrachte, fromme Bildchen auszuschneiden, mit denen er die Wände seiner Kapelle beklebte, oder Perlen aufzufädeln, Kreisel zu spielen, seine Hündchen zu liebkosen und seine Doggen gegen die Löwen, Stiere und Bären aus der Menagerie antreten zu lassen. Derselbe kindische Zug zeigte sich in seinen pompös aufgezogenen Andachten. Jacques de Thou bescheinigte ihm einen »unbegreiflichen geistigen Charakter, in einigen Dingen durchaus fähig, seinem Rang zu entsprechen, in manchen unter seiner Würde und in anderen unter dem Niveau eines Kindes«.

Wurde der König nicht wie ein Narr behandelt? Und warf man ihm nicht vor, seinen treuen Chicot in den Adelsstand erheben zu wollen? Man entrüstete sich sogar über die Freundschaft, die den König und seinen Narren verband. Es ist nicht zu bestreiten, daß die »tolle Narrheit« wie selbstverständlich zur Phantasiewelt des Königs gehörte. Sein Sinn fürs Theater war zu ausgeprägt; er *spielte* sich selbst so sehr, daß es ihm ein leichtes war, in das Spiel eines Narren einzusteigen. Diese Possen gehörten zu den flüchtigen Nichtigkeiten, die der König scheinbar für die wichtigsten Dinge der Welt hielt, sei es aus Geschmack an der Sache oder vielleicht aus Ironie. Zweifellos betrachtete er den Narren als seinen natürlichen Partner auf der großen Bühne des französischen Königreichs.

Der erste Narr, den Heinrich III. anstellte, trug den Spitznamen Sibilot (manchmal Sybillot geschrieben), was in vielen französischen Gegenden »Gans« bedeutet. Leider weiß man nicht, ob das Federvieh wegen seiner »Einfältigkeit und Dummheit« dem Narren oder umgekehrt der Narr dem Tier den Namen gegeben hat.[99] Obwohl er an die Retter des Kapitols erinnert, stand der Name jedenfalls nicht für besondere Geistesgaben.

Nach den Rechnungsbüchern der Schatzkammer hat Sibilot seinen Dienst erst um 1578 angetreten. Sein Erzieher war Guy de La Groue, der Neffe des Betreuers von Thony, Louis de La Groue. Sibilot muß zu seiner Zeit ein gewisses Ansehen genossen haben, denn er wird öfters in Schriften und Pamphleten erwähnt, die zur Zeit der Liga wie Pilze aus dem Boden schossen. Die Verfasser der *Satire Ménippée* behaupten, daß keiner auf den Königstitel Anspruch erheben dürfe, der nicht einen Sibilot vorweisen könne.[100] Der Dichter Agrippa d'Aubigné wiederum, der Verfasser der *Tragiques*, bezeichnet den Narren schlicht als »Schwachkopf«. Als er an anderer Stelle vom Wankelmut des Herrn de Candale berichtet, der aus Liebe zur Herzogin von Rohan zum Protestantismus übergewechselt war, nennt er den hohen Herrn einen »kleinen Sibilot«, anders gesagt: einen kleinen Idioten.[101] – Hat Sibilot diesen Ruf wirklich verdient? Pierre de l'Estoile schreibt ihm zwei Vierzeiler zu, die zwar nicht von großer Geistesstärke zeugen, dafür aber seine derbe Spottlust gegenüber dem König belegen. Hier der boshaftsatirische der beiden Vierzeiler:

> *Comment! N'est-ce pas grand pitié*
> *Qu'un si beau royaume se perde,*
> *Versant, sous l'ombre de l'amitié,*
> *Le sang royal dedans la merde!*[102] *

Für den Theologen der Liga, Jean Boucher, einer der fanatischsten Prediger seiner Zeit, war der Narr nicht mehr wert als sein unwürdiger Herr. »Wer Heinrich III. war«, geiferte dieser starrköpfige Pfarrer von Saint-Benoît, »kann man an dem abscheulichen Monstrum Sibilot ermessen. Obwohl es keinen gemeineren Menschen als diesen Heinrich gibt, niemanden, der haltloser dem Trunk und dem Laster ergeben war und sich derart mit Gotteslästerungen besudelte, brach der Narr lauthals in Freudenschreie aus, wenn er ihn sah, und stürzte mit wilden Augen, sabbernd und Schaum vor dem Mund wie ein tollwütiger

---

* Wie, ist es nicht ein großer Jammer, / daß ein so schönes Königreich zugrunde geht, / weil, im Schutze der Freundschaft, / das königliche Blut in die Scheiße vergossen wird!

Hund, mit einem Stock um sich schlagend, im Palast wie in der Öffentlichkeit auf ihn zu, so daß alle, die sich in seiner Nähe befanden, auseinanderstoben.« Was die Stockschläge angeht, so wissen wir aus dem *Anti-Choppinus* (1592), daß der arme Sibilot nur harmlose Klapse mit dem Narrenzepter verteilte. Vor allem war Boucher aber darüber erbost, daß der König angeblich Nonnen, »nackt wie meine Hand«, an den lüsternen Possenreißer auslieferte.

In seiner Schrift *De Justa Henrici III. abdicatione* (1589) setzte J. Boucher hinter den Namen des Narren die Worte *nunc defunctus*. Demnach lebte der Possenreißer 1589 bereits nicht mehr, als sein Herr von dem fanatischen Mönch Jacques Clément ermordet wurde. Möglicherweise hat auch Sibilot selbst ein gewaltsames Ende gefunden, wie folgender Auszug aus den Rechnungsbüchern vermuten läßt: »An den Arzt Massac, wohnhaft in Orléans, eine Zahlung von 50 Talern, weil er mehrmals im Wagen und zu Pferde gekommen ist, um auf Geheiß des Herrn (d. h. des Königs, d. Vf.) Sibilots Wunde zu versorgen.«

Wahrscheinlich wäre der gute Sibilot wie so viele seiner Kollegen in Vergessenheit geraten, hätte der Pfarrer Boucher ihn nicht mit seiner haßerfüllten Schmähschrift beehrt. Letztlich war Sibilot nur ein ganz gewöhnlicher Possenreißer, der sich weder durch ein abenteuerliches Leben noch durch besondere Geistesstärke auszeichnete. Ganz anders dagegen sein berühmter Nachfolger Chicot, dessen Ruf die Jahrhunderte überdauert hat. Freilich hat Alexandre Dumas viel zum Nachruhm des Narren beigetragen. Wer würde sich noch an Chicot erinnern, wenn er nicht eine Rolle (die übrigens keineswegs unbedeutend war) in den Romanen *Les Quarante-cinq* und *La Dame de Monsoreau* spielen würde? Allerdings können wir annehmen, daß der Autor seine Einbildungskraft nicht besonders anstrengen mußte, um die Narrenfigur zum Leben zu erwecken. Die Abenteuergeschichten, in denen Chicot auftritt, sind zwar frei erfunden, doch der Held selbst ist keine Fiktion. Die Romanfigur gleicht ihrem realen Vorbild wie ein Ei dem anderen. Dumas brauchte den Narren nur so, wie er war, dem Fundus der Geschichte zu entnehmen, denn Chicot war geradezu zum Romanhelden prädestiniert.

Der Narr, mit bürgerlichem Namen Antoine Anglarez, ist in Villeneuve-sur-Lot in der Gascogne geboren, wo beinahe jedem der Sinn für die große Gebärde und eine klangvolle Stimme in die Wiege gelegt wird. Sein genaues Geburtsdatum, obwohl nicht überliefert, ist wohl um das Jahr 1540 herum anzusiedeln. Obgleich wir über seine Eltern kaum Informationen besitzen, steht fest, daß Chicot einige Brüder hatte. Seine Mutter sah nämlich voraus, daß er es im Leben weiter bringen würde als ihre anderen Söhne. Ihrer Meinung nach hatte er unendlich mehr Verstand als seine Brüder.[103] Darin täuschte sie sich nicht. Trotz dieser glücklichen Anlagen war der kleine Antoine allerdings ein sehr mittelmäßiger Schüler. Er gehörte zu den genialen Faulpelzen, die ihre mangelnde Lust am Unterricht durch eine brillante Schlagfertigkeit wettmachten. Noch viele Jahre später bewahrte Chicot seine Studienzeit am Kolleg in Reims, das an der Stelle des heutigen Lycée Louis-Le-Grand steht, in schmerzhafter Erinnerung: »Ich habe nicht bestens studiert«, bekennt er, »dafür aber auch mehr als 790 und elf Peitschenhiebe erhalten, bevor ich in die sauren Trauben biß und das *Tu autem* lernte (…). Nur an der Theologie habe ich nie Geschmack finden können.«[104]

Chicot wurde bisweilen als Edelmann bezeichnet, ohne daß es einen Beweis für seine adlige Herkunft gibt. Man weiß nur, daß seine Familie verschiedene Posten im Hause von Françoise de Foix innehatte. Diese hatte in ihre Ehe mit Honorat de Savoie, dem künftigen Grafen von Villars und Tende, das Besitztum von Aiguillon eingebracht, das etwa 30 Kilometer von Villeneuve entfernt lag. Dorthin zog sich der tapfere Villars zwischen seinen Feldzügen gerne zurück. Villars war es auch, dem der junge Antoine Anglarez zuerst auffiel. Er war von der Heiterkeit und Abenteuerlust des Jungen angetan und erkannte zudem, daß Antoine von einer Militärkarriere träumte. So nahm er ihn in seine Dienste auf. In dieser Zeit erhielt übrigens der künftige Narr den Spitznamen *Chicot*, wahrscheinlich weil er ziemlich klein war.[105]

Chicot deuchte das Waffenhandwerk als der schönste aller Berufe. Er liebte es, sich zu schlagen, und ließ sein Leben lang keine entsprechende Gelegenheit aus. Jeder Vorwand schien ihm recht. Stolz, impulsiv, ja rachsüchtig, mit einem Wort: ein echter Gascogner, erwarb er sich in kurzer Zeit den Ruf, unerhört mutig zu sein und eine exzellente Klinge zu führen. Dies bewies er bei zahlreichen Gelegenheiten, beispielsweise bei seinem Streit mit dem Herzog von Mayenne, einem der mächtigsten Anführer der Liga. Der Herzog hatte ihm nämlich eine Tracht Prügel und Peitschenhiebe verabreichen lassen, weil Chicot über seinen dicken Wanst gewitzelt hatte (manche behaupten auch wegen einer Frauengeschichte). Unser Raufbold lauerte nun verbissen auf eine Gelegenheit zur Rache. »Er hatte andauernd die Absicht, Mayenne zu töten oder aber selbst zu sterben«, berichtet Agrippa d'Aubigné. »Auf der Suche nach einer passenden Gelegenheit waren ihm in zwei Jahren fünf Pferde zwischen den Beinen krepiert.« Wie man sieht, mußte Dumas die Rivalität zwischen Mayenne und Chicot nicht erst erfinden; er brauchte sie nur mit ein paar besonders drolligen Szenen auszuschmücken.

Ein so unerschrockener Geselle konnte sich natürlich nur unter dem Befehl eines so tapferen Feldherrn auszeichnen, wie es der Marquis de Villars war. 1561 treffen wir Chicot in Avignon an, wo er an der Seite seines Hauptmanns gegen die Hugenotten kämpfte und ihm gelegentlich auch als Bote diente. Wahrscheinlich begegnete er König Karl IX. bei einer dieser Briefzustellungen. Jedenfalls erwarb er rasch das Wohlwollen des Königs, denn bereits drei Jahre später sorgte dieser persönlich dafür, daß Chicot zum offiziellen Kurier Ihrer Majestät ernannt wurde. Katharina von Medici schrieb in einem Brief vom 26. Dezember 1564 an Gouffier de Boisy: »Mein lieber Cousin, ich lege diesem Schreiben einen Brief bei, den mein Sohn, der König, Euch wegen Chicot schickt, welchen Ihr kennt und welcher Reiter der königlichen Stallung werden möchte, an Stelle einer der drei Reiter, die einen Mord begangen haben. Ich ersuche Euch hiermit, ihm die Stelle zuzuerkennen und mir diesbezüglich Euer Antwortschreiben zu senden, damit ich unterrichtet bin. Ihr tätet mir damit einen großen Gefallen.«[106]

Diese Bitte kam einem Befehl gleich. Chicot wurde also mit dem Posten eines »chevaulcheur« betraut, sicherlich keine glänzende Stellung, die aber dafür ausgezeichnet seinem Naturell entsprach. Konnte es für einen jungen Mann seines Alters, der voller Abenteuerlust und Streitsucht steckte, etwas Aufregenderes geben, als im gestreckten Galopp durch das Land zu streifen? Was für Zufälle, Abenteuer und Gefahren erwarteten ihn auf den von Straßenräubern heimgesuchten Landstraßen, welch unverhoffte Begegnungen in den Schenken und Herbergen! Wie viele Gelegenheiten würden sich dem jungen Gascogner bieten, sich zu schlagen, schöne Damen zu retten und hübsche Schäferinnen zu verführen! Endlich eröffnete sich ihm die weite Welt, von der er immer geträumt hatte.

Sein neues Amt enthob Chicot freilich nicht der Dienste bei Villars. 1565 begleitete er mit dem Grafen zusammen König Karl IX. bei seinem Zug durch die Provinzen. Diese Reise verschaffte ihm einen prachtvollen Einzug in die Stadt Agen, in der er mehr als einen Freund besaß. Man kann sich vorstellen, was für ein Empfang dem Landeskind bereitet wurde, das inmitten des glänzenden Hofstaats auf einem feurigen, tänzelnden Roß in die Stadt einritt.

Von dieser Zeit an sollten sich die Wege Chicots und seines Gönners nicht mehr trennen. Villars hob überall im Lande Armeen für den König aus. Der Kampf zwischen Katholiken und Protestanten war zu einem regelrechten Krieg entbrannt. In beiden Lagern bewaffnete und organisierte man sich. Chicot zog mit seinem Herrn ins Feld und übernahm besonders vertrauliche Missionen. Als beispielsweise Castelnau im November 1567 an der Spitze seiner Truppen, die er in Flandern ausgehoben hatte, in Cambrai eintraf, empfing ihn niemand anderes als Chicot, der ihn bat, in Senlis zum Gros des königlichen Heeres zu stoßen. Nach Erfüllung seines Auftrags kehrte Chicot zu seinem Herrn zurück. Es ist anzunehmen, aber nicht bewiesen, daß er auf dieser Reise an der berühmten Schlacht von Saint-Denis teilnahm.

Der Herzog von Villars war unter anderem Gouverneur von Loches. Eines Tages nahm er seinen treuen Chicot dorthin mit, damit er ihm helfe, die Verteidigung des Schlosses gegen einen möglichen Angriff der Hugenotten zu organisieren. Zur Seßhaftigkeit verurteilt und seiner weitläufigen Ausritte beraubt, mußte Chicot sich nun in Geduld üben, was ihm gewiß nicht leichtfiel. Dennoch tat er alles, was in seinen Kräften stand, um für die Sicherheit der Stadt zu sorgen. Seine Aufopferungsbereitschaft, seine gute Laune und südländische Schlagfertigkeit brachten ihm bald die Sympathien der Bevölkerung ein. Und da er als ausgezeichneter Erzähler bekannt war, war er in den Schenken der Stadt stets von einer Schar Zuhörer umringt. Kurz gesagt: Chicot wurde populär und gewöhnte sich an das Leben in der Touraine. Um die ausgedehnten Mußestunden zu füllen, die ihm sein neues Amt ließ, übernahm er – wie weiland sein Vorgänger Brusquet – die Stelle eines Postmeisters im Faubourg von Loches, ein höchst einträglicher Posten, wie wir gesehen haben. Aus Furcht vor einem Überraschungsangriff der Hugenotten hatte sich die kleine Stadt ängstlich in die Festung zurückgezogen. Der Stadtrat überreichte Chicot die Schlüssel der Tore und setzte ihn zum obersten Hüter der Stadt ein, während die Bevölkerung Anweisung bekam, all seinen Entscheidungen Folge zu leisten. Die Einwohner von Loches konnten ruhig schlafen, Chicot wachte über sie. Wahrscheinlich waren die Hugenotten von den strengen Sicherheitsvorkehrungen in Kenntnis gesetzt worden; jedenfalls wagten sie nicht einmal, sich den Stadttoren zu nähern – wenn sie dies überhaupt im Sinn hatten. Wie dem auch sei, dieser »Triumph« wurde Chicot zugeschrieben. Er war der Held der Stadt, und die Kunde von seinen Taten, von Villars verbreitet, gelangte alsbald an höchste Stelle. Der Herzog von Anjou und künftige Heinrich III., der von den Verdiensten des Postmeisters und seiner Tatkraft gehört hatte, beauftragte ihn einige Jahre später, 1569, Getreidesäcke, Käse, Weinfässer und andere Nahrungsmittel nach Loches zu transportieren. Diese Güter wurden für den geplanten Feldzug gegen die Hugenotten gebraucht, die sich in La Rochelle verschanzt hatten.

Chicot erledigte diesen Auftrag um so eifriger, als er ihm einen nicht unerheblichen Vorteil einbrachte. In Anerkennung der geleisteten Dienste wurde er in den Rang eines »Mantelträgers« des Herzogs von Anjou erhoben. Dieser Titel mag bescheiden, fast unscheinbar klingen, die Funktion war es jedenfalls nicht. Die Aufgabe eines Mantelträgers bestand darin, den Fürsten zu Pferde zu begleiten und ihm stets frische Wäsche zur Verfügung zu halten: Hemden, Strümpfe, Taschentücher, Halskrausen usw. Für den Herzog, der sehr auf seine Toilette achtete, waren diese Dinge wichtig; daher war es für ihn von großer Bedeutung, wer sich darum kümmerte. In seinem neuen »Mantelträger« hatte Heinrich III. nicht nur einen umsichtigen Diener, sondern auch einen angenehmen, geistreichen Gesellschafter gefunden, der immer zu einem Spaß bereit war und bald seine Gunst gewann. Im übrigen verstanden sich die beiden prächtig: Der Fürste liebte alle Arten von Lustbarkeiten, und Chicot hatte nichts dagegen einzuwenden. Böse Zungen unterstellten ihm zwar, daß er in seiner Zuneigung zu seinem neuen Herrn zu weit ging; davon konnte aber zumindest zu dieser Zeit keine Rede sein. Der Herzog und Chicot waren Freunde, vielleicht sogar Komplizen – mehr jedoch nicht. Das genügt auch vollauf, um die Großzügigkeit des Herzogs ihm gegenüber zu erklären. Der Herzog war nämlich von seinem Unternehmen gegen La Rochelle abgekommen und schickte Chicot sämtliche in Loches gelagerten Vorräte, eine beachtliche Menge, die ein gutes Geschäft versprach. Trotz seines ausgeprägten Sinns für die Ritterehre verachtete der Schützling des Herzogs von Villars nämlich den Wohlstand keineswegs.

Dieser Aspekt seiner Persönlichkeit gehört sicher nicht zu Chicots einnehmendsten Charakterzügen, erscheint jedoch harmlos im Vergleich zu den schweren Anschuldigungen, die manche Historiker gegen ihn vorbringen. Ihrer Meinung nach war Chicot ein ganz gewöhnlicher Mörder. Er sei es gewesen, der den Grafen von La Rochefoucauld, einen der hervorragendsten Anführer der Protestanten und ein Günstling des Königs, eigenhändig getötet habe. Anhand der Aufzeichnungen zeitgenössischer Chronisten können wir die Ereignisse folgendermaßen rekonstruieren:

Am Vorabend der Bartholomäusnacht, am Samstag, dem 22. August 1572, hielt sich La Rochefoucauld mit einigen Freunden noch zu später Stunde im Zimmer des Königs auf. Wahrscheinlich hatte man sich zu einer jener nächtlichen Flagellationssitzungen versammelt, die der König so schätzte. Als sich La Rochefoucauld zurückziehen wollte, hielt der König ihn auf: »Geh nicht, Foucauld, es ist schon spät, laß uns den Rest der Nacht noch angenehm vertreiben.« Der Graf lehnte ab, suchte noch kurz seine Frau auf, die Fürstin von Condé, und schloß sich dann in seinem Zimmer ein. Bei Tagesanbruch wurde er von lauten Schlägen an der Tür geweckt. In der Annahme, daß der König wieder einmal mit der Peitsche gekommen sei, um seine mutwilligen Scherze mit ihm zu treiben, kleidete Foucauld sich rasch an und rief: »Das sind Spielereien des seligen Königs, Eures Vaters. Mich werdet Ihr nicht erwischen, denn ich habe Schuhe und Hosen an!« Dann gab er Befehl, die Tür zu öffnen. Daraufhin warfen sich zwei maskierte Männer auf ihn und schnitten ihm kaltblütig die Kehle durch. Der eine soll niemand anders als Chicot gewesen sein und der andere Raymond d'Anglarez, sein Bruder.

Ich sage »soll«, denn die Sache ist keineswegs bewiesen. Brantôme, dem wir die wichtigste Darstellung des Vorgangs verdanken, schreibt: »*Man sagt*, daß es der Narr Chicot und sein Bruder, der Hauptmann Raymond, waren. Letzterer war übrigens nicht so tapfer wie Chicot und wurde bei einem Streit getötet (…). Das war die Strafe Gottes.«[107] Agrippa d'Aubigné ist der Ansicht, daß Raymond d'Anglarez die Tat sogar allein ausgeführt hat. Und Jacques de Thou, der für gewöhnlich gut informiert ist, erwähnt den Narren noch nicht einmal. Seiner Meinung nach wurden die Mörder von einem Offizier namens La Barge aus der Auvergne angeführt.[108]

Hat vielleicht sogar Karl IX. persönlich die Mordtat veranlaßt? Dies legt zumindest Brantôme nahe: Er schreibt, daß der König versuchte, entsprechenden Gerüchten ein Ende zu setzen, indem er »so tat, als ob« es ihm um seinen Freund La Rochefoucauld leid täte, und überall verbreiten ließ, er hätte alles versucht, ihn in der Mordnacht bei sich zu behalten. Wie man sieht, ist die Angelegenheit noch keineswegs geklärt, und es besteht auch wenig Aussicht, daß jemals Licht in sie gebracht wird. Angenommen, Le Thou sagt die Wahrheit, hat dann Chicot an dem mysteriösen Unternehmen des Hauptmanns La Barge teilgenommen? Oder hat er das Verbrechen doch zusammen mit seinem Bruder ausgeführt? Möglicherweise hat dieser den Mord auch allein oder mit einem anderen begangen, der nicht Chicot war. Hat etwa Karl IX. den hinterhältigen Anschlag angezettelt? Auf all diese Fragen gibt es keine Antwort. Wir wissen, daß Chicot ein heißblütiges Naturell besaß und wie jeder gute Gascogner schon wegen einer Bagatelle zum Degen griff. Aber von da ist es noch ein großer Schritt zur Ermordung eines unbewaffneten Mannes, der allein im Bett liegt. Chicot war ein tapferer Soldat, ein anständiger Kerl mit viel Ehrgefühl. Mangels Beweisen für das Gegenteil wollen wir deshalb seine Täterschaft zumindest anzweifeln.

Die Bartholomäusnacht kann mit einem heftigen Fieberanfall verglichen werden, der inmitten einer chronischen Krankheit ausbricht. Sobald die Krise vorbei war, nahm der Krieg wieder seinen normalen Lauf, wenn man so sagen darf. Nach dem Tod Colignys wurde der Marquis von Villars zum Admiral von Frankreich befördert; er zog sogleich in die Guyenne und die Gascogne und nahm seinen treuen Chicot mit. Im Oktober 1572 finden wir letzteren in Agen wieder, mit wichtigen Verantwortlichkeiten betraut. Der Admiral erwähnt Chicot in einem Schreiben an den König, in dem er um Artillerieverstärkung gegen die Leute von Caussade ansucht: »Wenn uns erst alle Anstifter in die Hände gefallen sind, werden wir sie hart bestrafen, wie sie es verdienen. Wir werden sie Chicot übergeben, der im Krieg dabei war und beinahe gefangengenommen worden wäre.« Im folgenden Mai lag Chicot vor La Rochelle. Von hier aus läßt sich sein Weg nach Gourdan verfolgen, wo er eine besondere Mission zu erfüllen hatte. Nach einem kurzen Aufenthalt in Lusignan kehrte er schließlich in die freundliche Stadt Loches zurück, die er stets als seine Wahlheimat betrachtet hat, auch wenn er in allen Ecken des Reiches unterwegs war.

Kaum war er zu Hause angekommen – wir schreiben das Jahr 1574 –, starb der königliche Leutnant Jean Prévost de La Ménardière in seinem Schloß zu Loches. Da erinnerte man sich der guten Dienste, die Chicot der Stadt einige Jahre zuvor geleistet hatte, und setzte ihn an die Stelle des Verstorbenen. Chicot führte nun eine kleine Truppe von zehn Mann an, die die Stadtwache bildeten. Trotz seines neuen Titels behielt er jedoch sein Amt als königlicher Kurier bei. Denn er wußte, daß er es keine zwei Tage am selben Orte aushielt, und wollte außerdem nicht auf eine ansehnliche Geldquelle verzichten. Loches blieb aber gleichsam sein »Heimathafen«: Immer wieder steuerte Chicot zwischen seinen Botenritten die spitzen Dächer, die Glockentürme und schmalen Gäßchen der Stadt an.

Zur gleichen Zeit brachte der Tod von Karl IX. seinen Bruder Heinrich III. auf den Thron. Dieser hatte nur darauf gewartet, endlich sein Königreich Polen verlassen und den geliebten Boden Frankreichs wieder betreten zu können, den er in seinem fürstlichen Exil schmerzlich vermißt hatte. Chicot bot sich mehrmals die Gelegenheit, seinen früheren Herrn wiederzusehen, da er ihm regelmäßig Botschaften des königlichen Leutnants der Touraine, de Pyre, überbrachte, der in Abwesenheit von Villars die Provinz regierte. Auch Heinrich III. hatte seinen fröhlichen »Mantelträger« nicht vergessen. Am 11.7.1575 schrieb er an de Pyre: »Ich habe Euren Brief vom 7. Juli erhalten, den Chicot mir überbracht hat (…) Ich war sehr zufrieden, daß Ihr Chicot, meinem letzten Schreiben gemäß, wieder die Hauptmannschaft in Loches übertragen habt, damit er die Stadt kommandiere. Ich wünsche, daß er in Anbetracht seiner Verdienste, Zuneigung und Treue, mit der er seine Aufgaben für mich erfüllt, weiterhin dort bleibe…«

Im November 1575 wurde Chicot in Abwesenheit von Villars das Oberkommando über die Stadt übertragen. Kurze Zeit später bat die Bevölkerung aus Sorge um ihre Sicherheit den König, die Garnison zu verstärken. Heinrich III. traf daraufhin folgende Entscheidung: »Nachdem wir in Abwesenheit unseres geliebten Cousins, des Admirals von Sauvigny, Chicot die Aufsicht über unser Schloß anbefohlen haben, haben wir ihn gebeten, zu den bereits vorhandenen zehn Soldaten zehn weitere zu rekrutieren (…), die mit zehn Pfund monatlich bezahlt werden sollen, während besagter Chicot 30 Pfund für Stand und Unterhalt erhält.« So konnte unser Ritter am 11. Februar 1576 eine kleine Armee aufmarschieren lassen, die nunmehr aus zwanzig Mann bestand. Und immer noch zeigte sich kein Protestant am Horizont…

Mittlerweile hatte sich Chicots gesellschaftliche Stellung noch erheblich verbessert. Er besaß nun alle erforderlichen Mittel, um in den besten Kreisen von Loches glanzvoll auftreten zu können: Karriereaussichten, den Schutz des Königs, Beziehungen zum Hof, beträchtliche Einkünfte und einen guten Ruf als »Kriegsheld«, den er sich auf seinen zahlreichen Feldzügen erworben hatte. Jeder grüßte ihn respektvoll, und die Mütter konnten sich keine bessere Partie für ihre Töchter wünschen. Die jungen Frauen ihrerseits waren nicht unempfänglich für den Charme des Junggesellen, der inzwischen fast 35 Jahre zählte, aber alle, besonders die galanten Dinge mit soviel unbeschwerter Heiterkeit zu nehmen wußte. Doch nur einer Frau gelang es, sein Herz zu erobern. Sie hieß Renée Baré und gehörte zum guten Bürgertum von Loches. Die Hochzeit wurde 1575 gefeiert, und ein Jahr darauf gebar sie ihrem Gatten einen Sohn, der den Vornamen René erhielt. 5 Jahre später kam ein zweiter Sohn zur Welt, den sie ebenfalls René nannten.

Während Chicot also im Kreise seiner kleinen Familie den beschaulichen Komfort eines Provinzadligen genoß, gingen große Veränderungen in der Organisation des Königreiches vor sich. Im Friedensvertrag von Etigny, »Paix de Monsieur« genannt, der am 6. Mai 1576 unterzeichnet wurde, erhielt der jüngere Bruder von Heinrich III., François d'Alençon, die Provinzen Touraine, Anjou, Berry sowie die Festung La Charité. Für die Bewohner von Loches schien sich in den ersten beiden Jahren nicht viel zu ändern. Die kleine Stadt setzte ihr friedliches Leben im Schutze der Festungsmauern fort. Wahrscheinlich wäre Chicot, allgemein geachtet, im Kreise der Seinen in Ruhe alt geworden, hätte der hochbetagte Marquis von Villars im März 1578 nicht plötzlich einen Brief aus Angers erhalten, in dem er aufgefordert wurde, sein Amt niederzulegen. Bussy d'Amboise hatte nämlich den jungen Herzog von Alençon, dessen Vertrauen er genoß, davon überzeugen können, daß es gefährlich sei, einen Militärgouverneur und einen Stadtkommandanten in Loches zu behalten, die weiterhin mit König Heinrich III. in Verbindung standen. Villars zog sich würdevoll auf sein Gut in Pressigny zurück, wo er ein Jahr später starb. Auch Chicot mußte das Schloß von Loches mit blutendem Herzen verlassen. Er hatte scharf verhandelt, um die Übernahme des Schlosses durch M. de Narbonne, den Palastvorsteher und Bevollmächtigten des Herzogs, hinauszuzögern, mußte aber schließlich von allem, was ihm teuer war, Abschied nehmen: von seiner Frau, seinen Kindern, dem Haus und nicht zuletzt von den Weinbergen, die er rings um die Stadt angelegt und liebevoll gepflegt hatte.

Die Bewohner von Loches sahen ihn mit Bedauern ziehen – den Mann, der so gut für ihren Schutz gesorgt hatte. Sie sollten den fröhlichen Gascogner, ein Aufschneider zwar, der jedoch immer guter Laune war, der sie mit seinen Geschichten und geistreichen Späßen oft zum Lachen gebracht und sich in den Schenken der Stadt manch kostenlose Mahlzeit verschafft hatte, nicht sobald vergessen. Jeder, vom reichen Junker der umliegenden Schlösser bis zum bescheidenen Handwerker, hatte das Gefühl, einen Freund zu verlieren. Würde Chicot sein kleines Fleckchen Erde in der Touraine jemals wiedersehen? Im Augenblick rief ihn sein Schicksal nach Paris, in den Louvre, wo ihn ein neues Leben erwartete – eben jenes, dem er seinen Platz in diesem Buch verdankt.

Nachdem Chicot traurig Abschied genommen hatte, schlug er den Weg zum Gut von Pressigny ein, etwa acht Meilen von Loches entfernt, wo ihn sein alter Gönner, der Marquis von Villars aufnahm. Als Villars im Alter von 61 Jahren seinen letzten Seufzer von sich gab, sah sich unser »Ritter« jeder Verpflichtung enthoben. Er machte sich sogleich nach Paris auf und trat endgültig in den Dienst des Königs ein. Chicot war ja »Mantelträger« seiner Majestät und königlicher Kurier geblieben, was ihm erlaubt hatte, sich regelmäßig in die Hauptstadt zu begeben und Heinrich III. die letzten Neuigkeiten aus der Provinz zu überbringen.
Von nun an – wir schreiben das Jahr 1580 – begann seine wirkliche Karriere als Hofnarr. Unleugbar besaß Chicot die entsprechenden

Talente, und zwar in erster Linie eine ausgeprägte satirische Ader, wie wir gesehen haben. Seine boshaften Späße waren überaus gefürchtet, so treffend waren sie. Chicot konnte unnachahmlich die lächerlichen Züge einer Person erfassen, und keiner entging seinen Sticheleien, selbst seine Freunde nicht. Er setzte seine spitze Zunge mit der gleichen lächelnden Unbekümmertheit gegen Feinde und Verwandte, gegen Bürger und hohe Herren ein. Selbst im Beisein des Königs, der ihn zu seinem Intimus gemacht hatte, verletzte er mit seiner freimütigen Sprache absichtlich alle Regeln der Etikette, ja des einfachen Anstands. Obwohl Dumas die Dialoge zwischen Herrscher und Narr Wort für Wort erfunden hat, hat er deren Tonfall, den die zeitgenössischen Chroniken und Pamphlete überliefern, bemerkenswert genau getroffen. Es stimmt beispielsweise, daß Chicot den König duzte und mit der familiären Verkleinerungsform »Henriquet« ansprach. Außerdem diente er ihm als Vertrauter und beriet ihn mehrmals in Staatsangelegenheiten.

Als königlicher Spaßmacher fand Chicot zum ersten Mal in den Aufzeichnungen der Schatzkammer von 1580 Erwähnung. Natürlich handelt es sich – wen wundert's – um eine Ausgabe für Bekleidung: »Sieben Ellen schwarzen Tafts zur Ausstaffierung Chicots, des Spaßmachers S. M.« Daraus kann man allerdings nicht schließen, daß Chicot offiziell das Amt des Narren bekleidete. Er übte zwar die Funktion aus, erhielt aber weder den Titel noch das Gehalt. Übrigens fällt auf, daß in der Notiz die Bezeichnung *Spaßmacher* und nicht *Narr* gebraucht wird, wie es üblich war. Vier Jahre später finden wir in denselben Rechnungsbüchern den Hinweis, daß Chicot 400 Pfund ausbezahlt wurden. Dieses Geld erhielt er nicht in seiner Eigenschaft als »Spaßmacher«, sondern als erster »Mantelträger« des Königs. Tatsächlich spielte Chicot den Narren nur, »wenn er es wollte«, wie Agrippa d'Aubigné bemerkt. Das bedeutet, er blieb Soldat und übte das Narrenamt nur in seinen Mußestunden, gleichsam als Zusatzbeschäftigung aus. Chicot galt nicht als professioneller Träger des Narrenzepters, sondern eher als ein Hauptmann mit Geist und Witz – was schon damals fast ein Wunder war. So erhielt Chicot auch seine Adelsbriefe nicht als Narr, sondern als Mantelträger und Leutnant der königlichen Armee.

Seit Januar 1584 beabsichtigte Heinrich III., Chicot in den Adelsstand zu heben. Er sprach darüber mit Herrn de Nicolaï, dem ersten Vorsitzenden des Rechnungshofs, und befragte mehrere Ratgeber. Alle sprachen sich dagegen aus. Chicots Auftreten als (sei es auch nur halbamtlicher) Narr erschien ihnen als unüberwindbares Hindernis. Niemals könnten einem Chicot Adelsbriefe ausgestellt werden. Der König rief daraufhin den Präsidenten Nicolaï in den Louvre und teilte ihm unter vier Augen mit, daß diese Angelegenheit sein eigenes Vergnügen sei und daß er sie nach Gutdünken über die Köpfe der Kammer hinweg entscheiden würde, falls die Herren sich weiterhin ablehnend verhielten. Er fügte hinzu: »Ich verleihe diesen Titel vielen anderen, die mir weniger Dienste geleistet haben als Chicot, der seine Aufgabe gut macht und mir außerdem die Zeit vertreibt.« Auf diese Begründung gab es scheinbar kein Gegenargument, und so setzte der König seinen Willen durch. Im März 1584 erhielt Chicot seinen Adelsbrief, der in gebührender Form verfaßt war: »In Anbetracht der guten, treuen und empfehlenswerten Dienste, die unser treuer und geliebter Anthoine Anglarez, geboren zu Villeneuve d'Agenoys, uns bisher geleistet hat und täglich noch mit großer Sorgfalt und Umsicht leistet, sowie angesichts der guten und treuen Pflichterfüllung als Wache unseres Schlosses von Loches (…) verleihen wir besagtem Anthoine Anglarez und seinen Nachfahren das Recht, den Adelstitel zu tragen, mit allen damit verbundenen Vorrechten.«

Im gleichen Monat war noch ein anderes glückliches Ereignis zu verzeichnen: Chicots Frau brachte ein drittes Kind zur Welt, ein Mädchen, das am 19. März in Loches in glanzvollem Rahmen auf den Namen Anne getauft wurde. Die Paten waren niemand anderes als Henri de Joyeuse, Graf von Bouchage, ein Bruder des berühmten Günstlings, und seine Frau, die Gräfin von Bouchage, sowie Monsignore de Nançay.

Als François d'Alençon, der mittlerweile Herzog von Anjou geworden war, starb, fiel die Stadt Loches endlich wieder an die französische Krone zurück. Dennoch lehnte Chicot es ab, nach Hause zurückzukehren, obwohl er dazu das Recht und die Mittel hatte. Er zog es vor, im Dienst des Königs zu bleiben. Anfang 1585 hielt er sich in der Normandie auf, wo er dem Marquis de Lavardin, dem er den bezeichnenden Spitznamen »la folle« (»die Närrische«) verlieh, einen bösen Streich spielte. Seine Späße und Spötteleien gegen die hohen Herren, besonders gegen die Lieblinge des Königs, machten in den Straßen von Paris die Runde. Seine Possen wurden gleichsam zum Volksgut, denn die kleinen Leute hegten eine spontane Abneigung gegen diese dekadenten Günstlinge. Die Verfasser der Pamphlete und Scherzsprüche, die in diesen unruhigen Zeiten zu Hunderten entstanden, vergaßen nie, Chicot in ihre Schriften einzubauen. Meistens spielte er die Rolle des Vernünftigen, der den extravaganten Hof, den ein Zeitgenosse allegorisch die »Insel der Hermaphroditen« nannte,[109] ins Lächerliche zog. Die Couplets, die auf den Brücken und in den Schenken zum besten gegeben wurden, waren etwa folgender Art:

La reine-mère conduit tout,
Le duc d'Espernon pille tout,
La Ligue veut faire tout,
Le Guizard s'oppose à tout,
Les princes du sang perdent tout,
Le cardinal est bon à tout,
Le roy d'Espagne entend à tout,
Chicot tout seul se rid de tout.*

Die meisten dieser Pamphlete hatten politischen Charakter. Mehrere wurden unter Chicots Namen veröffentlicht, selbst noch nachdem er gestorben war. Das beweist, daß sein Name ein ernst zu nehmender Trumpf für die jeweilige Partei war, die sich seiner bediente. Chicot ließ sich für alles gebrauchen, er konnte ebensogut im Sinne der Liga wie der Guise oder für den König eingesetzt werden. Manche zögerten nicht, ihn sogar für die Hugenotten sprechen zu lassen. Chicot gehörte allen. Dagegen lassen sich über seine persönlichen Ansichten nur Vermutungen anstellen. Anscheinend neigte er anfänglich zur Partei der Liga; später gibt es jedoch keinen Grund mehr, an seiner Loyalität gegenüber Heinrich III. zu zweifeln. Ganz offensichtlich liebte Chicot seinen Herrn. Dumas ist also nicht weit von der Wahrheit entfernt, wenn er Chicots Gefühle für *Henriquet* als eine tiefe Zuneigung schildert, die sich hinter den ständigen Spötteleien verbarg. Dennoch war eine Geschichte im Umlauf, die eine neuentfachte Sympathie für das Haus Lorraine vermuten lassen könnte; allerdings gibt es keinen Beweis, daß sie echt ist.

Es wird erzählt, daß Chicot versucht hätte, den Herzog von Guise, der 1588 im Reichsgebiet von Blois durch die Hand seiner Feinde fiel, vor dem geplanten Mordanschlag zu warnen. Angeblich tat er dies auf seine Art, indem er eine kleine Szene spielte, die gleichzeitig ein Wortspiel darstellte. Am Morgen des Attentats begab sich Guise zum König; auf den Treppenstufen des Palasts bemerkte er Chicot, der gerade eine alte Klinge putzte. »Was machst du da«, fragte ihn einer aus der Gefolgschaft des Herzogs. »*J'aiguise*« (»ich wetze«), erwiderte der Narr, wobei er den Herzog mit dem Blick fixierte. – Eine hübsche Anekdote, fast zu schön, um wahr zu sein, und außerdem kaum glaubhaft. Heinrich hatte den Mordplan seinen allernächsten Freunden, ja sogar seiner

---

* Die Königin-Mutter lenkt alles, / Der Herzog von Espernon plündert alles, / Die Liga tut am liebsten alles, / Der Guizard ist gegen alles, / Die Prinzen von Geblüt verlieren alles, / Der Kardinal ist gut für alles, / Chicot allein lacht über alles.

Mutter verheimlicht. Sollte er da sein Vorhaben einem Possenreißer eröffnen, dessen politische Neigungen ihm noch dazu bekannt waren? Das ist kaum wahrscheinlich. Selbst wenn man annimmt, daß Chicot irgendwie über die geplante Tragödie unterrichtet war, mußte er wissen, daß ihm sein prophetisches Wortspiel den Kopf kosten konnte, ohne den des Herzogs zu retten. Wie oft hatte Guise eindringliche Warnungen von informierter Seite in den Wind geschlagen! Warum hätte er ausgerechnet auf Chicot hören sollen? Nein, es ist entschieden besser, diese Anekdote unter die Bonmots einzureihen, die dem Narren stets großzügig zugeschrieben wurden.

Nach dem Tod von Heinrich III. ging Chicot zusammen mit dem Mobiliar an den neuen König über, dessen Vertrauen er rasch zu gewinnen vermochte. Chicot brauchte seine Gewohnheiten nicht zu ändern; er konnte mit dem neuen König ebenso unbekümmert sprechen wie mit dessen Vorgänger. Anscheinend hatte er seine Dreistigkeiten und Vertraulichkeiten gegenüber Heinrich IV. sogar noch verdoppelt. Er nannte ihn oft »den ersten Häretiker unter den französischen Königen« oder »seinen kleinen Bourbonenkönig« oder noch zärtlicher »seinen kleinen Einfaltspinsel«. Seine fröhlichen Briefe unterzeichnete er mit »Superintendent der Possenreißerei Seiner Majestät«. Glaubt man einer Broschüre, die den Titel *Henri IV à Neufchâtel* trägt und von Pierre de L'Estoile in seinen Memoiren zitiert wird, so hat er den König sogar gedrängt, die Religion zu wechseln. Dieser Text ist schon allein deshalb interessant, weil er zeigt, wie der Spaßmacher mit seinem Herrscher redete:

»Der König liebte Chicot, so verrückt der auch war, und fand nichts Schlechtes an allem, was er sagte. So erging sich Chicot in tausenderlei Verrücktheiten. Als der Herzog von Parma zum zweitenmal nach Frankreich kam, das war 1592, sagte der Narr vor allen Leuten zum König: ›Mein Herr und Freund, ich sehe wohl, daß alles, was du tust, dir zu guter Letzt nichts nützen kann, wenn du nicht katholisch wirst. Du mußt nach Rom gehen und dort mit dem Papst schimpfen, daß alle es sehen, sonst glauben sie nie, daß du katholisch bist. Dann machst du dir ein schönes Klistier mit Weihwasser, damit du von allen anderen Sünden reingewaschen wirst.‹
Ein andermal sagte er zu ihm: ›Glaubst du nicht, mein Herr und Freund, daß die Barmherzigkeit, mit der du dein Land umfaßt, jede christliche Barmherzigkeit übertreffen sollte? Ich für meinen Teil fände es besser, wenn du die Hugenotten und Papisten den

Protonotaren Luzifers übergäbest und friedlich König wärst. Es heißt doch, daß Ihr Könige Euch nur den Anschein einer Religion gebt (...) Bei Gott, mein Herr und Freund, hütet Euch, in die Hände der Ligisten zu fallen, denn Ihr könntet an welche geraten, die Euch wie eine Wurst aufhängen und auf Euren Galgen schreiben: Dem Schild von Navarra, das hier gut untergebracht ist und für immer hier bleiben sollte.‹«[110]

Alles in allem war Chicot ein Narr ganz besonderer Art, der einzige, der je seinen Helm und sein Schwert gegen die Narrenkappe und das Narrenzepter eingetauscht hat. Zweifellos erwarb er mehr Ruhm durch seine militärischen Taten als durch seine Narrenspäße. Der Schatzmeister des Königs täuschte sich also nicht, als er 1591 in das Zahlbuch schrieb: »50 Taler, die der König dem *Hauptmann* Chicot zum Geschenk machte.« – Hauptmann! das muß Chicots Eigenliebe noch mehr geschmeichelt haben als das Geschenk selbst. Chicot sah sich immer als Soldat. Er lebte als Soldat, und als Soldat fand er auch im April 1592 bei der Besetzung von Rouen mit dem Degen in der Hand den Tod.

Heinrich IV. war an der Spitze seines Elitekommandos auf das Lager des Grafen von Chaligny aus dem Hause Lothringen losgestürmt und hatte eine große Anzahl Ligisten niedergehauen. Da gelang es Chicot, sich in der allgemeinen Verwirrung des Grafen zu bemächtigen. Er führte Chaligny vor den König und rief mit siegesgewisser Stimme: »Da bringe ich dir den Gefangenen, den ich gemacht habe.« Chaligny wurde bei diesen Worten klar, daß er sein Schwert an einen Narren ausgehändigt hatte – eine schreckliche Schande für einen Edelmann. Er riß seine Waffe wieder an sich und schlug Chicot damit auf den Kopf. Der Hieb war so gewaltig, daß der Narr erst gar nicht reagieren konnte. Als er allmählich wieder zu Sinnen kam, behandelte er seinen Gefangenen mit weitaus mehr Zurückhaltung und rächte sich an ihm, nach Thou, »nur mit einem Schwall von Hohn- und Spottworten«. Die Wunde ging jedoch tief und mußte behandelt werden. Man brachte Chicot nach Pont-de-l'Arche, wo er zwei Wochen später verschied. Freilich, so behauptet Pierre de L'Estoile spöttisch, »nicht an der Wunde, die keineswegs tödlich war, sondern an seiner Unbeherrschtheit und Trunksucht«.

Achtes Kapitel

Der Narr als politische Figur

Seit Chicot begann sich die Ausübung des Narrenamts zu verändern. Schon der Spaßmacher Heinrichs III. war nur noch zur Hälfte Narr, und seine Nachfolger taten das Ihre, um der Narrheit am Hofe ein anderes Gesicht zu verleihen. Unter Heinrich IV. diente der Possenreißer nicht mehr in erster Linie dazu, den Herrscher zu vergnügen – obwohl er offiziell zu diesem Zweck eingestellt wurde –, sondern er sollte ihn beraten, über das informieren, was auf der Straße gesagt wurde und vor sich ging, und andererseits dem Volke die königliche Denkungsart näherbringen. Mit anderen Worten: Seine Aufgabe nahm immer mehr politischen Charakter an. Das charakteristischste Zeichen für diese Entwicklung ist, daß der Narr selbst zu schreiben beginnt oder vielmehr, daß andere unter seinem Namen schreiben. Dieses Phänomen, dessen Bedeutung nicht genug betont werden kann, trat bereits mit Chicot auf, dem von Ligisten wie Antiligisten eine ganze Reihe von Pamphleten zugeschrieben werden. Diese Entwicklung setzte sich mit der Närrin Mathurine fort und fand mit Meister Guillaume ihren Höhepunkt. Die Flugschriften, die sich in dieser Zeit immer stärker verbreiteten, stärkten also den politischen Status des Narren auf Kosten seiner Rolle als Spaßmacher.

Was aber der Narr an *vis comica* einbüßte, gewann er an Achtung hinzu. Er war nicht mehr bloß ein Dienstbote, ein Hampelmann, den man lediglich um seine materiellen Vorteile beneidete, sondern eine einflußreiche Persönlichkeit, deren Gunst es zu gewinnen galt. Von seinem ursprünglichen Status blieb am Ende nur der Titel, der selbst immer mehr symbolischen Charakter bekam. In dem Maße, wie sein tatsächlicher Einfluß wuchs, hörte der Narr auf, die spöttische Gegenmacht zu verkörpern, die ihn einst zum grotesken Doppelgänger des Herrschers gemacht hatte. Obgleich er im Prinzip dieselbe Straffreiheit wie früher genoß, nahm er dieses Recht nicht mehr so oft und unbekümmert in Anspruch. Die Ordnungsmacht und der Protest konnten die ganzen Jahrhunderte lang nur nebeneinander bestehen, weil die Machtinstanz im Feudalismus ebenso zerstückelt war wie das französische Territorium. Durch die Zentralisierung, die mit Heinrich IV. einsetzte und zum Aufstieg des Absolutismus führte, wurde diese Koexistenz immer schwieriger und schließlich unter Ludwig XIV. ganz unmöglich. Allerdings hat man niemals Verwaltungsmaßnahmen gegen die Redefreiheit des Hofnarren ergriffen. Die Freizügigkeit wurde nicht durch ein Schriftstück abgeschafft. Vielmehr nahm sie langsam und unmerklich, bedingt durch den Lauf der Dinge, die geschichtlichen Umstände und vor allem die veränderte Mentalität, von selbst ein Ende.

Obgleich die Offenheit im Verhältnis zwischen Narr und Fürst eingeschränkt, um nicht zu sagen: abgeschafft war, sollte sie nicht ganz verschwinden. Sie tauchte nun in den satirischen Broschüren auf, die unter dem Namen des Narren veröffentlicht und häufig von ihm selbst auf der Straße vertrieben wurden. Kann man also sagen, daß sich der Protest nach seiner Vertreibung vom Hof auf die Straße verlagerte? – Nicht ganz, denn die Pamphlete, Schmäh- und Spottschriften, die Pierre de L'Estoile leidenschaftlich sammelte, boten nicht der öffentlichen Meinung Raum. Meistens griff die Ordnungsmacht sie für ihre eigenen Zwecke auf und bediente sich ihrer als Propagandainstrument. Und was ist mit dem Narren, der Hauptfigur dieser Literatur? Wurde er zum Komplizen der Macht oder zur Gegenmacht? Diese Frage benennt die ganze Zweideutigkeit seiner Rolle; wir werden später auf sie zurückkommen.

Ein Pariser Müßiggänger, der um 1600 das rechte Seineufer entlangschlenderte, konnte an bestimmten Wochentagen einer merkwürdigen Gestalt auf einem weißen Pferd begegnen, der ein Haufen Bengel mit dem Ruf nachrannte: »Mathurine! Mathurine!« Wenn sie vorbeiritt, traten die Ladenbesitzer vor die Türen, und die Passanten blieben stehen, um mit ihr zu reden. Schnell bildete sich ein Kreis Neugieriger um die Frau; eine Frage jagte die andere: wie es mit der Gesundheit des Königs stände und was er gesagt und getan hätte, wie es der Königsmutter und dem Thronfolger ginge und welche Bälle und Vergnügungen am Hofe stattfänden. Mathurine beantwortete alle Fragen in der ihr eigenen schroffen Art und spickte ihre Ausführungen mit Schimpfwörtern, während sie die kleinen Strolche verscheuchte, die wie Fliegen an ihr klebten. Ihre dröhnende Stimme jagte freilich niemandem Angst ein. Man wußte, daß sie durchtrieben, liederlich und geil wie eine Hure war, bei Gelegenheit auch die Kupplerin und Intrigantin spielte wie niemand sonst, aber keinen bösartigen Charakter hatte. Ihre Ausfälligkeiten waren rein verbaler Art. Ihre einzigen wirklichen Feinde waren nämlich die Hugenotten. Sie verfaßte beißende Pamphlete gegen sie und bemühte sich, zu bekehren, wen immer sie traf. Angeblich bedrängte sie sogar den künftigen Heinrich IV., den »Sprung der Abschwörung« zu wagen, wie er es nannte.

Man kann sich kaum eine groteskere Gestalt vorstellen als Mathurine.

Von weitem hätte man sie für einen Kerl gehalten, der sich als Amazone verkleidet hat. Mit ihren breiten Schultern, ihren männlichen Gesichtszügen, dem schwerfälligen Gang, dem Wams und dem Degen, der gegen ihre Waden schlug, hätte sie sicher gut in ein Regiment der Infanterie gepaßt. Abgesehen von ihrem ewigen grünen Samtrock und dem Bürgerinnenhut, erinnerte nichts an ihr wahres Geschlecht. Auch ihre Sprache verblüffte durch soldatische Unverblümtheit. Mathurine hatte ein großes Maul und fluchte wie der schlimmste Heide, obwohl sie eine gute Katholikin war. Was die Freimütigkeit ihrer Äußerungen anging, stand sie hinter niemandem zurück. Agrippa d'Aubigné hat einen scharfen Dialog gegen Mathurine verfaßt, in dem sie sich mit dem jungen Du Perron, dem Bruder des berühmten Kardinals, in die Haare kriegt:

Du Perron: »Ach, bei Gott, Ihr seid eine Kupplerin für alle und jeden. Wenn man in Rom sagt, daß Ihr die Hugenotten bekehrt, könnte man ebensogut sagen, daß die Kupplerinnen Meister darin sind, die Wollüstigen zur großen Hure Rom zu bringen.«
Mathurine: »Seit wann, Bruder, sprichst du schlecht über dies Metier? Bist du nicht zu Schuh und Wams gekommen, bevor dein Bruder Bischof wurde, indem du an der Universität die Frau des Kontrolleurs, des Buchhändlers und des Kanzlers umschmeichelt hast? Ich zähl dir zwanzig auf, die dich mit einem elenden Vierteltaler zufriedenstellen konnten. Als dein Bruder dir den pelzgefütterten Mantel gab, hast du dich bei den Frauen der Ratsherren und Stadtoberen eingeschmeichelt und wurdest zum Kuppler des Parlaments und dann des Hofs (…)«
Du Perron: »Wie kannst du es wagen, so zu reden, du, die du mit den Pagen, Lakaien und der Schweizergarde schläfst? Du hast Pont de Courlay und Engoulevent ein Geschwür und dem Baron de Vignolles die Syphilis angehängt, als ihr über eure Konversion spracht. Das Schlimmste ist, daß du ein niederträchtiges Weibsbild bist, denn dein weißes Pferd und den grünen Samtrock hast du als Bezahlung für die Entjungferung deines kleinen… durch den hohen Herrn von und zu erhalten, um keinen Namen zu nennen. Du bist häßlich wie der Teufel, ein Schwachkopf wie der selige Sybillot, kahl, und deine Füße und Achseln stinken. Geh zum Teufel, sonst muß ich mich übergeben.«[111]

An dieser unverblümten Redeweise erkennt man sofort den Hauptmann Agrippa und seinen Hugenottenhaß auf Bekehrte und Bekehrer aller Art. Sein Porträt von Mathurine ist sicher wenig schmeichelhaft,

Die Närrin Mathurine.
Nach einem Stich aus dem 16. Jahrhundert.

karikiert jedoch nur jene Charakterzüge, welche uns auch aus anderen Quellen bekannt sind. Der weitere Dialog gibt uns über einige interessante biographische Einzelheiten Aufschluß.

Unter anderem erfahren wir, daß die Närrin zunächst als »Kantinenwirtin« im Heer des Königs diente, was ihr burschikoses Auftreten und ihre sexuellen Ausschweifungen hinreichend erklären dürfte. Sie soll dieses Amt im Regiment der Picardie ausgeübt haben und wurde angeblich bei einem Gefecht am Schenkel verletzt. Möglicherweise hat Heinrich III. sie in diesem Lager kennengelernt. Alles was man weiß, ist, daß der effeminierte Fürst eine lebhafte Sympathie für diese »Soldatin in Röcken« empfand und Mathurine vorschlug, als Närrin in seine Dienste zu treten. Das war etwas ganz Neues, denn bisher hatten nur die Königinnen Närrinnen in ihren Diensten gehalten, während die Könige männliche Spaßmacher anstellten. Es gehört zu den Paradoxien des letzten Valois auf dem Königsthron, der sonst dem schönen Geschlecht nicht zugeneigt war, daß er als erster Herrscher eine Frau ins Narrenamt einsetzte.

Trotz ihrer ungehobelten Manieren besaß Mathurine angeblich einen schillernden Geist und die Gabe bissiger Schlagfertigkeit. Was aber vor allem Neugier erregte, war die seltsame Ausstrahlung, die von ihrer ganzen Person ausging. Mathurine war nämlich ebenso wie ihr Gebieter eine Art »Hermaphrodit«. Noch 30 Jahre später verglich man sie wegen ihres männlichen Charakters mit einer anderen Frau, mit der Königin Christine von Schweden, einer ähnlich zwitterhaften Gestalt. Anläßlich des Aufenthalts der Königin in Paris 1657 erschien ein anonymes Pamphlet mit dem Titel *La Métempsycose de la reine Christine*, in welchem die verschiedenen Stadien ihrer Seele bis zum Tode geschildert werden. Zuerst habe sich ihre Seele in Sémiramis* verkörpert, »die sich gut zu verkleiden verstand und mal als Mann, mal als Frau ihr Spiel trieb, besonders wenn sie einfache Soldaten rufen ließ, um mit ihnen zu schlafen, und sie dann am Morgen aus Angst, sie könnten sich dessen rühmen, erdolchen ließ«. Ihre letzte Inkarnation habe sie nun in niemand anderem als in Mathurine gefunden, der »netten Närrin vom Alten Hof«, die – das muß gesagt werden – entschieden harmloser war als diese babylonische Gottesanbeterin. Übrigens ging ihre männliche Ausstrahlung Hand in Hand mit einer beängstigenden sexuellen Gier. Eine andere Broschüre, die zu ihren Lebzeiten gedruckt wurde und den Titel *Essais de Mathurine* trägt, legt Mathurine folgende Beichte in den Mund: »Ich stehe galanten Herren stets zu Diensten. Im Krieg wie im Frieden ist mein Harnisch bereit, denn ich lasse ihn oft mit einem Tuch putzen, das eigens dafür gemacht ist und anders als das, welches man in die Pinten steckt, auf der Rückseite behaart ist und nicht vorne.«

Die Närrin, deren richtiger Name nicht überliefert ist, nannte sich Mathurine, als sie in den Narrendienst trat; wahrscheinlich nach dem hl. Mathurin, der als Schutzheiliger bei der Heilung von Verrückten angerufen wurde. Ihr Geburtsdatum und ihre Familie sind ebenfalls unbekannt. Manche behaupten, daß sie sehr niedriger Herkunft war, was auch ihr Beruf als Kantinenwirtin und ihre Ausdrucksweise belegen würden. Mathurine besaß sicher wenig Bildung, aber daß ihr Gehirn, wie gesagt wurde, »ganz schimmelig und zerfetzt« war, ist reine Verleumdung. Hinter ihren groben Zügen und der volkstümlichen Sprache verbarg sich im Grunde eine wache und feinsinnige Auffassungsgabe. Keiner konnte wie sie einen Gefälligkeitstausch aushandeln, wozu man freilich kein allzu empfindliches Gewissen mitbringen durfte. Jedermann wußte, daß Mathurine vor keiner Bloßstellung zu-

---

* Aus Babylon stammende Frau eines Königs von Assyrien, die in der griechischen Sage mit den »Hängenden Gärten« in Babylon in Zusammenhang gebracht wird (Anm. d. Ü.).

rückschreckte, außer in religiösen Belangen, denn in dieser Hinsicht war sie unnachgiebiger als Cato mit dem Glauben eines Köhlers. Trotz ihres Hasses auf die Protestanten ging sie niemals so weit, sich der Liga anzuschließen. Mehrere burleske Satiren, die damals im Umlauf waren und *Mathurinades* genannt wurden, beschreiben ihre heftige Abneigung gegen die eine wie die andere Partei.

Während das Gespann Mathurine und Heinrich III. recht ungewöhnlich wirkte, paßten der Nachfolger des Königs und die Närrin ausgezeichnet zusammen. Heinrich IV. gefielen ihre Freizügigkeit, gute Laune und direkte, ungenierte Art. Da er sie in der Hinterlassenschaft seines verstorbenen Bruders vorfand, beschloß er, sie auf der Stelle zu übernehmen. Paul Lacroix, der stets mehr Romancier als Historiker war, hat sich die erste Begegnung zwischen Heinrich IV. und seiner Närrin folgendermaßen ausgemalt:

> »Nachdem Heinrich IV. seine Krone um den Preis einer Messe zurückgewonnen und seine Hauptstadt in der Nacht vom 22. März 1594 ohne einen Schwertstreich zurückerobert hatte, begab er sich nach dem *Te Deum* in den Louvre, den er seit der Bartholomäusnacht nicht mehr gesehen hatte. Mit Tränen in den Augen betrat er den alten Palast seiner Vorgänger, den noch unlängst die aufrührerischen Umtriebe der Ligisten erfüllt hatten. Plötzlich kam ihm auf der Treppe die Närrin Mathurine entgegen, die im Louvre geblieben war, als wollte sie den Palast für ihren König hüten. Freudig lief sie auf ihren neuen Herrn zu, um ihn zu begrüßen, wie einst der Hund von Odysseus in der *Odyssee*. –
> Eine Hofnärrin als Vetreterin der Königswürde der Valois gegenüber den Ständen in der Liga!«

Si non è vero è ben trovato! Ein schönes Bild: Der zu Tränen gerührte König wird von unserer prachtvollen Närrin empfangen! Nur hat die geschilderte Szene wahrscheinlich niemals stattgefunden, denn sie taucht in keiner zeitgenössischen Chronik auf. Noch dazu steckt sie voller unglaubwürdiger Details. Dagegen besteht kein Zweifel, daß sich Mathurine beim Attentat von Jean Chastel an der Seite des Königs befand. Ihre Anwesenheit wurde von glaubwürdigen Historikern belegt.

Am Dienstag, dem 27. Dezember 1594, ließ sich Heinrich IV. nach seiner Rückkehr aus der Picardie gegen sechs Uhr abends unmittelbar in das Palais Bouchage hinter dem Louvre führen, in dem die schöne Gabrielle d'Estrées wohnte. Angeblich war er so ungeduldig, seine Mätresse zu begrüßen, daß er sich vor ihrem Zimmer noch nicht einmal die

Stiefel auszog. Im Palais traf er die Grafen von Soissons und Saint-Paul sowie verschiedene andere Edelleute, u. a. die Herren von Ragny und Montigny, die auf ihn zustürzten und ihm die Knie küßten. Als der König sich bückte, um sie aufzuheben, fühlte er im selben Moment einen harten Schlag an der Oberlippe, griff sich mit der Hand an die Stelle und zog sie blutig zurück. Nachdem er sich wieder aufgerichtet hatte, schaute er in die Runde und bemerkte Mathurine, die unmittelbar neben ihm stand. »Zum Teufel mit der Närrin! Sie hat mich verwundet«, rief er. Mathurine aber schüttelte den Kopf, lief zur Tür und schob den Riegel vor, um den Täter am Entkommen zu hindern. Da bemerkte Soissons unter den Anwesenden einen jungen Unbekannten, der ihm wegen seines blassen Gesichts auffiel. Er warf sich auf ihn, umklammerte ihn und schleifte ihn vor den König. Der Fremde wehrte sich zunächst und beteuerte seine Unschuld, bis er unter dem Druck der Fragen schließlich nachgab, sein Messer zu Boden warf und alles gestand. Es war ein junger Mann namens Jean Chastel, Sohn eines Pariser Tuchhändlers, dem es gelungen war, sich in die königlichen Gemächer einzuschleichen. Wie er vor seinen Richtern gestand, hatte er die Absicht, dem König die Kehle durchzuschneiden. Die Jugend des Attentäters rührte Heinrich IV.; er verzieh ihm und befahl, ihn gehenzulassen. Doch seiner Order wurde nicht Folge geleistet: Man brachte Chastel unter starker Bewachung in das Gefängnis Fort l'Evêque. Die Nachricht von dem Attentat verbreitete sich in Windeseile in der Stadt und rief große Bestürzung hervor, wie man sich denken kann. Sobald jedoch bekannt wurde, daß die Verletzung nicht schlimm war – Heinrich IV. kam mit einem halben ausgeschlagenen Zahn davon –, versammelte sich das Volk in der Kathedrale von Notre-Dame, um gegen acht Uhr abends ein *Te Deum* als Dankesmesse zu singen. Kaum eine Woche später nahm der König, der mittlerweile vollkommen wiederhergestellt war, höchstpersönlich an einer Prozession von Notre-Dame nach Sainte-Geneviève teil. Der Attentäter aber wurde auf der Stelle verurteilt. Am 29. Dezember, also nur 48 Stunden nach dem Anschlag, wurde Jean Chastel der peinlichen Befragung unterzogen und mußte sodann vor den Toren von Notre-Dame, nackt, nur mit einem Hemd bekleidet und eine zwei Pfund schwere, brennende Fackel in der Hand, Abbitte leisten. Danach wurde er auf die Place de Grève geführt und an Armen und Schenkel mit glühenden Eisen gebrandmarkt. Man schlug ihm die rechte Hand ab, die die Waffe geführt hatte, vierteilte ihn, verbrannte seine Leiche und zerstreute seine Asche in alle Winde. Da Jean Chastel das Jesuitenkolleg besucht hatte und immer noch in Verbindung mit ihm stand, verdächtigte man die Jesuiten, sie hätten ihrem ehemaligen Schüler die Waffe in die Hand gedrückt. Die Mitglieder der Kongregation wurden zu Sündenböcken der öffentlichen Meinung und mußten sogar von Soldaten vor dem Volkszorn geschützt werden. Kurz darauf wurden die Jesuiten aus dem Königreich vertrieben, allerdings nicht für lange Zeit.

Mathurine verkehrte mit dem König in freimütiger Kameradschaft. Scherze, derbe Späße, Frotzeleien gehörten dazu, ja selbst Handgreiflichkeiten waren nicht ausgeschlossen, wie die erste Reaktion des Königs beweist, der zunächst glaubte, Mathurine habe ihn ins Gesicht geschlagen. Andere Beispiele zeigen, daß Heinrich IV. Freundschaft und sogar Zuneigung für seine Närrin empfand. Jeder am Hofe wußte, daß er ihr nichts abschlagen konnte, so daß man sich am besten an Mathurine wandte, wenn man eine Gefälligkeit erlangen wollte. Beispielsweise gelang es Mademoiselle de Planci nur, beim König die Begnadigung ihres zum Tode verurteilten Mannes zu erreichen, indem sie Mathurine 500 Taler zahlte. Das war am 19. September 1596. Bei einem Diner in den Tuilerien überredete Mathurine den König, die Dame zu empfangen. Heinrich IV. willigte ein und ließ, gerührt von den Tränen der Bittstellerin, Gnade walten, die er vielen »hohen Herren am Hofe« verweigert hatte. Freilich war Madame de Planci eine schöne Frau und besaß genügend Gespür für die Situation, um in den Armen des Königs ohnmächtig zu werden, als sie ihm ihre Bitte vortrug. Bekanntlich blieb der König gegenüber dem Kummer einer hübschen Frau nur selten verschlossen.

In den Augen einiger Höflinge nahm der Einfluß Mathurines am Hof schließlich übertriebene Ausmaße an. Pierre Colins bemerkte mit Entrüstung, daß diese »kühne, eher dreiste als dumme Närrin« an der königlichen Tafel, mitten unter den höchsten Damen und Herren des Reiches, genau gegenüber dem König saß. Colins berichtet weiter, daß Mathurine bei einem Besuch in Brüssel von der »durchlauchten Infantin« ein goldbesticktes Kleid aus rotem Samt erhielt, das sie sogar in Madrid an der Seite der Königin von Navarra zu tragen wagte. Der Chronist schließt seinen Bericht mit dem Satz: »Man sagt ganz richtig, daß die Frechen am Hof die größte Gunst genießen.«[112] Collins war nicht der einzige, der über die Vertraulichkeiten erbost war, die Mathurine sich herausnehmen durfte. Die Hofleute im allgemeinen konnten nicht verstehen, warum der König seiner Närrin aufmerksamer zuhörte als seinen Gesandten oder einem von ihnen und weshalb Mathurine am Hofe tonangebend war. Allerdings war dies bloßer Schein. Heinrich nahm nicht ungern bei einer gewissen kindlichen, volkstümlichen

Schlichtheit Zuflucht. Die malerische Gestalt an seiner Seite, die mit den kleinen Leuten von Paris vertraut war, hatte etwas Beruhigendes an sich. Ein Herrscher, der auf die Ratschläge der Närrin hörte – und das tat Heinrich IV. sicher öfters –, konnte seinen Untertanen näherkommen. Indem Mathurine diese Vermittlerrolle mit Begeisterung übernahm, hat sie das Ihre zur Legende des »guten Königs Heinrich« beigetragen. Zusammen mit seiner berühmten »Knoblauchfahne«, dem weißen Federbusch, dem flockigen Bart und dem nicht weniger berühmten »poule au pot« (»Huhn in jedem Topf«) hat sie Anteil am Mythos des volkstümlichen Monarchen, den das Zeitalter der sogenannten Aufklärung als »einzigen König, der dem Volk im Gedächtnis blieb«, apostrophierte.

Nach der Ermordung Heinrichs IV. am 14. Mai 1610 stellte Mathurine ihr Narrenzepter in den Dienst des Thronfolgers. Ludwig XIII. kannte die Närrin schon seit seiner Kindheit. Wie oft wurde sie, als er noch ein kleines Kind war, zu ihm gerufen, um ihn zu unterhalten, ihm Geschichten zu erzählen oder mit ihm zu spielen! Der Arzt Jean Héroard war oftmals Zeuge dieser Szenen und hat sie in seinem berühmten *Journal* getreulich festgehalten. So notierte er am 5. Dezember 1603 (der Thronfolger war erst zwei Jahre alt): »Der König erhebt sich, um auf die Jagd zu gehen; der Thronfolger beendet das Abendessen mit der Königin. Mathurine kommt, und er betrachtet sie kühl. Sie scherzt mit ihm, er lacht; sie schürzt ihre Röcke, er sieht ihre Hose und findet das lustig.« Am Mittwoch, dem 9. Juni 1604: »Mathurine sagt zu ihm: Komm her, bist du etwa so unzüchtig wie dein Vater? Er denkt nach und antwortet: Nein.« Montag, den 13. Juni 1606 in Fontainebleau: »Er plaudert mit Mathurine, sagt, wenn sie tot wäre, würde er sie in die Erde legen. Der Herr Kaplan fragt: Ihr würdet wohl Reliquien aus ihr machen? Ha, antwortet er lachend, eine schöne Närrinnen-Reliquie.« Als der Thronfolger ein Jahr später (im Alter von sechs Jahren) dem Hofmaler Porträt stehen mußte, ließ Mathurine drei kleine Jungen vorsingen, damit er stillhalte. Dienstag, den 18. Mai 1610: »Er ißt eingemachte Pflaumen, gibt vier davon Mathurine und sagt, die restlichen müsse er für seine diensttuenden Edelleute aufheben.«[113] Diese kleinen Szenen voll schlichter Herzlichkeit vermitteln wohl am ehesten eine Vorstellung davon, welche Stellung die Närrin in der Königsfamilie einnahm.

Mathurines Todesdatum ist nicht überliefert. Wir wissen nur, daß sie 1622 noch lebte, da sie in diesem Jahr noch in den königlichen Rechnungsbüchern auftaucht, während aus einem Text von François Ogier, den wir weiter oben zitiert haben, hervorgeht, daß sie 1627 nicht mehr am Leben war. Von Tallemant des Réaux erfahren wir zudem, daß Mathurine einigen Besitz erworben hatte und einen Sohn namens Blanc-Rocher hinterließ, von dem nur bekannt ist, daß er ein wunderbarer Lautenspieler war.

Meister Guillaume, der lustige Kumpan Mathurines und wie sie bestallter Hofnarr von Heinrich IV., später von Ludwig XIII., hieß mit richtigem Namen Guillaume Marchand oder Le Marchand.[114] Sein Talent zum Narrentum hatte er geerbt, zwar nicht direkt von seinem Vater, sondern von seinem Großvater väterlicherseits, Guillaume Marchand, der dem König Franz I. als Koch bis nach Piémont gefolgt war. Tatsächlich besaß dieser Küchenmeister nicht nur die Gabe, Saucen zuzubereiten, sondern auch das Talent, den König und dessen Gefolge mit einer ungewöhnlichen Vielfalt von albernen Späßen zu unterhalten. So gab Franz I. 1538 seinem Schatzmeister Anweisung, dem als »Unterhalter« bezeichneten Guillaume aus Louviers 22 Pfund und 10 Sous »für das Vergnügen, das er ihm bereitet hatte«, auszubezahlen.

Nach seiner Karriere in den königlichen Küchen zog sich unser Narrenkoch nach Louviers zurück, woher seine Familie stammte. Hier wohnten sein Sohn Jacques, der einen Apothekerladen besaß, und seine Tochter Perrine, die mit Pierre Cordoux, dem Inhaber der besten Herberge der Stadt, verheiratet war. In Louviers wurde auch Meister Guillaume als Sohn des Apothekers geboren. Aufgrund seines starken Unabhängigkeitsbedürfnisses hielt er es jedoch nicht lange in der väterlichen Apotheke aus und verließ bereits in jungen Jahren das Elternhaus, um bei einem Edelmann Schweine zu hüten. Sein Onkel Pierre mußte losziehen und ihn nach Hause holen. Da er aber sah, daß Guillaume nur wenig Geschmack am Pillendrehen fand, nahm er ihn als Lehrling in seine Herberge auf. So erlernte der kleine Guillaume unter den wachen Augen seiner Tante Perrine den Beruf seines Großvaters, in dem er nach und nach alle Stufen durchlief: Küchenjunge, Hilfskoch und Küchenmeister. Nach Beendigung seiner Ausbildung schickte man ihn in den Dienst des Kardinals von Bourbon, dem Neffen jenes Bourbonenfürsten, den die Liga zum König Karl X. ausgerufen hatte.

Guillaume verfügte über die gleiche Doppelbegabung wie sein Großvater: Er bescherte seinem Herrn nicht nur kulinarische Genüsse, sondern auch viele vergnügliche Stunden. Der Prälat seinerseits konnte sich zu seiner Neuerwerbung nur beglückwünschen, denn er liebte einen gelungenen Scherz noch mehr als ein gutes Mahl. Übrigens fiel es Guillaume nicht schwer, sein Wohlwollen zu gewinnen, denn der Prälat schenkte seine Gunst jedem, der ihm über den Weg lief. Nachsichtig, überaus leichtgläubig, nur an augenblicklichen Genüssen interessiert und ohne jede Sorge um die Zukunft, legte der Kardinal in jeder Hinsicht eine Unbesonnenheit an den Tag, die kaum mit seinem Stand zu vereinbaren war. Die Hugenotten hatten ihn »Schellenkopf« getauft, und Guillaume sagte später über ihn, daß er kein richtiger, sondern nur »scheinbar ein Mann« sei.

Wegen seines launenhaften Wesens wurde Monseigneur de Bourbon seiner Freunde noch schneller überdrüssig, als er sich für sie erwärmte. Fiel Guillaume dieser Unbeständigkeit zum Opfer, oder verdroß ihn die Armut, zu der ihn der schäbige Geiz seines Herrn verurteilte? Die Geschichte schweigt sich hierüber aus. Einige Quellen berichten nur, daß Guillaume den Kardinal 1589 verließ und den Aufenthalt von Heinrich IV. in der Normandie nutzte, um in den Dienst des Königs zu treten. Andernorts wird behauptet, daß er erst 1594, also nach dem Tode des Kardinals, dem Königshof angehörte. Diese letzte Hypothese scheint auch ein Vierzeiler zu bestätigen, der zum Tode des Prälaten zirkulierte:

> *Les Durets et Maître Guillaume*
> *Ont perdu leur maistre à ce coup;*
> *C'est à eux de dire un sept pseaume.*
> *La France ne perd pas beaucoup.*[115]*

Es wird auch erzählt, bei der Einnahme Louviers durch die königlichen Truppen habe der Neffe der Perrine Cordoux einen so schweren Schlag mit der Hellebarde auf den Kopf erhalten, daß er sein Leben lang die Nachwirkungen spürte. Ein Pamphlet legt ihm folgende Worte in den Mund: »Dieser schwere Hellebardenschlag, den ich bei der Einnahme von Louviers auf das obere Ende meines Rückens, also auf den Schädel erhalten habe, hat (mein Hirn) ganz durcheinandergebracht. Doch die Hitze hat es wieder aufgeheitert, und die Blumen der Frauen und die Hundstage haben es mir antiperistasiert.« Der schalkhafte Tonfall verrät, daß dieser Text zum Scherz den Eindruck erwecken will, Guillaume sei ein wenig gestört. Gleiches wurde Mathurine nachgesagt. Obwohl beide bei gesundem Verstand waren, legte man also noch Wert auf die Fiktion einer geistigen Verwirrung, selbst wenn niemand mehr daran glaubte.

Wie Mathurine hegte auch Guillaume eine heftige Abneigung gegen die Hugenotten. Er beschuldigte sie, seine Heimatstadt Louviers der Plün-

---

* Die Durets und Meister Guillaume / haben durch diesen Schlag ihren Herrn verloren. / Es ist an ihnen, die sieben Psalmen zu lesen. / Frankreich hat dadurch nicht viel verloren.

derung preisgegeben zu haben. Im Gedenken an die Unruhen, die die Reformation im Königreich ausgelöst hatte, benutzte er das Verb »reformieren« nur im Sinne von »ruinieren«. Doch hatte er noch einen anderen, persönlicheren Grund, den Hugenotten böse zu sein. Dies legt zumindest folgende Stelle aus einem Pamphlet protestantischer Herkunft nahe: »Du tust gut daran, die Reformation nicht zu lieben; selbst der Teufel sieht sie nicht gern. Schenkte man nämlich der Reformation Glauben, würden Narren und Possenreißer abgeschafft.« Guillaumes Haß auf die Protestanten hatte ihn in das Lager der Ligisten getrieben; selbst später, als Narr von Heinrich IV., verleugnete er seine jugendlichen Sympathien nicht. Wie wir wissen, haßte seine Gevatterin Mathurine die »angeblich reformierte Religion« ebenfalls, wünschte jedoch zugleich die Heilige Liga zum Teufel. Die Menage der beiden Narren drohte also stürmisch zu werden. Dem war aber durchaus nicht so: Ein Stück mit dem Titel *Le feu de joie de Mathurine* bestätigt sogar, daß zwischen den beiden Trägern des Narrenzepters vollkommene Eintracht herrschte.

Als Guillaume sein Amt antrat, brauchte er nicht erst nach einem Spitznamen zu suchen. Sein Vorname genügte bereits: Für den Zeitgeschmack war der Name Guillaume lächerlich und einfältig genug, um einen Narren zu bezeichnen. Der berühmte Etienne Pasquier schrieb sogar: »Wir haben zwei Namen, mit denen wir gewöhnlich diejenigen taufen, die wir geringschätzen, nämlich Jean und Guillaume.« In seinen *Recherches de la France* erinnert er an die lächerliche Gestalt des Tuchhändlers in der Posse *Farce de maître Pathelin*, der ebenfalls Guillaume heißt. Pasquier fügt hinzu: »In der Zeit, als diese Posse geschrieben wurde, machte man sich über die Guillaumes lustig.« Für unseren Narren galt demnach das Motto: Als Guillaume wurde er geboren, und Guillaume wird er bleiben, »wie eh und je«. Man begnügte sich damit, ihm den Titel »Meister« zu verleihen, sei es zum Spott, wie bei vielen Narren vor ihm, oder weil er tatsächlich Meister in der Zunft der Bratenköche war. Als Ersatz für den Spitznamen erfand sich Guillaume – Gott weiß warum – den Beinamen »Ritter von den Zahlen«. Vielleicht spielte er damit auf seinen Familiennamen *Marchand* an (dt. Kaufmann) oder auf seine Aufgabe, die Rechnungsbücher der Pagen zu führen. Außerdem erhielt er ein Wappen, das zwei Flaschen darstellte, »eine für den Weißen, die andere für den Bleichen«*, die seine denkwürdigen Glanzleistungen in den Kneipen symbolisieren sollten. Und da dieser »Ritter von der Flasche« auch eine Devise brauchte, ließ er

* Heller Rotwein (Anm. d. Ü.)

darunter eingravieren: *Tout est de caresme-prenant*, »Alles ist Karneval«.

Guillaumes malerisches Aussehen stand hinter dem seiner Gevatterin Mathurine nicht zurück. Nach Aussagen von Zeitgenossen war er von ungewöhnlicher Häßlichkeit. Héroard beschreibt ihn als »glatzköpfig und bartlos«, was eine zeitgenössische Broschüre bestätigt: »Guillaume hatte nicht mehr Barthaare als die Päpstin Johanna; er sah so traurig, blaß und faltig aus, daß man ihn für einen Eunuchen halten konnte, obgleich er verheiratet war.« Guillaume lief mit einer roten Jacke herum, die ihm bis zu den Knien reichte, und trug ein mit Krebsschalen bewaffnetes Käppchen auf dem Kopf. Außerdem trennte er sich niemals von seinem Knüppel, den er »oysel« nannte und gegen die Lakaien und Pagen schwang, die sich an seine Fersen hefteten, sobald sie ihn nur von weitem sahen. In der *Satire contre une dame maigre et sauvage* (»Satire gegen eine magere, wilde Dame«) erklärte der Dichter Sigogne, indem er sich an eben diese Dame wandte:

> *Que les enfants, en tous endroits,*
> *Vous voyant, eslèvent leur voix,*
> *Comme les pages dans le Louvre*
> *Quand maistre Guillaume on descouvre.*[116]*

Tatsächlich wird berichtet, daß die Pagen ihn ständig mit Sticheleien und schlechten Scherzen quälten. Sie nähten ihm seine Beinkleider zu und füllten seine Schuhe mit Pech. Da Guillaume über ihren Unterhalt und ihre Kleidung zu wachen hatte, kann man sich vorstellen, daß der Arme kein leichtes Leben mit dieser kleinen Brut hatte. »Wahrhaftig«, rief er, »wenn Gott die Engel macht, so macht der Teufel die Pagen und Lakaien.«

Meister Guillaume logierte gewöhnlich im Gasthaus *Ecu de France*, einem der anständigsten, aber auch teuersten Gasthöfe von Paris. Der hatte vor allem den Vorteil, nahe der Pont-Neuf zu liegen, so daß Guillaume nur die Seine überqueren mußte, um in den Louvre zu gelangen. Freilich ging das Gerücht, daß er eher in einer Schenke, die gerade beliebt war, zu Hause anzutreffen war. Wenn er nicht am Hofe seines Amtes waltete, suchte man ihn am besten in der Schenke *Petit-More* (»die des guten Weines wegen jeder Säufer ehrt«), in der die schreibende Zunft verkehrte, oder in der berühmten *Pomme de pin* nahe der Brücke von Notre-Dame oder auch im *Truie-qui-file*. War er in keiner dieser

---

* Mögen die Kinder, wo immer / sie Euch sehen, ihre Stimme erheben, / wie die Pagen im Louvre, / wenn sie Meister Guillaume erspähen.

Kneipen zu finden, konnte man es noch bei *Cormier* in der rue des Fossés-Saint-Jacques oder bei Mutter Coiffier in der *Fosse-aux-lions* versuchen. Trotz der dicken Rauchschwaden im Saal stach sein rotes Wams sofort ins Auge. Einen Krug Bleichen vor sich, die Mütze auf den Knien und seinen ewigen »oysel« neben sich, saß er gewöhnlich von einer Bande Taugenichtse umringt, die ihm etwas zu trinken spendierten und denen er dafür ein paar gute Spitzbubenstreiche erzählte, die den Verein in Heiterkeit versetzten. Niemand verstand es so gut wie der kleine Guillaume, über jemanden herzuziehen. Große und Kleine, alle kamen sie dran: Jesuiten, Hugenotten, Militärs, Hofleute, Finanziers, Gaukler, Astrologen usw...

Wenn er nicht durch die Schenken zog, hielt sich Guillaume auf der Pont-Neuf auf, die Taschen voller kleiner satirischer Broschüren, die er selbst verfaßt hatte oder die unter seinem Namen erschienen. Nun verkaufte er sie für den bescheidenen Betrag von einem Sous an die Passanten. Man muß allerdings sagen, daß diese in Versen oder Prosa abgefaßten Heftchen nach nichts aussahen: Ohne Sorgfalt auf schlechtes Papier gedruckt, bisweilen mit einem groben Holzschnitt illustriert, der bereits zehnmal verwendet worden war, umfaßten sie meist kaum mehr als 20 Seiten. Heutzutage sind sie zu einer vielgesuchten Rarität geworden, für die Bibliophile und Sammler Unsummen bieten. Man zählt heute an die 70 Broschüren, die Meister Guillaume zugeschrieben werden, doch mindestens dreimal so viele sind erschienen. Leider dachten unsere Vorfahren genausowenig daran, diese fliegenden Blätter aufzubewahren, wie wir heute die Nummern des *Canard Enchainé** sammeln. Der Vergleich kommt nicht von ungefähr, denn es handelte sich durchaus um Nachrichtenblätter satirischen, oft beißenden Charakters, und dies – nebenbei gesagt – dreißig Jahre, bevor Renaudot seine berühmte *Gazette* ins Leben rief bzw. bevor eine regelmäßig erscheinende Presse existierte. Wir brauchen wohl nicht darauf hinzuweisen, daß diese Schriften ohne irgendeine Genehmigung oder Sondererlaubnis erschienen. Sie wurden heimlich gedruckt und unter der Hand verkauft, während die Herausgeber sich hinter Phantasienamen wie *Julien le Dinde, Baron de l'Artichaut* oder *La Veuve de l'Auteur* verbargen. Guillaume hatte die Broschüren in seinen Hosen versteckt und brachte sie nur verstohlen in Umlauf.

Sein heimlicher Buchhandel zog aber nicht nur den Pöbel an; selbst ein gebildeter Herr wie Pierre de L'Estoile war ganz gierig nach diesen

* Französische Satirezeitschrift (Anm. d. Ü.)

Heftchen, die er »fadèzes« nannte. In seinem Tagebuch führte er regelmäßig über Kaufpreis und -datum Buch. So notierte er am 16. September 1606: »Ich habe heute Meister Guillaume für fünf Possen seiner
Manier, die er bei sich trug und selbst verteilte, fünf Sous gegeben. Eigentlich sind sie keine fünf Heller wert, aber sie haben mich für mehr als
zehn Sous zum Lachen gebracht.«
Wahrscheinlich hat Meister Guillaume nicht ein Zehntel der Texte verfaßt, die ihm zugeschrieben werden. Von mindestens zwei Broschüren
steht fest, daß sie Plagiate sind: Die XIV. Satire von Mathurin Régnier
kam zuerst 1613 heraus, um ein Jahr später ein zweites Mal unter
dem Namen des Narren zu erscheinen. Ebenso verfuhr man 1622 mit
dem *Tableau des ambitions de la Cour*, dem ersten Stück von Claude
d'Esternods *L'Espadon satirique*, wobei man nur die ersten und die
letzten vier Verse wegließ, um der Leserschaft Sand in die Augen zu
streuen. Auch die anonymen Verfasser anderer Broschüren liehen sich
gerne Meister Guillaumes Identität aus, denn sie hatten nur Vorteile
davon. In erster Linie sicherte ihnen dieser Trick meistens einen guten
Verkauf. Der Hofnarr war populär und kümmerte sich selbst um den
Vertrieb. Darüber hinaus verschaffte dieses Patronat den Dichtern jede
erdenkliche Freiheit. Die Behörden verziehen dem Narren, was sie bei
keinem anderen geduldet hätten, um so mehr, als er ihr bester Verbündeter war (die Freiheit des schriftlichen Ausdrucks ersetzte gewissermaßen die Redefreiheit). Schließlich und vor allem verkörperte Guillaume – wie Mathurine und Angoulevent, von dem später die Rede sein
wird – die Volksmeinung, die seine Schriften getreulich widerspiegel-
ten. Dennoch müssen wir hinzufügen: Wenn Guillaume das Volk re-
präsentierte, so nur das *städtische* und insbesondere die kleinen Leute
von Paris. Die bäuerliche Bevölkerung, die damals immerhin neun
Zehntel der Gesamtbevölkerung Frankreichs ausmachte, konnte sich in
dieser merkwürdigen, exzentrischen und fremdartigen Figur sicher
nicht wiederfinden. Überhaupt ist das Bild des Narren an das der Stadt
geknüpft: Die Narrenfigur hat die Farbe, die Rührigkeit, die aufsässige
und kritische Haltung der Stadt; sie entspricht weder der Lebensweise
noch der Mentalität der Landbevölkerung. Es gab zwar eine mythische
Gestalt der Landbewohner, nämlich Jacques Bonhomme, der aber
nicht wirklich zur bäuerlichen Kultur gehörte. Vielmehr war auch er
ein Produkt der Stadt, dem bestimmte positive und negative Eigenschaften des Bauern zugesprochen wurden, wie sie der Vorstellungs-
welt der Städter entsprangen.
Ein kurzes satirisches Stück, *Discours de M. Guillaume et de Jacques
Bonhomme* (1614), stellt die beiden Figuren gegenüber: Jacques

Bonhomme, der die Tugenden des Landlebens verkörpert, wirft seinem Pariser Gegenspieler Lasterhaftigkeit und Servilität vor:

> »Du gehst bettelnd von Tür zu Tür, vom Palais des einen zu dem eines anderen Herrn; du atmest den Duft oder Rauch der Kochtöpfe ein, wenn du an ihren Küchen vorbeigehst, aus denen man dich oft vertreibt (…) Mit meinem Leinenkittel, der nur Frieden und Freundschaft ausdrückt, bin ich unter den guten Franzosen angesehener als du mit deinem nach türkischer Art gefalteten roten Wams.«[117]

Man kann sagen, daß Meister Guillaume, wie Mathurine oder bereits Chicot, ein Doppelleben führte, nämlich jenes am Hof und das auf der Straße. Er diente zwei Herren gleichzeitig: dem Volk und dem Souverän, die er mit demselben Eifer unterhielt und unter seinem Narrenzepter vereinigte. Daraus ergab sich natürlich eine unauflösbare Zweideutigkeit: Als Mann vom Volke bei Hofe und als Bote des Hofs unter dem Volk spielte Guillaume die perfekte Mittlerrolle. Seine Fähigkeit, Spannungen symbolisch aufzulösen, machte ihn zu einer äußerst wichtigen Figur, deren Bedeutung nicht am Charakter des Individuums bemessen werden kann. Wer Guillaume in Wirklichkeit war, zählt wenig im Vergleich zu dem, was er verkörperte. Übrigens kann man nicht behaupten, daß Guillaume seiner Aufgabe nicht gerecht wurde. Im Gegenteil, er erfüllte sie offenbar zur Zufriedenheit aller. Heinrich IV. zog die Anekdoten, die Guillaume ihm aus den verschiedenen Pariser Stadtteilen mitbrachte, durchaus in seine Überlegungen ein. Dank seines Narren wußte er, was in den Kaufmannsläden, auf den Plätzen und Märkten, unter den Handwerkern, Weibern und Schülern geredet wurde. Welcher Ratgeber oder Höfling hätte genügend Freiheit besessen, um für den König die Rolle des (wahrheitsgetreuen) Klatschblattes zu übernehmen? Dazu bedurfte es obendrein einer gehörigen Portion Humor, mit dem sich bekanntlich vieles leichter sagen läßt. Und Humor besaß Guillaume ja nach Zeugenaussagen mehr als genug. Abgesehen von seiner Begabung, das Tagesgeschehen zu einem witzigen Spottlied zu verarbeiten, hatte er zudem eine Reihe von lustigen Geschichten, die er bei passender Gelegenheit einflechten konnte, in seinem Gedächtnis gespeichert. Sein Lieblingsbuch war das berühmte *Evangile des quenouilles*, eine Art Zitatenschatz mit Scherzsprüchen, Redensarten, Wortspielen und Karikaturen, aus dem Guillaume mit vollen Händen schöpfte, wenn ihm gerade die Phantasie ausging.[118]

Alle, die mit Guillaume Umgang hatten, beschrieben ihn als einen talentierten Erzähler, der mit einer üppigen und abstrusen Phantasie begabt war. Obwohl er seine bizarren Einfälle oft den Predigten der Ligisten entlieh, die er in seiner Jugend gehört hatte – beispielsweise von Rose, dem kleinen Feuillant oder dem volkstümlichen Feuardent, dessen Predigten vom Geist der Polemik erfüllt waren und oft genug in Überspanntheiten ausarteten –, besaß er zweifellos eine natürliche Veranlagung für diese Art von burlesken, lyrischen Erfindungen. Seine »vortrefflichen Visionen« versetzten selbst den Kardinal Du Perron, gleichsam ein Experte in Sachen Narretei, in Entzücken. Und ein anderer Zeitgenosse, der anonyme Autor einer kleinen Skizze mit dem Titel *Remonstrance de Pierre du Puis sur le Réveil de Maistre Guillaume*, weist auf eine andere Seite von Guillaumes Schlagfertigkeit hin: »Was er sagte, war dermaßen in umständliche Erklärungen, Entschuldigungen und Einschränkungen eingehüllt, daß man ihm niemals Vorwürfe machen konnte, außer dem, daß er mit einem Lächeln zubiß.«

Wie es der Tradition entsprach, verkehrte Guillaume mit dem König von gleich zu gleich. Er nannte ihn »Monsieur mon amy« und erlaubte sich in seiner Gegenwart die abfälligsten Äußerungen, erklärte er doch eines Tages öffentlich: »Wir leben in einem Königreich der Gaunerei.« Manche Anekdoten zeugen von einer wahrhaft unerhörten Unverfrorenheit. Da wir wissen, was von diesen Geschichten im allgemeinen zu halten ist, wollen wir nur eine einzige erzählen, die uns von Du Perron überliefert ist. Nicht weil die Anekdote dadurch glaubwürdiger würde – der Kardinal war ebenso zu Possen aufgelegt wie ein Berufsnarr –, sondern weil sie uns sehr aufschlußreich erscheint. Sie zeigt, worüber sich die aristokratische Gesellschaft nur 50 Jahre vor der Regentschaft Ludwigs XIV. amüsierte.

Der Graf von Soissons, so erzählt Du Perron, befahl Guillaume eines Tages, sich in den Louvre zu begeben und inmitten einer Gruppe Hofdamen die Hosen herunterzulassen. »Und sag ja nicht«, fügte der Graf hinzu, »daß die Idee von mir kommt, sonst setzt's Prügel. Wenn man dich fragt, antworte nur: Das hat mir meine Mutter beigebracht.« Unser Narr ließ sich nicht lange bitten und führte die Anweisung wortgetreu aus. Sofort entstand große Aufregung, die Damen erhoben sich schockiert, wandten den Blick ab und stürzten zur Tür. Eine von ihnen fragte den verrückten Narren schnippisch: »Wer hat dir denn solche Schändlichkeiten beigebracht?« – »Das war der Graf von Soissons«, stotterte Guillaume. Als der Graf aber, der ebenfalls anwesend war, um sich an der Verwirrung der Damen zu weiden, auf Guillaume zuging, um ihn zu züchtigen, verbesserte er sich: »Nein, nein, ich irre mich:

seine Mutter hat es mich gelehrt.« – So sahen also die feinen Sitten am Hof der Béarnais aus.

Und wenn Guillaume seinen Hintern dem ganzen Hofstaat samt der Königin gezeigt hätte, wäre der König dann etwa entsetzt gewesen? Keineswegs. Heinrich IV. hatte, gelinde ausgedrückt, nicht den wählerischsten Geschmack; er ergötzte sich weit mehr an einer Zote als an einem geistreichen Wort. Er behandelte Guillaume und Mathurine mit jener schulterklopfenden Vertraulichkeit, wie sie unter alten Waffenbrüdern herrscht. Er nahm seinen Narren überallhin mit, ließ ihn an seiner Tafel speisen und vertraute ihm bisweilen gewisse delikate Aufträge an. Als er ihn sogar zu seiner Abschwörung am 15. Juli 1593 in Saint-Denis einlud, fand Guillaume Gelegenheit, sich ziemlich schlecht zu benehmen. Man erzählt, daß er während der ganzen Zeremonie ständig dem Klerus die Zunge herausstreckte. Ein andermal, im Oktober 1595, befand er sich mit dem König in Amiens, wo Heinrich IV. mehrere Delegierte empfing, die ihm ihre Huldigungen darbrachten. Unter den Gästen befand sich auch ein Gesandter aus der Bretagne, dessen Lobreden kein Ende nehmen wollten. Der König bat ihn zweimal aufzuhören, doch er redete unbeirrt weiter. Schließlich war Heinrich IV. mit seiner Geduld am Ende und ließ ihn mit den Worten stehen: »Den Rest könnt Ihr Meister Guillaume erzählen.«

Obgleich die Erziehung des Narren recht vernachlässigt worden war, machte ihn seine Vertrautheit mit dem König in der besten Gesellschaft zum gerngesehenen Gast. Er wurde von der Familie La Guesle empfangen, die zu den angesehensten des Reiches gehörte, und unterhielt herzliche Beziehungen zum Kardinal Du Perron, zum Herzog von Vendôme und zu anderen hochrangigen Persönlichkeiten, denen daran lag, sich das Wohlwollen des königlichen Possenreißers zu erhalten.

Am 14. Mai 1610 jagte Ravaillac dem König seinen Dolch ins Herz. Guillaume stand seinem Herrn in der letzten Todesstunde bei und hat wohl bei seinem Tode aufrichtigen, tiefen Schmerz empfunden. Aber gleichzeitig wurde er von beängstigenden Fragen gequält: Was sollte nun aus ihm werden? Würde er weiter sein Gehalt beziehen? Glücklicherweise dachte der damals neunjährige Ludwig XIII. gar nicht daran, den Narren wegzuschicken. Er kannte ihn ja schon lange, eigentlich buchstäblich seit seiner Geburt, denn Guillaume war bei der Niederkunft der Königin Katharina von Medici zugegen gewesen. Das war damals kein besonderes Privileg: Die Sitte wollte, daß die französischen Thronfolger vor einem großen Publikum zur Welt kamen. So drängten sich an die 200 Personen im Schlafzimmer der Königin, als sie ihren

Sohn gebar. Und als die Hebamme Madame Boursier wegen dieser Ansammlung murrte, sagte Heinrich IV., indem er ihr auf die Schulter klopfte: »Sie still, Hebamme, sei still, ärgere dich nicht, dieses Kind gehört allen, und so sollen sich auch alle daran erfreuen.«[119]

Der Thronfolger hegte anfänglich wenig Sympathie für Meister Guillaume. Wie viele Kinder empfand er eine spontane Abneigung gegen alles, was ihm ungewöhnlich vorkam: »Er hegte einen instinktiven Haß auf die Spaßmacher und Gaukler«, schrieb Héroard, der auch folgende bezeichnende Anekdote berichtet, die sich am Donnerstag, dem 10. Juni 1604 zutrug (das Kind war drei Jahre alt): »Um 2 Uhr, nachdem er gegessen und gespielt hatte und in den Königssaal zurückgebracht worden war, ließ er einen einbeinigen Krüppel, der Flageolett spielte, mit den Worten entfernen: ›Werft ihn hinaus, er soll spielen, aber ich will ihn nicht sehen.‹« Ludwig ertrug auch Olyvette, die Närrin von Madame de Bars, und Guillaume nicht, er mochte diese Art Narren überhaupt nicht. Es versteht sich, daß der Begriff »Narr« schon lange jede psychopathologische Bedeutung verloren hatte und nur noch die berufsmäßigen Possenreißer bezeichnete, wie wir sie ebenfalls kennen. Das Kind lehnte Guillaume also nicht aus den gleichen Gründen ab wie den verkrüppelten Musiker. Was ihn an dem Narren erschreckte, war nicht seine mentale Absonderlichkeit, sondern seine ausgefallene Kleidung, oder vielleicht noch einfacher: sein Aussehen. Zu einer Zeit, in der alle Männer Bärte trugen, mußte Guillaumes bartloses Gesicht und sein Kahlkopf die Vorstellungskraft des Kindes verwirren. Als der Kleine wenig später einem anderen kahlen, bartlosen Mann begegnete, sagte er zu seiner Kinderfrau Madame de Montglas: »Mamanga, der Mann sieht aus wie Meister Guillaume.«

Diese anfängliche Abneigung währte jedoch nicht lange. Der Narr brauchte nur einige Monate, um sich seinem jungen Herrn vertraut zu machen. Héroard, eine unserer wichtigsten Quellen, was die Kindheit und Jugend von Ludwig XIII. angeht, berichtet am 16. September des gleichen Jahres, daß das Kind Meister Guillaume »betrachtete, ihm zuhörte und über seine Worte lächelte, als hätte er begriffen, daß er närrisch sei. Das Kind kicherte und sprach die Worte lächelnd nach.«[120] Von nun an hörte Ludwig XIII. mit Vergnügen zu, wenn Guillaume ihm auf seine Art Geschichten erzählte.

Einige Jahre später gab man dem Elfjährigen ein kleines satirisches Stück mit dem Titel *Le voyage de M. Guillaume en l'autre monde vers Henri le Grand* zu lesen.[121] Der Verfasser stellt sich darin vor, wie Meister Guillaume sich ins Jenseits begibt, um den guten König Heinrich wiederzusehen. Auf seinem Wege begegnet er einer Reihe von Personen, denen er seine scharfzüngigen Bemerkungen an den Kopf wirft. Endlich steht Guillaume vor dem verstorbenen König, der ihn fragt, was es im Königreich, bei seiner Familie und seinen Freunden Neues gebe. Guillaume setzt ihm auseinander, daß es im Königreich nicht zum besten stehe, und fleht ihn an, zurückzukehren und ein wenig Ordnung zu schaffen. »Die Kirche sehnt Euch herbei, der Adel verlangt nach Euch, und das arme Volk ruft nur nach Heinrich dem Großen. (...) Alles weint, alles jammert, alles klagt, und es gibt kein anderes Mittel, die Menschen zu trösten, als daß Ihr aus dem Jenseits zurückkehrt (...) Kommt! Bastien wird Euch Melonen schenken, Roquelaure Bayonner Schinken, M. de Nevers Hühner aus dem Wald von Cassine, M. de Guise Feigen aus Marseille, M. de Vandosme Austern aus Cancale, M. de Boisdauphin Pflaumen aus Tours und M. de Lavardin fette Kapaune aus Mayne. Guérin und ich werden ein Ballett tanzen.« Heinrich IV. erwidert jedoch, daß es ihm unmöglich sei zurückzukommen, da man die Wasser des Acheron nicht zweimal überqueren könne.

Wie man sieht, handelt es sich um eine wohlgesetzte Lobrede auf die Tugenden des verstorbenen Königs, die gleichzeitig eine kaum verhüllte Schmeichelei für seinen Nachfolger darstellt, der für Huldigungen an seinen Vater stets empfänglich war. Die Satiriker schickten den Narren Guillaume so häufig auf die Reise in die Schattenwelt (es gibt eine Unzahl von Schriften zu diesem Thema), daß man am Ende fast glauben konnte, der Narr würde stets wieder ins Diesseits zurückkehren. Eines Tages aber kam er nicht zurück. Über die Frage, wann sich dieses traurige Ereignis zutrug, wurden einst verschiedene Mutmaßungen aufgestellt, die im Grunde alle nicht überzeugen. Fest steht nur, daß Guillaume 1620 noch lebte, weil er in diesem Jahr noch seine Pension von 1800 Pfund bezog. Doch an sich ist das Datum ohne Belang. Interessanter ist, daß das Bild des Narren die reale Person mehr als ein halbes Jahrhundert überdauerte. Diese (relative) Unsterblichkeit verdankte Guillaume natürlich den unzähligen Pamphleten, der er verfaßt oder zumindest inspiriert und zu seinen Lebzeiten auch vertrieben hatte. Durch diese Schriften wurde Guillaume in Frankreich zu einer fast ebenso berühmten Gestalt, wie es Pasquin in Rom oder später Père Duchêne in Paris waren. Hinsichtlich des Reichtums und der Vielfalt ihrer Themen geht diese Literatur jedenfalls weit über die lebende Person hinaus, die sie inspirierte.

Im Spiegel der Schriften, die Meister Guillaumes Zeichen tragen, werden 20 Jahre politischer und religiöser Kämpfe wieder lebendig. Nicht wie die Geschichtsschreiber sie darstellten, sondern wie die kleinen

Leute von Paris sie erlebten – mit aller Schalkhaftigkeit und Spottlust, deren sie fähig waren. Diese Pamphlete unterrichten uns über die großen Nöte ihrer Zeit und sind gleichzeitig ein unvergleichlich lebendiges, pittoreskes und schwungvolles Zeugnis dafür, wie der kleine Mann auf der Straße das 17. Jahrhundert sah. Nur wenige Zeitgenossen sind der Scharfzüngigkeit des Narren bzw. derer, die sich hinter seinem Namen verbargen, entgangen. Nur der König, sein »bon amy«, war Gegenstand unabläßlicher Schmeicheleien. Freilich kam es auch vor, daß der Narr ihn ungewollt freundschaftlich persiflierte, wie z. B. in den seltsamen *Commandements de Maistre Guillaume*. In diesen 29 Geboten erlaubt sich Guillaume, den König in Regierungs- wie Privatangelegenheiten zu belehren. Zur Erbauung des Lesers seien einige zitiert:

Du sollst kein Ketzer sein,
weder in deinen Taten noch im Geiste.

Du sollst ein guter Katholik sein
in deinem Denken und Handeln.

Die Kirche sollst du ehren,
sie wieder aufbauen.

Dein Volk sollst du entlasten
von Forderungen und Steuern.

Die Gerichtsbarkeit sollst du reformieren,
die dein Volk verschlingt.

Den Adel sollst du züchtigen,
der sich so leichtfertig zankt.

Die Tugend sollst du wiedererwecken,
die alle Tage dahingeht und stirbt.

Die Frau eines anderen sollst du zurückgeben,
die du ohne Recht behältst.

Und die deine sollst du lieben,
wenn du weise leben willst.

Alle Schulden sollst du zahlen,
die du mit Recht zurückerstatten mußt.

Die Ämter sollst du nicht mehr verkaufen,
sonst wird's dein Untergang sein.

Du sollst nicht mehr geizig sein
und großzügiger geben.

Den Jesuiten sollst du nicht vertrauen,
wenn du deinem Parlament glaubst.

Die Kuppler sollst du verjagen,
außer den armen Engoulevent.

Die Huren sollst du nicht mehr aufsuchen,
wenn du länger leben willst.

Pagen und Lakaien sollst du auspeitschen lassen,
die mich so sehr quälen.

Meister Guillaume sollst du glauben,
und daran wirst du weise tun.[122]

Die Geschichte vom *Soldat français* ist sicherlich die bekannteste der
zahlreichen Streitschriften, bei denen Guillaumes Feder im Spiel war.
Ohne auf die Einzelheiten dieser ziemlich verworrenen Polemik eingehen zu wollen, sei nur soviel gesagt, daß sie die Befürworter eines
Kriegs gegen Spanien und die Friedensanhänger gegenüberstellt. Zu
letzteren gehörte auch der Narr des Königs, der ein glühender Verfechter der pazifistischen Partei war und Argumente der Vorsicht und des
gesunden Menschenverstandes für sie anführte, das Ganze gut gewürzt
mit einer gehörigen Portion Sarkasmus. In einem dieser Pamphlete erzählt Meister Guillaume, daß er in den Himmel gestiegen sei und dort
Moses getroffen habe, der ihm – ganz im Vertrauen – gestand, daß Gott
derselben Meinung sei wie er: Der Krieg sei vollkommen unnötig, und
das französische Königreich solle dieses Risiko nicht eingehen. »Also
kein Krieg«, schloß er, »und wir werden reicher sein als der König von
Yvetot und Muße haben, unser Reich zu reformieren. Wir jagen die
Pagen und Lakaien (sein rotes Tuch! d. Vf.), die Schutzleute und
Steuereintreiber davon und erlassen ein Edikt, daß es nur noch einen
Glauben, ein Gesetz, einen König und einen Meister Guillaume in
Frankreich gibt und daß von nun an alle mit Frankreich Unzufriedenen
nach Kanada gehen sollen.«[123] An anderer Stelle geht Guillaume auf die
Maulhelden und Kriegstreiber ein, die Heinrich IV. zu Kampfhandlun-
gen drängen wollen: »Soldat aufs Geratewohl, dein Geschwätz riecht
stark nach Küche. Du würdest besser in eine Schenke, in irgendein Bor-
dell oder in die Ecke eines Burgunder Gasthofs passen als auf das Mars-
feld (…) Glaub mir, mein Herr und guter Freund sucht keine Leute wie
dich für seinen Dienst.«[124] Auch sonst waren ihm alle Mittel recht, um

die Gemüter für die Sache des Friedens zu gewinnen. Als bestes Mittel aber empfiehlt sich – nach wie vor – das »Lob der Feigheit«, das jedem nahelegt, ruhig bei sich zu Hause zu bleiben. Genau das besagt folgendes Couplet:

> *Pour moy, je consens librement,*
> *Qu'on s'estrille tout chaudement,*
> *Pourveu que les coups ne m'approchent*
> *Ou bien que me prenant au pois*
> *Pour un cochon de quinze mois,*
> *Quelques affamés ne m'embrochent.*[125] *

Meister Guillaume mischte sich übrigens noch in tausenderlei andere Dinge ein: Er griff in die Zwistigkeiten zwischen dem Papst und den Venezianern ein, erklärte sich zum Gegner der Verordnung von 1609 über das Münzwesen, sagte, was er von der Sache der »unzufriedenen« Fürsten, von der Belagerung Montaubans und von der Reform der Franziskaner hielt, und spottete über die Anmaßung des englischen Königs, seinem Titel noch den des »Königs von Frankreich« anhängen zu wollen. Zum tragischen Ende von »Monsieur mon amy« fiel ihm dagegen nur ein kurzes Stück von sieben Zeilen ein. Diese Schrift, *Les Regrets lamentables de M. Guillaume sur l'assassinat du Grand Henri IV* (Lyon 1611), beginnt folgendermaßen:

> *Ha mort! cruelle mort!*
> *Tu as ravi mon sort*
> *Qui me fera sans fin*
> *Pleurer jusqu'à ma fin.* **

Offensichtlich hat der tragische Tod von Heinrich IV. die Inspiration unseres Narren nicht sonderlich beflügelt.

Eines der geläufigsten Themen dieser Literatur ist die Trauer um die »gute alte Zeit«. Meister Guillaume tritt als einer jener *laudatores temporis acti* auf, wie sie von der volkstümlichen Weltanschauung geschätzt werden. Bei jeder Gelegenheit scheint er zu jammern: »Früher war alles soviel besser; unsere Sitten verwildern immer mehr.« Von seinen zahlreichen Reisen ins Jenseits bringt Guillaume für gewöhnlich

---

* Ich für meinen Teil hab nichts dagegen,/ wenn man sich das Fell über die Ohren zieht,/ solange mir die Schläge nicht zu nahe kommen;/ außer daß mich, meinem Gewicht nach,/ ein paar Ausgehungerte für ein frisches Ferkel halten,/ das sie sich am Spieß braten wollen.

** O Tod! Grausamer Tod!/ Du hast mich meines Glücks beraubt,/ Ohne Unterlaß/ Läßt du mich weinen bis an mein Ende.

bloß ein Bündel desillusionierter Feststellungen über das gegenwärtige Zeitalter mit. Seine Besuche bei »Monsieur mon amy« jenseits des Grabes schüren das Heimweh nach einer Epoche, die nicht so fern liegt, aber im Vergleich mit der späteren Zeit als verlorenes Paradies erscheint. Außerdem verleiht seine außergewöhnliche Fähigkeit, den Styx nach Belieben in beiden Richtungen zu überqueren, unserem Narren gewissermaßen eine übernatürliche Dimension:

> *Si je vis et meurs quand je veus,*
> *Messieurs, ne le trouvez estrange.*
> *Je vas, je viens, je veus, je peus:*
> *Maistre Guillaume müe et change.**

Man kann sich denken, daß ein mit solcher Macht begabter Mensch auch über eine ungewöhnliche Weisheit verfügt:

> *Les sept sages Docteurs furent jadis à Rome.*
> *M. Guillaume icy le huitiesme accomplit*
> *Qui d'un grade plus hault les fait mettre en oubly*
> *Pour sagesse et folie avoir en sa personne.*[126]**

Wie wir bereits gesehen haben, war die Figur des Guillaume auch ein wirksames Mittel der Polemik. Es gab viele, die ihm ein Dorn im Auge waren, nicht zuletzt, versteht sich, die Jesuiten. Guillaume verzieh diesem Orden nicht, daß er König Heinrich in die »Seen seiner honigsüßen Religion« gelockt hatte, und hätte es gerne gesehen, wenn alle Jesuiten außerhalb Frankreichs leben müßten. »Geht nach Rom und bittet um Verzeihung für all die Übel, die ihr uns bereitet habt«, ruft er erregt in dem kleinen Heft *La Passe-temps de M. Guillaume* (1611), das in den Augen von Pierre de L'Estoile »reines Gefasel« war. Es kam jedoch auch vor, daß er die Jesuiten verteidigte, wenn es zum Vorteil der königlichen Politik war, deren Grundsätze unter allen Umständen sein höchster Maßstab blieben. Niemals ist er von dieser Haltung abgewichen. Als die sogenannte *Anti-Coton*-Affäre ausbrach, die nach dem anonymen Pamphlet heißt, das sich gegen den Jesuiten-Beichtvater von Heinrich IV., Coton, richtete und nur mit den Initialen P. D. C. unterzeichnet war (vermutlich Pierre du Coignet), verfaßte Guillaume sofort

---

* Wenn ich lebe und sterbe, wie ich will,/ meine Herren, findet das nicht verwunderlich./ Ich komme, ich gehe, ich will, ich kann,/ Meister Guillaume verwandelt und verändert sich.
** Sieben weise Doktoren waren einst in Rom./ Meister Guillaume stellte den achten,/ der sie als Größter alle in den Schatten stellte,/ weil er Weisheit und Narrheit in seiner Person vereinigte.

eine scharfe Replik. Zuerst tut er so, als würde er überlegen, was die Initialen bedeuten, und schlägt dann verschiedene Möglichkeiten vor: »Père de Calomnie? (Vater der Verleumdung), Piqueur des Catholiques? (Katholikenfresser), Passevolant de Charenton? (Strohmann von Charenton) oder Plein de cruauté? (Voller Grausamkeit), Pas de cervelle? (hirnlos), Point de conscience? (gewissenlos)...«[127] In einer anderen Publikation erzählt er, er habe den Verfasser des *Anti-Coton* getötet und zum Teufel gejagt:

> Cy-gist Monsieur l'Anticoton
> Dans la terre jusqu'au menton,
> Par le bras de maistre Guillaume
> Qui en a purgé ce royaume.[128]*

Weitere Opfer seiner satirischen Ader waren die Emporkömmlinge aller Schattierungen, vor allem jene unbedeutenden Habenichtse aus dem Volke, die sich in die Politik einmischen und bei den Staatsangelegenheiten mitreden wollten. »Jeder möchte im Louvre Einzug halten«, entrüstet sich Guillaume, »alle lechzen danach, um jeden Preis groß zu werden. Die schmutzigsten und elendigsten Schwätzerinnen wollen ihre Nase überall hineinstecken und für ihre Männer Staaten erhandeln, ja sie reden sogar über den Krieg mit.«[129] Obgleich Guillaume das Bewußtsein des Volkes symbolisiert, brandmarkt er diejenigen, die versuchen, ihrer elenden Lage zu entkommen. Jeder an seinem Platze: Das war seine Gesellschaftsethik. Wehe dem, der seinen Bauernkittel gegen den Wams eines Hofmanns eintauschen möchte!

> Hélas! pendant le temps passé
> Cela du Louvre estoit chassé,
> Et recevoit de tous les Gardes
> Plus de cent coups de hallebardes;
>
> Mais maintenant, si les païsans
> Sont habillez en courtisans,
> Qu'ils n'ayent qu'un esprit de busche,
> Pourveu qu'ils soyent vestus de pluche,
>
> Seront de chacun honorez
> Et mesme aux Princes préférez;
> J'en sçay de qui les viles races
> N'ont jamais porté que besaces,

---

* Hier ruht Herr Anticoton/ in der Erde bis zum Kinn,/ niedergestreckt von Meister Guillaume,/ der das Königreich von ihm gesäubert hat.

Qui font ici florir leur nom
Et qui se donnent le renom
D'avoir à toutes les batailles
Despensé leurs derniers et mailles

Au service de nostre Roy.
Mais ja vous jure sur ma foy
Qu'ils n'ont point monstré leurs merveilles
Que dedans les vaisseaux de Marseille.[130] *

Der Mord an Concini am 24. April 1617 versetzte unseren Pseudo-Meister-Guillaume in einen wahren Freudentaumel. Man muß allerdings hinzufügen, daß der Marschall d'Ancre der meistgehaßte Mann Frankreichs war. Zu seinen Lebzeiten wie nach seinem Tode rief er eine wahre Flut von Schmähschriften hervor. Die von Guillaume unterzeichneten Spottschriften sind wie gewöhnlich höchst vergnüglich, wenngleich immer eine Portion Fremdenhaß dabei ist. Aber auch das gehörte zur Figur Guillaume. »Nun denn, ade!« ruft er aus, als er die gute Nachricht vom Tode Concinis erfährt, »verschwindet in Eure Länder und kommt niemals wieder zurück, um hier das Gesetz zu diktieren; denn wenn Ihr jemals wiederkommt, wird man Euch gehörig die Meinung sagen.«[131]
Ein anderes kleines Buch zu demselben Thema beschreibt, wie Guillaume durch die Schenken von Paris zieht und seine Freude mit jedem teilt, der ihm über den Weg läuft: »Ich habe den König glücklich gesehen. Ich bin überall herumgelaufen, zu den Kartenspielern, den Ballspielern, in die Schenken und Kneipen, ich war in der *Pomme de pin*, im *L'Escritoire*, im *Le Petit diable*, im *Le Pigeon blanc*, im *Grosse teste*, im *Escrevisse* und in anderen. Und da habe ich gehört, wie die Küchenmeister, Bratenköche und Küchenjungen den Marschall d'Ancre verfluchen.« Nach diesem ausgelassenen Zug durch die Stadt steigt Guillaume in die Hölle hinab, um die baldige Ankunft des Marschalls zu melden und ihm ein gutes Feuer bereiten zu lassen. Dann verfaßt er folgenden Nachruf auf ihn:

---

* O weh! In vergangenen Zeiten/ wurde so was vom Louvre verjagt/ und erhielt von allen Wachen/ mehr als hundert Hellebardenstöße;
Wenn jetzt die Bauern/ wie Höflinge gekleidet sind,/ selbst wenn sie nur einen Holzkopf haben,/ aber im Plüschgewand daherkommen,
Werden sie von jedem geehrt/ und sogar den Fürsten vorgezogen;/ ich kenne welche, deren niedrige Sippschaft/ immer nur den Bettelsack getragen hat.
Hier putzen sie ihren Namen auf/ und geben sich den Anschein,/ in allen Schlachten/ ihren letzten Heller und Pfennig verausgabt zu haben
Im Dienste unseres Königs./ Aber ich schwöre Euch bei meinem Glauben,/ daß sie ihre Schätze höchstens/ auf den Galeeren hergezeigt haben.

Beuvez, chantez, François, menez réjouyssance.
Ici-gist englouti le malheur de la France.
Le Catiline est mort. Que te soucyes-tu, France:
Aucun à l'advenir ne te fera nuisance.[132]*

So vibrierte Guillaumes Feder, schlug mal hier, mal da zu, wie es das Zeitgeschehen gerade verlangte, ähnlich wie die satirischen Zeitungen heutzutage. Jeder Hieb war erlaubt, vorausgesetzt, er war amüsant. Die grausamste Bemerkung ging durch, wenn sie nur mit einer Pointe, einem Witz oder einem Wortspiel endete. Unter diesem Gesichtspunkt betrachtet, waren die Meister Guillaume zugeschriebenen Texte sehr unterschiedlicher Qualität: Einige sind ausgezeichnet, andere guter Durchschnitt oder mittelmäßig und wieder andere sogar wirklich schlecht. Schon diese Unterschiedlichkeit beweist, daß sie nicht alle aus einer Feder stammen können.

Zu den politischen Vorstellungen des Narren muß man sagen, daß Guillaume niemals große Risiken einging. Meistens schloß er sich der großen Mehrheit an und bemühte sich, ihr nach dem Munde zu reden. Wenn die Volksmeinung selbst gespalten war, wie in der Frage der Jesuiten, scheute er sich nicht, seine Schläge mit dem Narrenzepter mal zur einen mal zur anderen Seite auszuteilen, auch auf die Gefahr hin, sich zu widersprechen. Allerdings verlor er dabei niemals die Einstellung des Königs aus den Augen. Denn wenn es einen Willen gab, dem Guillaume niemals widersprochen hätte, so war es der Wille seines Gebieters. Der König seinerseits hätte schwerlich einen ergebeneren und einflußreicheren Verbündeten zur Unterstützung seiner Politik finden können als Guillaume. Weit davon entfernt, seine Meinung zu verbergen, erklärte der Narr jedem, der es hören wollte, daß die Unterwerfung unter den König die oberste Aufgabe aller Franzosen, gleich welcher Herkunft, sei. In einer beißenden Parodie auf die Submissionsbedingungen, die die drei Stände 1614 den *États Généraux* unterbreiteten, legte er dem Adel folgende Ansprache an den König in den Mund:

> *...Nous vous servirons tous*
> *Sans que plus rien nous mescontente*
> *D'obtenir des bienfaits de vous*
> *Plus par devoir que sur l'attente.*[133]**

---

* Trinkt und singt, Franzosen, seid frohgemut./ Hier liegt Frankreichs Unglück begraben./ Der Catilina ist tot. Was sorgst du dich, Frankreich:/ In Zukunft wird dir keiner mehr schaden.

** Wir werden Euch alle dienen/ ohne länger unzufrieden zu sein,/ daß wir Wohltaten von Euch/ wegen unserer Pflichterfüllung, nicht aber aus Anspruch empfangen.

Und im *Alphabet moral de Maistre Guillaume* ruft er mit mannhafter Beredsamkeit zur Vereinigung aller Untertanen unter ihrem Herrscher auf. Es handelt sich hier um eine wahre Propagandaschrift, die unmittelbar vom Louvre beeinflußt zu sein scheint. Sehen wir selbst:

> *Heureux est le sujet qui tient toujours la trace*
> *Que son Prince lui marque, et point ne la surpasse.*
> ....
> *Jamais un bon sujet n'a traversé son prince*
> *Ny un bon citoyen n'a troublé sa Province.*
> ....
> *Nous serons à jamais invincibles en France,*
> *Tant que nous vivrons tous en bonne intelligence.*
> *Les ennemis forains ne pourront rien sur nous.*
> *Mais si, folz insenséz nous venons à desmorde*
> *De ce lieu sacré qui nous tient en bon ordre,*
> *Sans faute s'en est faict et nous périrons tous.*
> *Offenser le repos et rompre la concorde,*
> *C'est mettre dans l'estat la guerre et la discorde.*[134]*

Der Zweck dieses Aufrufs ist eindeutig. Es geht natürlich darum, zur nationalen Versöhnung und Vereinigung des Landes beizutragen, indem Heinrich IV. als legitimer Herrscher aller Franzosen anerkannt wird. In der Vorrede zu dieser Sammlung von 24 Stanzen berichtet Guillaume, wie der König ihm auf einem Spaziergang in den Tuilerien folgende Rede hielt: »Meister Guillaume, mein Freund, es gibt nur eine Sonne auf der Welt, und es kann ihrer nicht zwei geben und ebenso nur einen König in Frankreich. Du hast gesehen, solange es mehrere gab, standen die Dinge nicht gut, doch jetzt, da ich allein bin, ist alles froh und munter, wie du siehst.« War Heinrich IV. schon zu seinen Lebzeiten ein legendärer Held, so wurde er nach seinem Tode gleichsam zur heiligen Instanz. Seine Worte aus dem Jenseits, obgleich nur durch eine phantasiereiche Fiktion vermittelt, gewannen die Unantastbarkeit eines Testaments. Sie glichen der Stimme des Vaters, der seinen Kindern seinen letzten Willen diktiert. Sich dieser Stimme gegenüber taub zu stel-

---

* Glücklich der Untertan, der immer die Spur hält,/ die sein Fürst ihm vorschreibt, und sie niemals verläßt./ ... / Niemals hat sich ein guter Untertan seinem Fürsten widersetzt,/ noch ein guter Bürger Unruhe in seiner Provinz verbreitet./ ... / Wir werden in Frankreich immer unbesiegbar sein,/ wenn wir alle in gutem Einverständnis leben./ Die fremden Feinde werden keine Macht über uns haben./ Wenn wir aber, in törichter Unvernunft, ablassen/ von diesem heiligen Ort, der uns in guter Ordnung hält,/ so ist es unweigerlich um uns geschehen, und wir werden alle zugrunde gehen./ Die Ruhe zu stören und die Eintracht zu brechen,/ heißt Krieg und Zwietracht in den Staat zu bringen.

len, wäre schlimmer gewesen, als ein Verbrechen zu begehen; eine Art Entweihung. Denn jeder Widerstand käme hier einem Bruch der Heiligen Allianz gleich, die den Monarchen mit seinen Untertanen verbindet. Um letztere an ihre Pflichten zu erinnern, griff man auf Meister Guillaume zurück, der populärsten Figur aus dem Volke. Wer hätte diese Vermittlerrolle auch besser erfüllen können als er? Darin zeigt sich wieder einmal, daß der Narr immer noch eine ungebrochene, lebendige Kraft im Bewußtsein der Allgemeinheit besaß.

Trotz der Stilunterschiede, die wir hervorgehoben haben, weist das unter Guillaumes Namen veröffentlichte Werk (diese Schriften verdienen den Titel »Werk« durchaus) eine überraschende Einheitlichkeit auf. Bemerkenswert ist erstens die Einheit der Hauptfigur, also der Gestalt Guillaume, die trotz der zahlreichen unterschiedlichen Verfasser eine durchgängige Gleichförmigkeit bewahrt. Niemals weicht sie von ihrer eigenen Wahrheit und Logik ab. Zweitens die Einheit des politischen Diskurses: Guillaumes Kühnheit erschöpft sich in der Sprechweise, während er auf der Ebene der Vorstellungen eine verblüffende Angepaßtheit an den Tag legt. Mit einem Wort: Meister Guillaume ist der Prototyp des ordnungsliebenden Kleinbürgers, der Verteidiger der »guten alten Zeiten«, der ungeachtet seiner Spottlust zum Moralisieren neigt und einen ausgesprochenen Fremdenhaß zeigt. Daran kann man den Abstand zu den Narren an den mittelalterlichen Höfen ermessen. Welch eine Veränderung seit der Zeit, in der der Narr die Scheinwelt zerbrach und die Wahrheiten von den Dächern schrie, gleichgültig ob sie angenehm oder unangenehm waren! Der Meister der Subversion – verkommen zum Mitläufer der Bourbonenideologie, welch ein Abstieg!

Vom Narren bleibt kaum mehr als der Titel ... und das Gehalt; aber von Narrheit keine Spur! Der Possenreißer ist vollkommen bieder geworden, von jener platten, dummen, endgültigen, gräßlichen Biederheit und satten Weisheit, die nur manchmal fette Blasen aufsteigen läßt, die man den »gesunden Menschenverstand« nennt.

Nicolas Joubert, genannt Angoulevent, vervollständigte das Trio der Spaßmacher, die am Hof von Heinrich IV. und Ludwig XIII. ihre Talente ausübten. Angoulevent war ein Narr besonderer Art. Im Gegensatz zu Mathurine und Meister Guillaume war er nicht »verbeamtet«, und sein Name tauchte nicht in den königlichen Gehaltslisten auf. Obgleich er also nicht dem Haushalt des Königs angehörte, besaß er einen Titel, um den ihn sicher viele beneideten, nämlich den Titel *Prince des Sots* (»Fürst der Dummen«). So hieß der Anführer der Narrenvereinigung *Enfants sans souci*, deren Hauptbeschäftigung gegen Ende des Mittelalters darin bestand, satirische und allegorische Stücke, soge-nannte *soties** aufzuführen. Diese Truppe aus jungen Gerichtsbeamten der Basoche und Söhnen aus gutem Hause hatte von Heinrich III. das Recht erhalten, ihre Auftritte auf Gerüstbühnen mitten auf den Markt-plätzen abzuhalten. Anderthalb Jahrhunderte später – ihre Blütezeit war unter Ludwig XIII. – lösten sich die *Enfants sans souci* mehr oder weniger freiwillig auf und schlossen sich mit der Bruderschaft der *Pas-sion* zusammen. Obwohl sie also zur Zeit Angoulevents nicht mehr existierten, hatte ihr Oberhaupt, der *Prince des sots*, einige Privilegien behalten, besonders das Recht, das ganze Jahr lang eine Loge im Thea-ter Hôtel de Bourgogne zu beziehen, dessen Haupteingang zu benut-zen und die Versammlungen der Meister, Verwalter und Schauspieler zu leiten. Dieses Theater, das sich 1680 mit der Truppe von Molière zur *Comédie Française* vereinigen sollte, befand sich damals an der Ecke der Rue Mauconseil und der Rue Neuve-Saint-François im Hallenvier-tel. Es gehörte der Bruderschaft der *Passion*, die den Saal allerdings an die Komödiantentruppe von Valleran le Conte vermietet hatte, da sie selbst keine Mysterienspiele mehr aufführte. Im Jahr 1604 entbrannte nun ein heftiger Streit zwischen den Schauspielern des Hôtel de Bour-gogne und dem *Prince des Sots*. Dieser Konflikt wuchs sich zu einem regelrechten Prozeß aus, der mehrere Jahre dauerte und erst 1608 durch den Gerichtshof von Paris entschieden wurde. Worum ging es dabei?

Der *Prince des Sots* hatte die Verpflichtung, an einem bestimmten Tag im Jahr einen triumphalen Einzug in Paris zu halten, wenn er nicht seinen Titel verlieren wollte. Bei diesem Fest, genannt *L'entrée sotte* (»der Narreneinzug«), mußte er sich in Freigiebigkeiten ergehen, Festmähler geben, Geschenke verteilen und die Narrengesellschaft auf seine Kosten bewirten. In einem Jahr glaubte nun der gute Angoule-vent, er könne sich dieser kostspieligen Verpflichtung entziehen. Das sollte ihn teuer zu stehen kommen. Die Bruderschaft der *Passion* hatte nämlich nur auf eine passende Gelegenheit gewartet, um sich dieser lästigen Person mitsamt ihren Privilegien entledigen zu können. Sie strengte also ein Gerichtsverfahren gegen Angoulevent an und ver-bündete sich mit zwei anderen Würdenträgern der Narrengesell-schaft: Macloud Poulet, »Wimpel der Dummheit«, und Nicolas Ar-nault, »Herold selbiger Dummheit«. Außerdem konnten sie Valleran le Conte, Komödiant und Leiter der Truppe des Hôtel de Bourgogne

---

* Kurze Possen, deren Figuren ein imaginäres *peuple de sots*, »Volk der Dummen«, darstellten (Anm. d. Ü.)

gewinnen. Le Conte ließ sich nicht lange bitten, den Narrenfürsten zu attackieren, was freilich eine Dreistigkeit ersten Ranges war, denn bekanntlich hatte er Angoulevent laufend Einfälle für seine eigenen Stücke gestohlen.[135]

Das Urteil wurde am Samstag, den 19. März 1605, gefällt. Der Stadtvogt von Paris erteilte Nicolas Joubert, »Sieur d'Angoulevent«, den Befehl, am kommenden 1. Mai in »angemessener Kleidung« (d. h. im Narrenkostüm) seinen »Narreneinzug« in Paris zu halten, wobei er mit seinen Offizieren, Helfern und Untertanen, »die ihm die gebührende Ehre zu erweisen haben, ansonsten sie seiner Gnade verlustig gehen, ihre Kappen einbüßen und keine Gage erhalten«, die üblichen Orte, Tore und Plätze zu passieren habe. Der Erlaß ermächtigte Angoulevent, alle seine beweglichen und unbeweglichen Güter zu verkaufen, um seine Ausgaben zu begleichen. Andernfalls würde er all seine Rechte verlieren: Seine Stelle als »Narrenfürst« würde für vakant erklärt, die Tür zu seiner Loge im Hôtel de Bourgogne bliebe ihm verschlossen, er müßte seine Waffen abgeben und seinen Kanzlern, Advokaten und Beamten würde verboten, die »von ihm ausgestellten« Kappen und Narrenzepter zu tragen.

Angoulevent erhob gegen das Urteil Einspruch und betraute den Advokaten Julien Peleus, einen der Staranwälte von Paris, mit der Verteidigung seiner Interessen. Angoulevent hätte keine bessere Wahl treffen können. Abgesehen von seiner überzeugenden Redegabe, war Peleus nämlich mit einer guten Portion Humor ausgestattet, ein nicht zu verachtender Vorteil in einem solchen Fall. Noch dazu (war dies Zufall oder ein Wink des Schicksals?) kam die Sache ausgerechnet am Aschermittwoch 1606 vor Gericht. So eine schöne Gelegenheit konnte der Anwalt natürlich nicht ungenützt verstreichen lassen. Er hielt ein einfallsreiches, verblüffendes Plädoyer, aus dem wir ein paar Auszüge bringen wollen:

In diesem Mann vereinigt sich alles, was ihn seines Fürstenstandes würdig macht. Denn geboren und genährt im Lande der Rindviecher, hat er niemals etwas anderes als die Philosophie der Zyniker studiert. Daher ist er nur in der Wissenschaft der niederen Wünsche bewandert. Er ist ein Hohlkopf, ein Windbeutel, der nicht mehr Verstand besitzt als ein Spazierstock. In seinem Hirn geht es drunter und drüber, keine Feder, kein Rädchen in seinem Kopf ist ganz, und sein Kopf verändert sich wie der Mond. Kurzum, und mehr ist dazu nicht zu sagen, er ist so dumm, daß man ihm zum Gott der Stoiker machen könnte. Deshalb hätte eine Obligation *in corpore* keinen Bestand. Man kann also nicht sagen, daß er nur aufgrund seines Amtes dumm ist; vielmehr gibt er alle Tage mehr als genügend Beweise seiner Dummheit.

Nachdem Peleus dann die Debatte auf die Funktion der Dummheit im Staate gebracht hatte, zögerte er nicht in vollem Ernst, laut und deutlich zu verkünden, daß sie unentbehrlich sei:

Ich behaupte, daß dieser Fürst nicht über seine Person verfügen kann; er ist nicht Herr seiner selbst. Seine Person gehört voll und ganz dem König und der Öffentlichkeit, denen er täglich in zwei sehr notwendigen und wichtigen Funktionen dient. (…) Jeder weiß, daß er die Leitung des Hôtel de Bourgogne sowie den Vorsitz über die öffentlichen Spiele innehat und daß die vergnüglichen und erbaulichen Spiele für den König und das Volk von seiner Fürstenwürde abhängig sind; – eine nicht nur unterhaltsame, sondern für den Staat dringend notwendige Pflicht (…) Der Vorgeladene ist weder ein Possenreißer noch ein Spieler – er ist der Präsident, der Fürst und Monarch der Spieler, Komödianten und Spaßmacher.[136]

Solch eine Rede mag uns heutzutage mit der Würde des Gerichtshofs unvereinbar scheinen. Das liegt daran, daß wir eine zu feierliche, steife Vorstellung von der Gerichtsbarkeit haben. Deshalb verblüfft uns die Mischung von Ernsthaftigkeit und Ulk, die die Rechtsprechung im Ancien Régime kennzeichnete. Wie hätten sonst Narrenvereinigungen wie die *Clercs de la Basoche* und die *Enfants sans souci* in diesen Institutionen entstehen können? Man muß dieses Phänomen in Zusammenhang mit der Religion und den drastisch-komischen Predigten sowie mit dem Paar König und Hofnarr sehen. Alles hat den Anschein, als ob gerade die ehrwürdigsten Institutionen – jene, von denen das Schicksal der Menschen unmittelbar abhängt: Monarchie, Kirche, Justiz – von selbst ihr eigenes lachhaftes Gegenbild hervorbringen würden, gleichsam als Kompensation, die für ihr Gleichgewicht und Funktionieren unerläßlich ist.

Aber kommen wir zu unserem Narren und seinem Prozeß zurück. Die burleske Verteidigungsrede von Maître Peleus hatte das Gericht überzeugt. Der Vogt hob das vorige Urteil auf und erkannte dem *Prince des Sots* seine Loge wieder zu. Nach umständlichen Prozeduren und langwierigen Debatten fällte das Gericht schließlich am 19. Juli 1608 das endgültige Urteil. Danach durfte Nicolas Jobert seinen Titel als *Prince des Sots* einschließlich aller Rechte behalten. Er wurde seiner Verpflichtung, den »Narreneinzug« in Paris zu halten, bis auf weiteres entbunden und erhielt gleichzeitig die Erlaubnis, am Aschermittwoch feierlich durch das große Tor ins Hôtel de Bourgogne einzuziehen, die Versammlungen zu leiten und das ganze Jahr über seine Loge zu verfügen.[137]

Angoulevent hatte also auf ganzer Linie gesiegt. Er war nicht nur einer kostspieligen Verpflichtung enthoben, sondern hatte auch seine Fürstenwürde der *Sottise* mitsamt allen Privilegien zurückgewonnen, die er bis zu seinem Tode behalten sollte. Gleichzeitig mit ihm fand auch der Brauch selbst ein Ende; Angoulevent hatte keinen Nachfolger. Der zehnjährige Ludwig XIII. bezeichnete dieses merkwürdige Fürstentum einmal treffend als »größtes Königreich der Welt«. Und ein andermal, als er noch jünger war, hielt er Angoulevent wegen seines Fürstentitels für ein Mitglied der Königsfamilie. Er pflanzte sich vor ihm auf und fragte: »Was seid Ihr im Vergleich zu Papa?« – Man wird sich erinnern, daß der kleine Prinz keine besondere Zuneigung zu den Possenreißern empfand. Während Meister Guillaume es fertiggebracht hatte, sein Vertrauen zu gewinnen, sollte dies dem armen Angoulevent niemals gelingen. Am Mittwoch, den 22. November 1606, notierte der treue Héroard, daß der Thronfolger den Narrenfürsten mit Fußtritten aus seinem Zimmer jagte, das dieser zu betreten gewagt hatte. Und als sein Kammerdiener ihm einige Tage später erzählte, Angoulevent sei nach Langres gereist und habe als Grund für die Reise »Geschäfte« angegeben, entgegnete Ludwig kühl: »Geschäfte? Haben denn Narren Geschäfte?«[138]

Diese wenigen Anekdoten zeigen, daß der *Prince des Sots* obendrein für den Thronfolger, wahrscheinlich auch für dessen Vater, das Narrenamt ausübte. Pierre de l'Estoile, immer erpicht auf kleine Straßenszenen, erzählt, daß Heinrich IV. eines Tages, genau gesagt: am 22. Januar 1604, in Begleitung von Pater Coton, dem berühmten Jesuiten, über den einst so viele Pamphlete verfaßt wurden und der inzwischen Beichtvater geworden war, den Louvre verließ. Als Angoulevent, der gerade vorbeikam, den König in angeregter Unterhaltung mit dem Schüler Loyolas sah, begann er aus Leibeskräften zu schreien: »Es lebe der König und Pater Coton!« Sogleich lief ein Hofmann herbei und schlug ihn mit dem Stock, um ihn zu lehren, daß er den König nicht in einem Atemzug mit einer anderen Person zu nennen habe. Am selben Abend noch machte ein Vierzeiler in Paris die Runde:

Autant que le roi fait des pas,
Le Pére Coton l'accompagne.
Mais le bon roi ne songe pas
*Que le fin coton vient d'Espagne.**

Wir kennen nur wenige Publikationen, die unter Angoulevents Namen erschienen sind; genauer gesagt: im Ganzen kaum ein Dutzend, die sich von den »Werken« Mathurines und Guillaumes durch ihren unpolitischen Charakter abheben. Eine dieser Schriften ist eine burleske Abhandlung über einen Mann, der in den ersten Monaten des Jahres 1613 Angst und Schrecken verbreitete. Er lief des Nachts mit einem Eisenhandschuh durch Paris und zerfetzte mit den Klauen den Frauen das Geschlechtsteil; er wurde *Le Tasteur* genannt.[139] Auch wurden Angoulevent ein paar »schmutzige« und »närrische« Satiren zugeschrieben, die nicht sonderlich auf sprachlichen Anstand achten.[140] Und schließlich kamen anläßlich seines Prozesses mit dem Hôtel de Bourgogne zwei kleine Hefte heraus, die sich gegen Macloud Poulet richteten, weil dieser sogenannte »Erzdumme« den Fürstentitel der *Sottise* für sich beanspruchte, als ihn der rechtmäßige Souverän beinahe verloren hätte. Eines dieser kleinen Bücher trägt den Titel *Défense du Prince des Sots, ou plaidoyer faict en Chastelet le 19 de mars pour Nicolas Joubert, sieur d'Angoulevent, prince des sots et premier chef de la Sottize de France, à l'encontre de Macloud Poulet, soi-di-sant seigneur de la Sottize* (1605, 19 Seiten). Auch die zweite Broschüre enthält eine giftige Attacke gegen den »Thronräuber« Poulet:

Je m'afflige de voir ta Majesté réduitte
Soubs la joug de celuy qui faict ceste poursuitte;
Je m'afflige de voir qu'un sujet de ta loy
Ne fasse point estat d'un prince tel que toy,
Foule aux pieds ta grandeur, et d'une gloire sotte
Te ravisse des mains ton sceptre et ta marotte,
Mesprise ton pouvoir et ne cherche jamais
*Que te contrefaire en tout ce que tu fais.***

---

* Wohin der König auch geht,/ Pater Coton begleitet ihn stets./ Der gute König denkt nicht daran,/ daß der feine *coton* aus Spanien kommt.
 A. d. Ü.: Wortspiel mit dem Namen *Coton* = Baumwolle
** Betrübt sehe ich deine Majestät/ unter dem Joch dessen, der die Anklage erhob./ Betrübt sehe ich, wie ein Untertan deines Reiches/ einen Fürsten wie dich nicht ehrt,/ deine Größe mit Füßen tritt und aus dummer Ruhmsucht/ deinen Händen Zepter und Kappe entreißen will,/ deine Macht mißachtet und nur versucht,/ allem, was du tust, zuwiderzuhandeln.

Darauf folgt eine schöne, bildreiche Beschreibung des elenden Widersachers, aus der wir einige Auszüge zitieren wollen:

Il a premièrement les sourcils retirez,
Les yeux plus que chats et les fous égaréz
Le front noirement jaune, ou la crasse s'escaille
Comme le plastre neuf sur la vielle muraille
....

Belle figure à voir, sa gorge est yvoirine
Comme un os que les chiens rongent à la cuisine;
Sa lèvre espoisse est jaune et son bec relevé
Comme sont les bourletz qu'on met sur le privé.
Aussy ne crois-je point qu'un retrait soit si salle,
Bien qu'il soit tout remply de matière fécalle,
Que peut être sa bouche, ou toujours il reçoit
Ce quy de plus vilain se prononce et se voit.
La face assez jaunastre oú, s'il a chaud, il colle
Une jaune sueur à la farine folle... [141] *

Wie seine närrischen Kollegen wurde Angoulevent bereits zu Lebzeiten zu einer populären Gestalt, derer sich die Polemiker nach Belieben in ihrem Sinne bedienten, ohne daß Angoulevent selbst etwas mit der Sache zu tun gehabt hätte. Wollte man die Gunst der Mehrheit gewinnen, war es gut, ihn auf seiner Seite zu haben. Bedienen sich nicht heute die politischen Parteien bei ihren Wahlveranstaltungen ebenfalls der Film- und Bühnenstars, die sich übrigens ihrer Rolle genausowenig bewußt sind wie damals die Narren? Die *Satire Ménippée* enthält eine *Epistre du sieur d'Engoulevent à un sien amy*, ein reines Propagandastück, an dem unser Narr selbstverständlich keinen Anteil hat. An anderer Stelle stellt ihn dieselbe *Satire Ménippée* in wenig schmeichelhaften Farben dar. Als Angoulevent bei einer Versammlung das Wort ergreifen soll, steht er nicht nur als Spion und verkommener Ligist, sondern auch als geistig Zurückgebliebener da, der nur Dummheiten von sich gibt, sobald er den Mund aufmacht. Agrippa d'Aubignée seinerseits beschreibt ihn in der *Confession du sieur de Sancy* als einen,

---

* Er hat erstens kaum Augenbrauen,/ Augen, verstörter als die einer Katze oder eines Irren,/ eine schwärzlich gelbe Stirn, von der sich der Schmutz schält/ wie neuer Gips auf einer alten Mauer/ (...) Ein schönes Gesicht! Sein Hals ist elfenbeinern/ wie ein Knochen, an dem die Hunde in der Küche nagen;/ seine dicken Lippen sind gelb und seine Zunge/ spitz wie eine Austernschale./ Daher glaube ich nicht, daß ein Abtritt,/ sei er auch voller Fäkalien,/ so schmutzig ist wie sein Mund, in dem alles aufgehoben ist,/ was an Dreck ausgesprochen wird und zu sehen ist./ Das Gesicht ist ziemlich fahl, und wenn ihm heiß ist,/ bedeckt mit gelbem Schweiß wie Mehlpapp...

dem die Anti-Hugenottin Mathurine die Syphilis angehängt habe. Das ist natürlich reine Bosheit, wenn auch nicht ganz unwahrscheinlich, denn Narr und Närrin genossen beide nicht den besten Ruf. Angoulevent galt als einer der größten Schürzenjäger von Paris. Und um das Bild abzurunden, beschuldigte ihn zu allem Überfluß ein Flugblatt, er ließe sich von seinen nächtlichen Eroberungen gerne bis aufs Blut auspeitschen. Angeblich hatte ihn die Frau eines Barbiers, die von seiner Vorliebe wußte, mit nach Hause genommen und sowie er nackt war, ihren Mann geholt, der sogleich kam und den Unglücklichen nicht nur peitschte, bis sein Hintern in Fetzen hing, sondern anschließend zum Fenster stürzte und mit lauter Stimme weithin hörbar schrie: »Oh, meine Freunde, schaut Euch diesen Luden an! Er wollte meine Frau verführen!«[142] Es wird erzählt, daß seine Hoheit wegen dieser *Sottise* gegen den Barbier Anklage erhob. Doch das Gericht, das einst so gnädig gegen ihn gewesen war, soll ihn diesmal für »gut gepeitscht« befunden haben. Natürlich muß man diese Geschichte nicht glauben, aber es gibt auch keinen Beweis, daß sie falsch ist.

Ein letztes Wort zum Namen Angoulevent, oft auch Engoulevent geschrieben, den heute noch ein in Universitätskreisen bekannter Verleger trägt. Dieser Name ist kein Narrenspitzname (wie Triboulet, Brusquet oder Chicot), sondern ein typischer Beiname der Mitglieder der Narrengesellschaften (wie Plate-Bourse, Pont-Alletz, Gayacte, Plat-d'Argent oder Malespargne), der auch dem Narrenfürsten der Basoche verliehen wurde. 50 Jahre vorher hatte Rabelais den königlichen Hauptmann Picrochole ebenfalls Angoulevent genannt, da dieser mit 300 berittenen Mann als Kundschafter vorausreiten sollte, um zu sehen »ob nirgendwo ein Hinterhalt gelegt sei« (Gargantua I, 26). Angoulevent ist also der, der »witternd vorausgeht«, oder wörtlich: »der Windschlucker«.[143]

Der Leser wird vielleicht der Meinung sein, daß wir die Königinnen zugunsten ihrer Ehemänner vernachlässigen. Das entspricht sicher nicht unserer Absicht. Aber was können wir dafür, wenn die Königinnen weniger Geld für die Unterhaltung des Narrentums opferten? Das mag vielleicht für ihre Sparsamkeit sprechen – aber nicht unbedingt für ihre Klugheit.

So weist nichts auf die Existenz eines Narren am Hofe von Maria von Medici hin, wohingegen Margarethe von Valois, deren Vorgängerin im Ehebett des Vert-Galant, einen Narren in ihren Diensten hatte. Dieser Tristan Guérin verband sein Narrenamt mit dem des Organisators der »kleinen Vergnügungen« und ließ sich »Audienzmeister« und »heiterer

Cathelot, die Närrin von Marguerite de Valois. Aquarellierte Zeichnung
aus der Schule von Clouet. Chantilly, Musée de Condé
(Foto: Giraudon).

Redner« der Königin Margarethe nennen. Im Gegensatz zu seinen Kollegen, die sich gerne mit reichen Gewändern ausstaffierten, hielt er es für schicklicher, sich in eine Soutane aus schwarzem Samt zu hüllen und eine viereckige Kappe zu tragen. In dieser Aufmachung hätte man ihn eher für einen Professor der Sorbonne als für einen Schüler des Momus halten können.

1605, also sechs Jahre nach der Annullierung ihrer Ehe mit Heinrich IV., ließ sich Königin Margarethe in Paris nieder. Sie zog zuerst ins Palais de Sens, dann an den Quai Malaquais, wo sie sich ein prunkvolles Palais errichten ließ, dessen Gärten sich die Seine entlang bis zur rue du Bac erstreckten. Von ihrem Fenster aus konnte sie den Louvrepalast am gegenüberliegenden Ufer sehen. Es war, als würden sich die beiden früheren Ehepartner, jetzt durch den breiten Fluß getrennt, weiterhin beobachten. Aber was sie wirklich trennte, war um vieles unüberwindlicher als die schmale Grenze des Flusses; es war eine ganze Lebenskultur. Welch ein Gegensatz! Während am Hof des Béarnais geradezu schockierend ungeschliffene, grobe Sitten herrschten, bot der Hof von Margarethe das Bild einer höchst kultivierten, ausgefeilten Lebensart. Die letzte Vertreterin der Dynastie der Valois hatte deren Sinn für Pracht und Größe geerbt. Sie liebte Literatur, Kunst, Feste und Musik, Tanz und schönen Schmuck, mit einem Wort: alles, was das Leben schöner und erfreulicher macht. Es war fast, als wäre in den stuckverzierten Sälen des Palais das Zeitalter der Renaissance in seinem vergangenen Glanz zu neuem Leben erwacht.

In einem Flügel des Gebäudes hatte die Königin einen Saal speziell für die Darbietungen des höfischen Balletts herrichten lassen. Es war ihr Anliegen, dieser Kunst wieder zu jener Blüte zu verhelfen, die sie einst unter der Regentschaft von Heinrich III. erlangt hatte, und ihre Darstellungsformen zu erneuern. Meister Guérin betätigte sich in diesem Theater als Inspizient. Als die Hausherrin 1609 das *Ballett de la Royne* aufführte, war er es, der sich um die Beschaffung der Gobelins kümmerte, »die gebraucht wurden, um die drei Zimmer der Königin am Tage des Balletts auszuschlagen«.[144] Übrigens ist allein dieses Detail der Inszenierung überliefert. Dafür wissen wir, daß sich am Rande der Aufführung einige politisch-amouröse Höhepunkte ereigneten. Tatsächlich verliebte sich Heinrich IV. an diesem Tag in Charlotte de Montmorency, und der spanische Botschafter, der nach Frankreich gekommen war, um über die Verbindungen zwischen dem französischen und dem spanischen Königshaus zu verhandeln, soll öffentlich den Botschafter von Venedig beschimpft haben. Dieser Zwischenfall zog angeblich mehr als 20 Duelle unter den Edelleuten, die ihn miterlebt hatten, nach sich.

Auch Charles Duret, Präsident von Chevry genannt, der oberste Kontrolleur, hegte eine Leidenschaft für das Ballett. Über ihn erzählte man sich folgende Geschichte: Als eines seiner Ballettwerke im Arsenal geprobt wurde, zeigte Sully auf ihn und rief bewundernd aus: »Dieses Ballett hat der Herr Präsident gemacht.« Guérin, der ebenfalls anwesend war, verbesserte ihn: »Verzeiht, mein Herr, nicht der Herr Präsident hat das Ballett gemacht – das Ballett hat den Herrn Präsidenten gemacht.« [145]

Unser Inspizient mit dem Narrenzepter gab sich nicht damit zufrieden, nur Dekoration und Requisiten heranzuschaffen; darüber hinaus produzierte er sich täglich selbst auf der Bühne. Er breitete vor der Königin Margarethe seine Hirngespinste aus, die, nach Sauval, »großen Gefallen daran fand«, obgleich Guérin »nicht mit lästerlichen Worten geizte«. Nach Aussage desselben Historikers (dem Verfasser der *Galanteries des rois de France*) übte Guérin sein Metier bis zum Tod seiner Herrin 1615 aus. Allerdings wurde er für seine Treue nicht belohnt, denn er selbst soll im Elend gestorben sein. [146]

Neuntes Kapitel

»Ein finsteres Vergnügen«

Mit diesem Kapitel beginnt der Niedergang des bestallten Narrentums. Wie wir bereits gesehen haben, ist dieser Verfall weniger ein gesellschaftliches Phänomen als ein Ergebnis der politischen Umstände. Er steht im Zusammenhang mit dem Aufstieg des Absolutismus, der sich unter Heinrich IV. allmählich herausbildete, unter Ludwig XIII. festigte und mit Ludwig XIV. seinen Höhepunkt erreichte. Freilich läßt sich nicht leugnen, daß auch die Entwicklung der Sitten, die ja nicht von jener der Institutionen zu trennen ist, ihren Teil dazu beigetragen hat. Eine Analyse Dreux du Radiers verdient unsere Aufmerksamkeit, auch wenn sie etwas übertrieben ist.

»Der Titel ›königlicher Hofnarr‹ hat seinen Glanz in dem Maße verloren, wie der Geist sich verbreitete und die höfischen Vergnügungen lebendiger und einfallsreicher wurden. Tänze, Schauspiele, Gesellschaftsspiele, glanzvolle Reisen, Galanterie und höfische Umgangsformen der Damen, prunkvolle Gastmähler und raffinierter, eleganter Luxus vertrieben die finsteren Vergnügungen von einst, das traurige Amüsement, sich die Langeweile durch die Scherze eines Unglückseligen vertreiben zu lassen, dem der Gebrauch der Vernunft versagt bleibt. Diese Vergnügungen fand man um so angenehmer, je weniger sie mit dem gesunden Menschenverstand übereinstimmten.«

Das sind typische Vorwürfe eines Gebildeten des 18. Jahrhunderts (der Text stammt von 1767), für den alles, was vor dem Absolutismus liegt, im Dunkel der Geschichte versinkt, und der deshalb die Narren als arme Schwachsinnige ansieht, die mitleidlos ausgelacht wurden. Wir wissen, was von dieser Einschätzung zu halten ist. Andererseits stimmt es, daß die Gesellschaft seit dem 17. Jahrhundert des Hofnarren überdrüssig wurde, ihn bereits als archaisches Relikt einstufte und sich eher gemeinschaftlichen Vergnügungen zuwandte, also dem Theater, dem Ballett, der Oper oder der Bretterbühne der Gaukler. Die eigene Entwicklung der Narrengestalt, die wir weiter oben dargestellt haben, ging übrigens in dieselbe Richtung: Der Narr trat immer mehr als eine Art »Variétékünstler« auf, der einem begrenzten Publikum seine eigenen Stücke vorführte. Aber greifen wir den Faden der Geschichte wieder auf.

Von Ludwig XIII. wurde behauptet, daß er für die Narren schwärmte und immer einen an seiner Seite hatte. Das ist sicher stark übertrieben. Die Narren, die wir kennen (Mathurine, Guillaume und Angoulevent), hatte er von seinem Vater geerbt, während die Karriere von Langely, von dem weiter unten die Rede sein wird, fast ganz in die Regierungszeit Ludwigs XIV. fiel. Vielleicht geht die Legende auf eine Ermahnung des alten Sully zurück. »Sire«, soll er gesagt haben, »Sire, wenn der König, euer Vater, Ruhm seinem Angedenken, mir die Ehre erwies, bei Staatsgeschäften meinen Rat einzuholen, ließ er als erstes die Gaukler und Komödianten wegschicken.« – An »Komödianten« dürfte es in den Gemächern des jungen Königs wahrlich nicht gefehlt haben, da er seit jeher eine ausgesprochene Vorliebe für das Ballett hatte. Auch wenn er selbst nicht mittanzte, ließ er keine Vorstellung im Arsenal oder bei irgendeinem Adligen aus. Von seinem 15. Lebensjahr bis zu seinem Tode war er der wahre Organisator und Leiter der Ballettaufführungen, die im großen Saal des Louvre stattfanden. Oft stammten sogar Handlung, Musik und Choreographie von ihm.

Was nun die »Gaukler« angeht, auf die Sully, der ehemalige Minister von Heinrich IV., anspielte, so handelte es sich nicht um Narren mit dem Narrenzepter, sondern um verschiedene Possenreißer, wie sie an allen Höfen Europas existierten. Bekanntlich unterhielt Ludwig XIII. vier prachtvoll gekleidete Zwerge, deren Namen überliefert sind: Pierre du Mont, Raphael du Bois, Edme Sané und Guillaume du Petit.[145] An dieser Geschichte war nichts Ungewöhnliches, nichts, was der üblichen Haushaltsführung eines Fürstenhofs widersprochen hätte, der darauf bedacht war, seine Stellung zu wahren. So erstaunt auch nicht, daß am Hofe von Ludwig XIII. ein Artist auftrat, der 800 Pfund Jahresgehalt bezog, oder daß der Vogelfänger und Hänflingspfeifer, Herr Abraham, jährlich 200 Pfund aus der königlichen Schatztruhe bezog. Um das Bild abzurunden, sei noch erwähnt, daß dieser Abraham bereits 1614 zur Unterhaltung des jungen Königs das Amt des »Zeisigzüchters« angetreten hatte. Dieser Posten wurde erst abgeschafft, als die Kanarienvögel am Hofe durch griechische Elstern ersetzt wurden.

Im Februar 1613 wohnte Malherbe einem Ballett bei, das er für höchst mittelmäßig befand. Ihm fiel nur ein junger Tänzer auf, dessen Namen er sich merkte. Malherbe schreibt: »Dieses Ballett war gar nichts. Das einzige, was gefallen konnte, war ein gewisser Marais, der ein Hirtenkostüm trug und einen als Hund verkleideten Mann führte, den er mit so liebenswürdigen Späßen zum Tanzen brachte, daß ich noch niemals, glaube ich, jemanden habe so lachen sehen wie die Königin.«[146] Wenig später trat Marais in einem anderen Ballett mit dem Titel *Le Triomphe de Minerve* auf und tanzte von da an bei allen Darbietungen des Hofballetts mit. Am 29. Januar 1617 übernahm er zum Beispiel die Rolle der Armide im *Ballet de la Délivrance de Renaud*, das Estienne Durand komponiert hatte (die Frauenrollen wurden damals im allgemeinen von Männern gespielt), während der König selbst die Rolle des Renaud übernahm. Seit seiner Volljährigkeit hatte Ludwig XIII. erst ein Mal eingewilligt, öffentlich aufzutreten. Vielleicht trat er diesmal auf, weil das Textbuch eine Reihe von politischen Anspielungen enthielt. So brachte es besonders den Wunsch des jungen Herrschers zum Ausdruck, sich von der Vormundschaft seiner Mutter zu befreien und sich in seiner ganzen Machtfülle vor dem Volk zu präsentieren.

Die meisten Ballettaufführungen begannen ziemlich spät am Abend und dauerten bis tief in die Nacht. Die Darbietung der *Délivrance de Renaud* fing wegen einer Verzögerung sogar erst um zwei Uhr an und endete gegen fünf Uhr früh. Das Publikum war begeistert. Freilich hatte man bei diesem prachtvollen Schauspiel an nichts gespart: Ein vierundsechzigstimmiges Orchester, 28 Violas und 14 Lauten begleiteten das Bühnengeschehen; eine bewundernswert perfekte Bühnenmaschinerie versetzte die Zuschauer in eine Märchenlandschaft mit Bergen, Felsen, Hainen, Gärten und Brunnen, die ihre Fontänen in mit Blumen bepflanzte Becken sprudeln ließen. Aus einer Quelle floh eine schöne Nymphe vor abstoßenden Ungeheuern mit Eulenköpfen und Krebs-, Schildkröten- und Schneckenleibern. Jede Szene brachte neue Wunder und Herrlichkeiten. Das Ballett endete mit der Apotheose des jungen Herrschers, der im Glanze seiner Jugend (er war kaum sechzehn Jahre alt) »auf der Spitze eines Pavillons aus edelsteinfunkelndem Goldgespinst« thronte, »umgeben von Höflingen, die sich ihm zu Füßen warfen, um seinen Tugenden zu huldigen«.[147]

Möglicherweise lernte Ludwig XIII. Marais bei einer der Ballettproben kennen, die mal beim Herzog de Luynes, mal bei der Königinmutter stattfanden. Oder hatte er ihn schon früher bei einem anderen Ballett kennengelernt? Jedenfalls waren der König und der Tänzer seit der *Délivrance de Renaud* unzertrennlich. Zweifellos waren sie sich durch ihre gemeinsame Leidenschaft für den Tanz nähergekommen. Außerdem konnte Marais sehr witzig sein. Er besaß ein ausgezeichnetes Nachahmungstalent und machte sich mit leichter, brillanter Ironie über jeden lustig. Man spürte bei ihm eine gewisse spielerische Ungezwungenheit, Sorglosigkeit und Lebensfreude, die mit dem mißtrauischen Gemüt des Königs kontrastierte. Buchstäblich geblendet vom Charme dieses Knaben, der alles besaß, was ihm fehlte, bat Ludwig XIII. ihn, an den Hof zu kommen, und ließ ihn an seinen Spielen und Festen teilnehmen. Bald wurde der Tänzer unentbehrlich; er war gleichzeitig Narr, Intendant und nicht zuletzt Günstling. Marais war am Hof mit zwei Musikern aus der königlichen Kapelle befreundet, Moulinier und Justice, über deren Benehmen in der kleinen Welt der Künstler, die für die Unterhaltung des Königs zuständig waren, ausgiebig geklatscht wurde. Da die beiden Musiker obendrein häufig die Ausübung ihrer Pflichten vernachlässigten, beschloß Ludwig XIII., ihre Bezüge auf die Hälfte herabzusetzen. Daraufhin dachte sich ihr Kollege Marais eine einfallsreiche Posse aus, die Tallemant in seinen *Historiettes* beschreibt: Die drei Freunde zogen sich nur zur Hälfte an und boten so bei der Abendaudienz des Königs einen kleinen Maskentanz dar. Der eine hatte nur ein Wams an, dafür keine Beinkleider, und umgekehrt. Auf die erboste Frage von Ludwig XIII., was das bedeuten solle, antworteten die drei im Chor: »Sire, Leute, die nur die Hälfte ihres Lohns erhalten, können sich auch nur halb bekleiden.« Ludwig XIII. fand den Einfall offenbar spaßig, denn er zog seine Verfügung zurück.[148]

Marais, Moulinier und Justice standen mit den jungen, freidenkerischen Dichtern ihrer Zeit in Verbindung. Saint-Amant erwähnte in seiner *Gazette du Pont-Neuf* sogar, daß »Marais die Bergamaskin tanzte«. Offenbar kannten sie auch Théophile de Viau, denn ihre Namen wurden bei einem Prozeß des Dichters erwähnt. Um zu beweisen, daß er einer von Pater Voisin angezettelten Verleumdungskampagne zum Opfer gefallen sei, gab Théophile de Viau in einer Aussage vom 21. Oktober 1624 an, daß Justice ihm all die schändlichen Behauptungen weitergesagt habe, die der Jesuitenpater über ihn verbreitet habe. Ferner habe ihm Pater Séguiran »in Gegenwart von Marais, Moulinier und Justice« bestätigt, daß Voisin einen langen Brief voller abscheulicher Lügen an den Kardinal La Rochefoucauld geschickt habe. Nun weiß man, daß Théophile de Viau hauptsächlich sodomitische Praktiken vorgeworfen wurden. Er selbst wehrte sich übrigens gegen diese Beschuldigung kaum. Man kann daher vermuten, daß sich um ihn – ebenso wie um Gaston d'Orléans, dessen Musiklehrer Moulinier war – ein ganzes Netz homosexueller Freundschaften und Heimlichkeiten spannte. Wahrscheinlich gehörten auch unsere drei Freunde zu diesem Kreis. Über die homosexuellen Neigungen von Ludwig XIII. bestehen heutzutage keine Zweifel mehr. Bleibt die Frage, ob der König nicht auch bei Marais der Faszination erlag, die bestimmte junge Männer auf ihn ausübten. Wenn ja, würde das Ballett *La Délivrance de Renaud*, in dem die beiden zwei Liebende spielten, eine verborgene Zusatzbedeutung erhalten: Zu der moralischen und politischen Allegorie, die vom

Komponisten Estienne Durand beabsichtigt war, käme noch eine von allen unbemerkte erotische Symbolik hinzu.

Nach Aussage von Tallemant – ein wandelndes Skandalblättchen – besaß der Tänzer und bestallte Hofnarr Marais ein ausgezeichnetes Nachahmungstalent, das jedem Vergnügen bereitete. Eines Tages sagte der König im Beisein des alten Herzogs d'Epernon zu Marais: »Mach mal Epernon nach, wenn er krank ist!« Marais ließ sich nicht lange bitten und ahmte Stimme und Aussprache des Herzogs nach; auch dessen starken Gascogner Akzent vergaß er nicht: »He da, Leute! Schafft mir Vlaise herbei!« (der Narr von Epernon) – »Herr, das geht nicht.« – »Was, ich bin ein Herr von Rang!« – »Aber Vlaise ist vor zwei Monaten gestorben.« – »Das macht nichts, holt ihn mir unter allen Umständen herbei.« Die Anwesenden hielten sich die Bäuche vor Lachen, so gelungen war die Imitation. Der Hauptbetroffene aber begnügte sich mit einem dünnen Lächeln. Der Alte war für sein jähzorniges Naturell bekannt, und es brauchte schon einige Kühnheit, um ihn in aller Öffentlichkeit zu verspotten. Nachdem der König gegangen war, bat Marais den Herzog um Entschuldigung, doch dieser winkte ab: »Nein, nein, ich habe niemals einen besseren Narren gesehen als Euch.«[149]

Ludwig XIII. besaß eine ausgesprochene Vorliebe für handwerkliche Tätigkeiten aller Art. In seiner schönen Biographie erinnert Pierre Chevallier daran, daß der König Borten nähen, Eisen schmieden, Körbe flechten, Teppiche knüpfen, Schnüre seilen und Pferde striegeln konnte und dazu ein ausgezeichneter Koch war. Pierre Chevallier vergißt nur das Barbierhandwerk, das der König zum Spaß an seinem teuren Marais ausübte, der sich willig von seinem Herrscher den Bart scheren ließ. Allerdings ging Ludwig XIII. mit dem Rasiermesser weniger geschickt um als mit der Bratpfanne. Seinem Opfer brach wohl mehr als einmal der Schweiß aus, wenn er sah, wie sich der königliche Barbier seinem Gesicht näherte. Eines Tages dauerte die Prozedur besonders lange, und der Ausübende stellte sich besonders ungeschickt an. Da stand Marais auf, kramte in seinen Taschen herum und zog 15 Sous hervor, die er dem König gab. Dieser protestierte zum Spaß: »Was, nur 15 Sous?« – »Ich werde Euch 30 geben, wenn Ihr Meister geworden seid«, lautete die Antwort. Der König fand diesen Ausspruch so lustig, daß er ihn am ganzen Hof herumerzählte. So kam er auch Richelieu zu Ohren, der die Worte allerdings für Majestätsbeleidigung hielt und den Narren entließ, um ihm Respekt gegenüber seinem Herrscher beizubringen. Diese Strafe mutet um so härter an, als Marais sich noch ganz andere Dinge gegenüber Seiner Majestät herausnahm. Hatte er doch eines Tages aus

heiterem Himmel zu ihm gesagt: »Es gibt zwei Dinge, an die ich mich in Eurem Beruf nie gewöhnen könnte.« – »Und das wäre?«, fragte der König. »Allein zu speisen und in Gesellschaft zu scheißen.«[150]
Als Ludwig XIII. einmal mit einigen Leuten aus seiner Gefolgschaft in der Umgebung von Saint-Germain-en-Laye spazierenging, bemerkte er einen Bauern, dessen schlaues und zugleich naives Gesicht ihm gefiel. Ludwig wollte sich amüsieren, ließ den Mann daher näherkommen und redete mit ihm über die Äcker, Pflanzen und Jahreszeiten. Der andere wußte nicht, mit wem er es zu tun hatte, und antwortete ihm ganz freimütig. Er fragte: »Mein Herr, steht das Korn bei Euch auch schon so hoch?« Ah, rief die Gesellschaft entzückt, endlich ein richtiger Landmann! Der nicht so spricht wie in den Romanen von Herrn D'Urfé! Wie drollig! Wäre es nicht reizvoll, ihn an den Hof zu bringen! Nichts leichter als das. Man packte den Bauern in die Kutsche, und auf ging's nach Saint-Germain, wo man im Schloßhof anhalten ließ. Obwohl es jetzt keinen Zweifel mehr gab, daß er vor dem französischen König persönlich stand, zeigte sich Jean Doucet (so hieß der Bauer) nicht weiter beeindruckt und behielt seine freimütige Ausdrucksweise bei. Ludwig XIII. ließ ihm jede Sorgfalt angedeihen, verhätschelte ihn nach Strich und Faden und spielte sogar mit ihm *Pierrette*, wobei er dem Landmann zehn Sous abgewann. Doucet tobte. Der König aber, stolz, dem Bauern zehn Sous abgeluchst zu haben, ließ das Geld sogar nach Rueil bringen, damit Richelieu, der ans Krankenbett gefesselt war, es mit eigenen Augen sehe. Zehn Sous, das ist doch nichts, wird man sagen. Der König frohlockte jedoch, weil diese zehn Sous ihn auf eine Stufe mit dem Ärmsten seiner Untertanen stellten. Stehen sich Bauer und König im Spiel nicht gleichwertig gegenüber? Und ist die Tatsache, daß Doucet verloren hat, nicht gerade ein Zeichen seiner Freiheit? Trügerisches Wunschbild! Durch den Verlust von zehn Sous hat der Bauer noch keinen Zugang zum politischen Entscheidungsbereich gewonnen. Er hat beim Spiel verloren, das ist alles. Selbstverständlich beeilte Ludwig XIII. sich, Doucet zu entschädigen. Er schenkte ihm 20 Goldtaler, die der Bauer sorgfältig in seiner Westentasche verstaute, wobei er augenzwinkernd mit einem verschmitzten Lächeln bemerkte: »Die kommen schon wieder zu Euch zurück, Sire, da könnt Ihr sicher sein. Ihr legt ja den armen Leuten so viele Steuern auf und all das andere Teufelszeug!« Einige Zeit später paßte man ihm ein prunkvolles, scharlachrotes goldbesticktes Kleid an (eine sogenannte *innocente*) und schickte ihn in sein Dorf zurück mit der Auflage, sich zweimal wöchentlich zur Zerstreuung Seiner Majestät am Hofe einzufinden. Eines Tages kam Doucet ohne seine *innocente* an; auf die Frage, warum er das schöne

Gewand nicht trage, erklärte er: »Weil heute Feiertag ist, und wenn ich in die Messe geh', schaut jeder nur auf mein Flitterzeug und vergißt darüber, zum lieben Gott zu beten.«

Nach Aussage Tallemants, dem wir diese Geschichte verdanken, starb Jean Doucet im selben Jahr wie Ludwig XIII., aber seine Familie erhielt weiterhin eine kleine Unterstützung. Es ist offensichtlich, daß es sich bei Jean Doucet weder um einen richtigen beamteten Narren noch um einen berufsmäßigen Gaukler handelte. Vielmehr war Doucet ein Mensch, den man aus seiner natürlichen Umgebung gerissen hatte und dessen Reiz in den Augen des Hofstaats gerade in seiner Unverdorbenheit lag. Anders formuliert: Er war ein Narr wider Willen. Dies hinderte ihn übrigens nicht, sich einen Namen zu machen. Alle Welt kannte Jean Doucet. Mit der Zeit wurde sein Eigenname zur Bezeichnung eines Volksschlags, ein Synonym für den unerfahrenen, großtuerischen Dörfler. Man sprach von einem »Jean Doucet« wie von einem »Jacques Bonhomme«. Noch 20 Jahre nach seinem Tode erinnerte man sich Doucets, wie eine kleine Broschüre beweist, die in *Patois* (Mundart) geschrieben ist und 1660 erschien: *La Confession de Janot et de Piarot Doucet de Villenoce, et de Jaco Paquet de Pantin, sur les merveilles qu'il a veues dans l'entrée de la reine, ensemble comme Janot lui raconte ce qu'il a veu au Te Deum et au feu d'artifice.* Der Name Doucet wurde auch sprichwörtlich verwendet, zum Beispiel in einem Brief von Madame de Sévigné, in dem sie über Racine und Boileau spöttelte, die Ludwig XIV. als Historiographen auf allen Feldzügen begleiten mußten: »Sie meinen, ihr Amt zu versehen, wenn sie in großes Erstaunen über die so zahlreichen Legionen und die nur allzu wirklichen, harten Anstrengungen verfallen. Sie kommen mir vor wie zwei *Jean Doucets.*« [151]

Von diesem Nachruhm, der für den jeweiligen Betroffenen wenig schmeichelhaft war, profitierte wenigstens ein Schauspieler im 17. Jahrhundert, der sich als Neffe von Jean Doucet ausgab und sich unter seinem Namen in der Truppe der Italiener zujubeln ließ. Bei einer Aufführung vor Ludwig XIV. und Anne von Österreich feierte er in der Rolle des Dieners Scaramouche einen eindeutigen persönlichen Erfolg. Entsprechend seiner Rolle als naiver Landmann belustigte er den Hof mit dummen Repliken und dämlichen Grimassen. Jean Loret hat uns in seiner berühmten gereimten Gazette ein lebendiges Porträt von ihm hinterlassen:

> *Mais, à propos de comédie,*
> *Il faut qu'en cet endroit je die*
> *Qu'un des jours passez Jean Doucet*

Pensa faire pâmer de rire
La reine et le Roy notre Sire,
Et mesme tous les courtizans,
Par les mots niais, mais plaizans,
Que proféra sa propre bouche,
Etant valet de Scaramouche,
Sur le théatre italien,
Où ce simple et naïf chrétien,
Sans avoir masque ou faux vizage,
Joüa fort bien son personnage.
Jamais Mézetin ny Scapin,
Ny Trivelin, ny Turlupin,
Ny Colombine, ny Briguelle,
Ni le rare Polichinelle
Ny Gorju, le pédant gaillard,
Ny Jodelet, le nazillard,
Ny Garguille, ny Gros-Guillaume,
Les plus grands boufons du royaume,
Ne divertirent mieux la Cour
Qu'elle le fut en cedit jour.
Au ris peu souvent je m'aplique,
Et suis d'humeur assez stoïque;
Mais, comme illec j'étois prézant,
Je trouvay Doucet si plaizant
Que, quand je me le remémore,
A tous momens je ris encore.[152] *

Tallemant, weniger begeistert, notiert hingegen trocken, daß die Neffen des Bauern aus der Île-de-France, »dessen Platz einnehmen wollten, aber schlechte Komödianten« seien. Auf jeden Fall haben wir hier

---

* Zur Komödie aber muß ich hier sagen, daß an einem der vergangenen Tage Jean Doucet / die Königin und den König, unseren Herrn / und sogar alle Höflinge, / vor Lachen fast zum Platzen brachte, / mit seinen albernen, aber vergnüglichen Worten, / die aus seinem Mund kamen, / als er den Diener Scaramouche spielte / auf dem italienischen Theater, / wo dieser einfache und naive Christ, / ohne Maske oder falsches Gesicht / seine Rolle außerordentlich gut spielte. / Niemals haben Mézetin noch Scapin, / weder Trivelin noch Turlupin, / weder Colombine noch Briguelle, / noch der seltsame Polichinelle, / noch Gorju, der lustige Pedant, / noch Jodelet, der Näselnde, / noch Garguille, noch Gros-Guillaume, / die größten Possenreißer des Königreiches, / den Hof besser unterhalten / als er an diesem Tage. / Ich gerate selten ins Lachen, / habe eher eine stoische Natur; / aber als ich dort anwesend war, / fand ich Doucet so vergnüglich, / daß ich, wenn ich nur daran denke, / jederzeit zu lachen beginne.

ein schönes Beispiel dafür, wie eine reale Person erst zu einer sprichwörtlichen Figur, dann zu einer Bühnengestalt aufsteigt. Ebenso waren die Possenreißer Gros-Guillaume (nicht zu verwechseln mit Maitre Guillaume!), Tabarin und Jodelet zuerst Schauspieler, bevor ihre Namen zu Charakterfiguren wurden. Diese Veränderung ist bezeichnend, denn sie vollzieht sich genau in dem Moment, als das höfische Narrentum selbst der öffentlichen Bühnenposse den Vortritt läßt bzw. als der Hofnarr verschwindet, um den Schelmen vom Pont-Neuf Platz zu machen.

Der arglose Tor von Ludwig XIII. hieß Doucet (frz. douce: sanft); der Narr von Gaston d'Orléans, dem Bruder des Königs, hieß Sauvage (frz. sauvage: wild). Man könnte meinen, diese Namen seien absichtlich als Spitznamen gewählt, um den Gegensatz zwischen dem adligen Bruderpaar auszudrücken: der eine sanft und züchtig (besonders gegenüber den Damen), der andere freizügig und verderbt, ein »Experte in Nichtsnutzigkeiten«. Seltsamerweise findet sich derselbe Gegensatz bei ihren Narren wieder. Doucet hatte ein einfaches, harmloses Gesicht, während Sauvage als gefürchteter »Fürst der Illusionen« in Erinnerung blieb, dem auch die gewieftesten seiner Kollegen in die Falle gingen. Es wird erzählt, daß er einmal seinem Gebieter nach Lothringen nachreisen wollte, aber kein Schuhwerk für die Fahrt besaß. Daraufhin bestellte er zehn Paar Stiefel bei zehn verschiedenen Schustern und ließ sie zu verschiedenen Tageszeiten liefern. Bei jedem Schuster beklagte er sich, einer der Stiefel sei zu eng, und bestellte sie alle für den nächsten Tag zur gleichen Zeit, um den umgeänderten Stiefel zu bringen. Als sie sich alle am nächsten Tag wie vereinbart, Auge in Auge, vor der Tür ihres Kunden wiedertrafen, mußten sie gemeinsam feststellen, daß Sauvage sich aus dem Staub gemacht hatte.
Sauvages Spezialität waren falsche Gazetten. Fröhlich parodierte er die ehrwürdige *Gazette* von Renaudot, deren erste Nummer soeben erschienen war, indem er phantasievoll ausgedachte Pseudonachrichten verbreitete. Eines dieser Blätter hieß *Lettre du marquis de Vistempenard au baron d'Anconaris*; es enthielt *Neuigkeiten aus dem Universum* für die Monate Januar und Februar 1632. Die erste Nummer berichtete u. a. vom Tod des Phönix in Nizardrodan in Arabien. Die *Gazette burlesque* wurde rasch zu einem beliebten Zeitungsgenre, das einige Scherzbolde, besonders die Verfasser der *Mazarinades*, gehörig ausschlachteten. »Die Gazette von Sauvage wurde sehr viel mehr geschätzt als die anderen«, notierte Tallemant. Kein Tag verging, an dem Sauvage nicht irgendeine Schwindelei ausheckte. Einmal brachte er

einen Druck in Umlauf, der einen Fisch darstellte, den er »adriatischen Karpfen« (*carpe adriatique*) taufte. Er behauptete, im Magen desselbigen eine ungeheure Menge Musketen, Hellebarden, Kreuze usw. gefunden zu haben. Diese im ernsten Ton verfaßten Meldungen machten in allen Provinzen Frankreichs die Runde.

Sein unbestritten schönster Streich war aber folgende Geschichte, die ein nachhaltiges Echo fand und immer noch als Schandfleck in den Parlamentsannalen prangt: Am 13. Januar 1637 sprach ein angeblicher »Erlaß des Parlaments zu Grenoble« die Magdalena d'Automont d'Aiguemère von jeglicher Schuld des Ehebruchs frei. Ihr Kind, das soeben geboren war, wurde für legitim erklärt, obwohl die Mutter gestanden hatte, es nicht von ihrem Ehemann empfangen zu haben, der seit vier Jahren außer Landes weilte. Der »Erlaß« erläuterte: »Indem sie sich im Traum die Person und Berührung des besagten Herrn d'Aiguemère, ihres Gatten, vorstellte, stellten sich die gleichen Gefühle der Empfängnis und Schwangerschaft ein, die ihr seine Gegenwart verschafft hätten.«[153] Anders ausgedrückt: Die alleinige Kraft der Einbildung hatte genügt, um die ehrbare Ehefrau zu schwängern. Das »Urteil« war im reinsten Grenobler Parlamentsstil abgefaßt und enthielt die Namen der Eheleute, der Ärzte und Hebammen, so daß keinen Augenblick Zweifel an seiner Echtheit aufkamen. Die Angelegenheit wirbelte viel Staub auf. Es kam zu Kontroversen zwischen Ärzten über den außergewöhnlichen Fall. Jeder tat seine Meinung kund. Schließlich legte die ehrwürdige Fakultät für Medizin von Montpellier nach reiflicher Beratung folgende »wissenschaftliche« Erklärung für das Phänomen vor: »Es wird angenommen, daß die Nacht, in der Frau d'Aiguemère besagten Traum hatte, eine Sommernacht war, daß ihr Fenster offen war und ihr Bett gegen Westen stand, die Laken sich in Unordnung befanden und der Südwestwind Zephir mit organischen Molekülen von Insekten, fliegenden Keimen, durchsetzt war und die Frau befruchtete.«[154] Haben jemals Ignoranz und Pedanterie seltsamere Blüten im Garten der Rhetorik getrieben? Einige Monate später witterte immerhin der Generalstaatsanwalt von Paris, daß etwas faul war, und forderte seine Kollegen von Grenoble auf, das »Urteil« zu revidieren. Ein Erlaß vom 13. Juli 1637 erklärte das »Urteil« vom 13. Januar für »falsch, unterschoben, verleumderisch und eine Beleidigung der Ehre des Parlaments«. Es wurde angeordnet, daß »die Kopie besagten Urteils den Händen des Vollstreckers der Hohen Justiz zu übergeben sei, damit es durchgestrichen, zerrissen und vor dem großen Tor des Justizpalastes auf der Place Saint-André ins Feuer geworfen und verbrannt werde«.[155] Der Urheber dieses berüchtigten »Urteils«, der das angesehene Parlament von

Grenoble und die nicht minder angesehene medizinische Fakultät von Montpellier ins Lächerliche gezogen hatte, war – wie unschwer zu erraten – niemand anders als unser guter Sauvage. Die Überlieferung dieses Schelmenstückes verdanken wir übrigens Tallement des Réaux.[156]

Mit diesem Streich, für den allein ihm ewige Dankbarkeit gebührte, schreibt sich Sauvage, der Narr von Gaston d'Orléans, in die lange Liste der Spaßvögel aller Schattierungen, erfinderischen Witzbolde und Schelmen ein, deren Spezies vom Aussterben bedroht scheint. Ein Grund mehr, in seiner Gestalt den Genius dieser »Wohltäter der Menschheit« in Vergangenheit, Gegenwart und Zukunft zu grüßen.

Der letzte französische Hofnarr hieß L'Angely. Seine Herkunft liegt weiterhin im Dunkeln, denn für die Behauptung, daß er aus einer verarmten Adelsfamilie stammt, gibt es keinerlei Beweise. Auguste Jal hatte einst den Namen L'Angely in den Taufregistern von Saint-Germein, Saint-Sulpice und Saint-Nicolas-des-Champs entdeckt. Es handelte sich um zwei Philippe und einen Jean, wobei der Familienname je nach Laune des zuständigen Pfarrers geschrieben wurde, mal als Langelli, Langelly, Langely oder Langeli. Einer dieser L'Angely, der als »dem Hof folgender Schneider« bezeichnet wird, hatte zwei Söhne, Guillaume und Pierre; Jean, der jüngere, hatte einen namens Jacques, und der dritte schließlich hatte eine Tochter Etiennette, die von einem gewissen »Estienne de Luppé, Sohn des Herrn de Luppé, Knappe des Fürsten von Conti« über das Taufbecken gehalten wurde. Welcher dieser Söhne L'Angely wurde später der Narr von Ludwig XIV.? Jacques, Guillaume oder Pierre? – Möglicherweise einer von den dreien, vielleicht aber auch keiner. Immerhin war der Familienname L'Angely nicht sehr verbreitet, so daß zwischen den dreien vermutlich Familienbande bestanden haben; vielleicht waren sie mehr oder weniger entfernte Cousins.

Die Tatsache, daß der Knappe des Fürsten von Conti als Taufpate einer Tochter der Familie auftauchte, legt nahe, daß zwischen den Angelys und dem Hause Conti Beziehungen bestanden. Wahrscheinlich handelte es sich bloß um ein Herr-Knecht-Verhältnis, das sich aber durchaus als wertvoll erweisen sollte. Vermutlich verschafften nämlich diese Beziehungen dem künftigen Narren Eintritt in das Haus des jungen Herzogs d'Enghien, bei dem er sich als Stallknecht verdingte. Dieses erste Amt am Hofe behielt er aber nicht lange. Condé fand offenbar, daß es seinem Knecht weder an Dreistigkeit noch an Witz mangelte, und nahm ihn 1643 mit sich in die Armee. Er behandelte ihn gut und ernannte ihn zu seinem persönlichen Unterhalter. Auf diese hohe Protektion vertrauend, gewann Angely immer mehr Selbstsicherheit und hielt mit seinen Gedanken über alles und jeden nicht länger hinter dem Berg. Man ließ ihm vieles durchgehen, freilich unter der Bedingung, daß er sich in bestimmten sprachlichen Grenzen hielt. Für den Fall, daß er sich vergaß, was oft genug passiert sein dürfte, hatte der Kammerdiener des Fürsten Befehl, ihm eine Tracht Prügel zu verabreichen.

Victor Hugo hat L'Angely in *Marion Delorme* zum Hofnarren von Ludwig XIII. gemacht – einer, nebenbei gesagt, recht düsteren Narrenfigur. Allerdings dürfte L'Angely dieses Amt niemals ausgeübt haben, da er noch bei der Schlacht von Rocroy, also neun Tage nach dem Tod des Königs, im Dienst von Condé stand. Einige Jahre später folgte er seinem Herrn auf dessen verrückten Frondestreifzügen und später bei den Flandernfeldzügen. Erst nachdem Condé 1660 begnadigt worden war und nach Frankreich zurückkehren durfte, wechselte Angely in den Dienst von Ludwig XIV. über. Angeblich hat Condé selbst ihn der Krone als seltenes und wertvolles Objekt zum Geschenk gemacht. Durch den Umgang mit seinem Herrn hatte der kleine Stallknecht nämlich erstaunliche Fertigkeiten in der Kunst der geistreichen Verleumdung und dreisten Scherzhaftigkeit entwickelt, die auch Condé, der Sieger von Rocroy, mit allseits anerkanntem Talent kultivierte. Das erste Zusammentreffen zwischen dem Sonnenkönig und dem Narren hätte gar nicht besser ausfallen können. Dem jungen Regenten, strahlend im Glanze seiner neuen Macht, blieb das funkelnde, witzige Temperament des anderen nicht verborgen. Angely durfte keinen Schritt mehr von seiner Seite weichen; er begleitete den König überall hin. Während der langen Tafelzeremonie stand er hinter seinem Sessel und ließ von dort bissige Spottverse auf die Anwesenden los. Seine Spitzen waren bei den Höflingen sehr gefürchtet, weil sie stets ins Schwarze trafen und den König zum Lachen brachten. Wenn Angely in der Nähe war, versuchte man besser, unbemerkt zu bleiben, wie Ménage in seinen Memoiren beschreibt: »Als ich eines Tages beim König dinierte und auch Angely anwesend war, *mit dem ich auf keinen Fall zu sprechen wünschte, damit er nichts über mich sagen konnte,* bemerkte Marigny zu Herrn B.: ›Von allen uns Narren, die dem König gefolgt sind, ist nur Angely zu Reichtum gelangt.‹« [157] Tatsächlich war Angelys Vermögen, das er weniger Condé als Ludwig XIV. verdankte, groß genug, um bei vielen Edelleuten Eifersucht und bei den besten Hofpoeten (z. B. Boileau) Verbitterung hervorzurufen. Obwohl Angely niemals im königlichen Haushalt geführt wurde, schenkte ihm der König nicht nur seine Gunst, sondern auch große Geldsummen für seinen Unterhalt. Dies veranlaßte einen anderen Dichter, der Angely wohl

ebenfalls um die Großzügigkeit des Königs beneidete, zu folgenden
Versen:

> Angeli qui dans sa patrie,
> Etoit un gardeur de brebis
> En France est devenu marquis
> Et mène une pompeuse vie.
> Il fut fou tant qu'il fut Flamant
> Mais dès qu'il est François,
> Il est habile et sage.
> Ainsi, c'est à Louis qu'appartient l'avantage
> De faire revenir aux fous le jugement.[158] *

Sicher hat der Verfasser dieser Verse L'Angely den Titel »Marquis« nur
zum Spott verliehen. Auch der Schauspieler und Autor Raymond Poisson widmete sein Stück *Le Fou raisonnable* (1604) »dem Marquis von
Angely«, und das Deckblatt zeigt das Wappen des Marquis mit einem
Schild, auf dem ein Engel mit Lilien in der Hand dargestellt ist. Poisson
beginnt seine Widmung mit folgenden Worten: »Wenn dieser Narr,
Durchlaucht, verrückt genug ist, um Euch zu gefallen, wird es kein
geringer Vorteil sein, den zu unterhalten, der heute den größten König
der Erde zerstreut.« Der weitere Text vermittelt eine noch eindring-
lichere Vorstellung von der Bedeutung des Narren und der Eifersucht,
die er allseits erregte. Die Schmeichelei, die in derartigen Episteln üblich war, verdeckt bei genauerem Hinsehen kaum die Ironie, die sogar
fast an Dreistigkeit grenzt: »Jeder wird anerkennen, daß Ihr Euren
Rang am Hofe mehr verdient habt als jeder andere, und wenn es auch
viele geben mag, die Euch beneiden, so gibt es niemanden, der sich
ungestraft Hoffnungen auf Euren Platz machen dürfte. Eure natürliche
Güte zwingt jeden, Euch zu lieben, und Ihr hofiert so geschickt und
angenehm, daß die ältesten Hofleute Euch bewundern müssen.«
Nirgendwo wird berichtet, daß L'Angelys Kleidung oder Verhalten
exzentrisch waren. Nichts wies bei ihm auf den Narren hin. Seine Aufgabe, die gewöhnliche Unterhaltung mit dem Pfeffer der Satire zu wür-
zen, erledigte er mit Bissigkeit, Geist und bitterem Spott, aber niemals
mit Maßlosigkeit. Was er auch sagte und tat, er hielt stets die Regeln des
Anstands ein. Die Epoche, in der sich der Narr im Schutze seiner Schellenkappe die gemeinsten und vulgärsten Scherze erlauben durfte, war

---

* Angely, der in seiner Heimat/ die Schafe hütete,/ ist in Frankreich Marquis geworden/ und
führt ein aufwendiges Leben./ Er war närrisch, solange er Flame war,/ aber seitdem er Fran-
zose ist,/ ist er geschickt und klug./ So kommt Ludwig der Vorzug zu,/ den Narren das Urteil
zu überlassen.

endgültig vorbei. Die Ära von Ludwig XIV. hatte die »Höflichkeit« *(civilité)* zum Glaubensbekenntnis erhoben. Überall wurde nun die Einhaltung der Regeln gefordert, sei es in der Sprache oder im Benehmen, in der Stadt oder bei Hofe. Die ungenierte Direktheit eines Guillaume oder einer Mathurine wäre am Hof von Versailles oder in einem Damensalon fehl am Platze gewesen. Derbe Witze empfand man als abstoßend, und die Karikaturen eines Rabelais, die zu Beginn des Jahrhunderts noch sehr geschätzt wurden, galten den Zeitgenossen von La Rochefoucauld und Madeleine de Scudéry nur noch als monströs. L'Angely überließ also die Posse den Possenreißern; Kraftausdrücke, derbe Witze, Fußtritte in den Hintern und schmutzige Scherze wurden nur noch auf den Bretterbühnen der Jahrmärkte geduldet.

Im Fortgang des 17. Jahrhunderts bemerkt man, daß das Lachen zunehmend seine Kraft verlor. Indem das Gelächter seiner universellen Dimension beraubt wurde, die ihm im Mittelalter und in der Renaissance erlaubt hatte, die ursprünglichen Wahrheiten über die Welt und den Menschen auszudrücken, verlor es zugleich seine befreiende, erneuernde Macht. In diesem Zusammenhang reduzierte sich das Wirkungsfeld des Narren auf die Dimension des Bonmots, des geistreichen Einfalls, der ironischen Anspielung und des sorgfältig ausgefeilten Epigramms. Aber vor allem hat der Narr in der Klassik endgültig die Rolle des Oppositionellen eingebüßt. Zwar war ihm das Recht auf Kritik geblieben, doch übte er es nur noch an individuellen Mängeln aus. Sein Platz an der Seite des Königs stellte nicht mehr die Weltordnung in Frage. Er verkörperte nicht mehr den lächerlichen Doppelgänger des Herrschers, dessen lebende Karikatur oder nächtliches Gegenbild. Von nun an konnte der absolutistische Herrscher ohne Beeinträchtigung regieren. Der Große Störenfried war endgültig tot.

L'Angely verkörpert also den Narren des »Grand Siècle«, dessen satirische Späße jede universelle Bedeutung eingebüßt haben und nur noch bestimmte Laster des Individuums oder der Gesellschaft anprangerten. Für diese These sind uns einige wenige, aber bezeichnende Zeugnisse überliefert.

Eines Tages traf L'Angely beim Diner des Königs auf den Grafen de Nogent, ein Höfling, der besonders eifrig um die Gunst des Königs buhlte und den Angely von Herzen verabscheute. Der Narr sagte zu ihm: »Herr Graf, setzen wir doch beide, der eine wie der andere, den Hut auf, denn bei Leuten unseres Schlages ist das einerlei.« Ménage, von dem wir die Anekdote haben, versichert weiter, daß Herr de Nogent über diese Bemerkung so gekränkt war, daß »sie nicht wenig zu seinem Ableben beitrug«. Eine andere Geschichte aus der *Menagiana* berichtet, daß Angely einmal vor Zuschauern eine seiner großen Reden schwang, als Bautru, der ältere Bruder von Nogent, eintrat. »Ihr kommt gerade recht, um mir zu helfen«, rief ihm der Narr zu, »ich war es schon müde, allein zu sein.« Und auf die Frage, ob er zur Predigt des Paters gehen wolle, soll er geantwortet haben: »Ich gehe niemals zu Predigten, ich mag das Gejammer nicht und verstehe es nicht, zu räsonnieren.« Ludwig XIV. hatte den Adel in einen Zustand nahezu völliger Abhängigkeit vom Thron gebracht. Dadurch erhielten Angelys üble Nachreden eine Tragweite, die sie ehemals sicher nicht gehabt hätten. Seine Scherze konnten schlimme Folgen für die Betroffenen haben. Was Ménage über den Tod des Grafen Nogent schrieb, mag übertrieben klingen, unwahrscheinlich war es jedoch nicht. Am Hof des Sonnenkönigs konnten Worte töten. Einen persönlichen Angriff konnte man leicht hinnehmen, man erholte sich sogar ziemlich rasch davon. Aber wer die Gunst des Herrschers verlor, war in den Augen der Welt, von Seinesgleichen und seiner selbst so gut wie gestorben. So gesehen ist es verständlich, daß Angely geradezu Entsetzen einflößen konnte. Und da der Narr der skrupelloseste Gauner war und sich sein Schweigen mit Gold aufwiegen ließ, brachten ihm seine Erpressungen mindestens ebensoviel ein wie die Freigiebigkeit des Königs. Dies erklärt sein beachtliches Vermögen, das ihm die Schmeichelei der einen, den Neid der anderen und die Verachtung aller zuzog. Angely wurde gefürchtet und gehaßt. So gelang es den Höflingen zu guter Letzt durch eine Intrige, den Narren zu verjagen. Mit L'Angely verschwand die »beamtete« Narrheit endgültig vom französischen Königshof.

Das bedeutet nicht, daß der Brauch, Possenreißer zu halten, bei den hohen Herren und gebürtigen Fürsten nicht noch einige Zeit lebendig blieb. Beispielsweise übte ein gewisser Maranzac, Stallknecht des verstorbenen Sohns von Ludwig XIV., tatsächlich das Amt des Spaßmachers aus. Nach dem Tode seines Herrn, 1711, wechselte er in den Dienst der Herzogin von Bourbon-Condé, einer legitimen Tochter des Königs, die sich köstlich über den Narren amüsierte. Maranzac war im Grunde ein Komiker wider Willen, ein Tölpel, dem die unglaublichsten Schnitzer und Sprachfehler unterliefen, sobald er nur den Mund aufmachte. Die Herzogin sammelte seine »Stilblüten« und schrieb sie alle in ein Heft. Um ihre Freunde an dem Spaß teilhaben zu lassen, beauftragte sie den Abbé Grécourt, der als Vorleser bei ihr weilte, eine Zusammenstellung anzufertigen, die sie selbst mit Hilfe des Abbé in der kleinen Privatdruckerei des Paplais de Bourbon druckte. Sie fertigte 50 Exemplare für ihren Freundeskreis an, die sie mit dem Titel *Maranza-*

kiniana und der Phantasieanschrift »Aus der Druckerei Vourst, im Jahre 1730, zu kaufen bei Coroco, gegenüber dem Franziskanerkloster« versah.[161] Charles Nodier, ein großer Liebhaber bibliographischer Kuriositäten, beschreibt das Büchlein als »eine Sammlung von tolpatschigen Dummheiten und Unsinnigkeiten, die im allgemeinen eher eigenartig als vergnüglich sind. Ihre Würze liegt meist in einer Sinnverschiebung, die durch eine höchst seltsame Zusammenstellung der Wörter zustande kommt«. Hier einige Beispiele:

Maranzac wird bei Tisch schlecht, und er erhebt sich. Auf die Frage, was los sei, antwortet er: »Mein Herr, ich kann nicht mehr. Ich habe einen fürchterlich steifen Hals im Bauch.«
»Man schenkt Maranzac Rheinwein ein, den er gerne trinkt; er hält das Glas gegen das Licht, weist alle Anwesenden darauf hin und sagt: »Das ist ein Wein! Er ist, bei Gott, gelb wie Tinte.«
Bei einer Wildschweinjagd gibt er sechs Schüsse ab, die alle danebengehen. Außer sich vor Zorn ruft er: »Himmel, ich weiß nicht, auf welchem Stern ich heute spazierengegangen bin!«

Solche Scherze trieben also einer Fürstin zur Zeit Ludwigs XIV. Lachtränen in die Augen! Dem letzten Ausspruch mangelt es nicht an Poesie, aber die meisten Bonmots, die die 45 Seiten der *Maranzakiniana* füllen, sind nichts als erbärmliche Dummheiten. Was die Hauptfigur dieses Büchleins angeht, so weiß man praktisch nur, daß Maranzac um 1735 im Alter von 80 Jahren gestorben ist.
Die Philosophie der Aufklärung machte dem Hofnarren als einem der letzten Überreste der Feudalgesellschaft endgültig ein Ende. Voltaire brachte nur die Gedanken seiner Zeit zum Ausdruck, wenn er schreibt: »Diesseits der Alpen waren wir alle, wie wir da waren, ein wenig Barbaren. Jeder Fürst hatte einen bestallten Narren. Die unwissenden Fürsten, von Unwissenden erzogen, konnten die edlen Freuden des Geistes nicht kennen. Sie erniedrigten die menschliche Natur sogar so weit, daß sie andere dafür bezahlten, daß sie ihnen Dummheiten sagten.«[162] An anderer Stelle kam er erneut auf das Thema zu sprechen, wobei seine Wortwahl an die weiter oben zitierte Passage Dreux du Radiers erinnert: »Das Bedürfnis nach Unterhaltung und die Ohnmacht, sich in jenen Zeiten der Unwissenheit und des schlechten Geschmacks einen angenehmen und gefälligen Zeitvertreib zu verschaffen, hatten zu diesem traurigen Vergnügen greifen lassen, das den menschlichen Geist erniedrigt.«[163] Welcher seiner Zeitgenossen hätte dieses Urteil nicht unterschrieben? Dennoch vergaß Voltaire vielleicht allzu schnell, daß

er selbst es nicht verschmäht hatte, als Gast in Sanssouci den Hofnarren für Friedrich II. zu spielen...

Selbst als die bestallten Hofnarren von den Fürstenhöfen restlos verschwunden waren, fanden sich stets Schauspieler, und nicht die geringsten, die es nicht verschmähten, diese Funktion zu erfüllen. Der Schauspieler und Autor Boutet de Monvel (1745–1811) entrüstete sich über seinen Kollegen Dugazon, einem der glänzendsten Mitglieder der *Comédie Française*, weil dieser sich zum Hofnarren erniedrigt hatte. Dabei war Dugazon ein großer Komödiant, der eine unnachahmliche Komik im Rollenfach des Dieners entwickelt hatte! – Da erntete also einer Lorbeeren, wenn er im Theater Lachstürme erzielte, und erregte Entrüstung, wenn er das gleiche vor dem begrenzten Publikum eines Versailler Salons tat! Boutet de Monvel schrieb in seinen unveröffentlichten Memoiren:

»Ich habe am französischen Königshof bestallte Narren gesehen, obwohl diese Mode angeblich vorbei ist und ihre Namen nicht mehr in den königlichen Haushaltsbüchern erscheinen. Ich habe einen Schauspieler des Théâtre-Français die niedrigste Figur spielen sehen. Ich habe gesehen, wie er sich mit dem Titel »dem Hof folgender Spaßmacher« schmückte. *Spaßmacher* heißt bei diesen Leuten *Narr*, doch enthält dieser Ausdruck eine noch schändlichere Bedeutung. Er gehört in die Sprache der Boulevards und der großen Akteure, die sich dort hervortun. Dieses Wort stammt aus dem Sprachgebrauch der Talons, der Mayeurs etc. Ich habe gesehen, wie Dugazon sich vor der königlichen Familie Possen, Albernheiten, zotige Geschichten und unanständige Nachahmungen erlaubte, die selbst zu einer Zeit, in der man bei der Wahl seiner Vergnügungen noch nicht heikel war oder sein konnte, keiner der bekannten und angesehenen Narren gewagt hätte: weder Thévenin de St. Legier vor Karl V. noch Triboulet in Anwesenheit Ludwigs XII. und Franz I., weder Brusquet vor den Augen Heinrichs II., Franz II. und Karls IX.; noch Meister Guillaume oder Chicot zur Ergötzung Heinrichs IV. Jetzt im 18. Jahrhundert habe ich mitansehen müssen, wie Dugazon und ein gewisser Maler Musson diese unwürdigen Mittel verwandten, um aufzusteigen. Und das Erstaunlichste ist: Sie hatten Erfolg damit.«[164]

Das Pikanteste an der Geschichte: Derselbe Dugazon, der die Königsfamilie zum Lachen brachte, wurde nach 1789 zum glühendsten Verfechter der revolutionären Ideen.

Unter der Schreckensherrschaft der Jakobiner wurden in mehreren

Städten antireligiöse Maskenumzüge gefeiert, die in ihrer Hemmungslosigkeit an die großen mittelalterlichen Ausschweifungen wie das Narren- oder Eselsfest erinnerten. Zum heiligen Rausch der närrischen Überschreitung gesellte sich das revolutionäre Fieber. In Lyon beispielsweise fand bei der *Apothéose du martyr de la liberté Chalier* ein Reigentanz statt, bei dem ein Esel mit Mitra und Bischofsornat auftrat. Vor dem Altar, auf dem die Büste des gefeierten Helden Chalier stand, wurde die Liturgie parodiert. Übrigens war Marie-Joseph Chalier von den konterrevolutionären Sektionen in Lyon auf die Guillotine geschickt und am 17. Juli 1793 unter besonders grausamen Umständen hingerichtet worden. (Der Henker, dem es an Erfahrung fehlte, ließ das Fallbeil dreimal herunter, ohne daß es ihm gelang, den Kopf abzuschlagen, so daß er am Ende das Beil zu Hilfe nehmen mußte.)

In mehreren Gemeinden lebten die alten Rituale des Narrenfestes wieder auf: Man sah burleske Prozessionen, Bischöfe, die verkehrt herum auf einem Esel saßen; Frauen, die die Heiligenfiguren mit Stöcken schlugen; Nonnen, die die Carmagnole* tanzten; Sansculotten, die fröhlich durch die Straßen zogen und in Meßgewänder und Chorröcke gekleidet waren, die sie in den Sakristeien geplündert hatten. Diese parodistischen Inszenierungen machten sich nicht nur über die Symbole des Glaubens, sondern auch über die des Despotismus lustig. Bei letzterem handelte es sich um die *weltliche* oder *politische* Variante der rituellen Normüberschreitung. Bei bestimmten Revolutionsfeiern verkleideten sich zum Beispiel Sansculotten als Aristokraten und legten sich rote oder blaue Adelsschärpen um. Manchmal spielte man auch auf burleske Art die Verurteilung und Hinrichtung des Königs nach, der entweder durch ein Ferkel oder eine Puppe verkörpert wurde, die mit den Insignien der Monarchie geschmückt waren. Diese Puppe wurde symbolisch auf einer richtigen Guillotine enthauptet, und anschließend führte man das Bildnis Louis Capets auf einem Abfallkarren spazieren – wie einst im Mittelalter den Narrenbischof oder Narrenpapst.

Alles hat den Anschein, als hätte die spöttische Narrheit plötzlich ihre kollektive Dimension zurückgewonnen, nachdem sich ihre Gestalt im Laufe der Jahrhunderte mit der Machtinstanz vermengt hatte. Mit der Revolution aber wird das Fest – und Fest heißt Aufstand, denn beides liegt eng beieinander – erneut zu jenem großen befreienden Aufatmen, mit dem die geknechteten Völker von Zeit zu Zeit neue Kräfte schöpfen.

* Republikanisches Tanzlied der revolutionären Fraktion ab 1793 (Anm. d. Ü.)

Der Narr in heutiger Zeit

Da die besoldeten Narren in unserer Gesellschaft verschwunden sind, kann man zu Recht die Frage stellen, wer heutzutage ihren Platz bei den regierenden Herren einnimmt. Wer zerstört heute den falschen Schein? Wer ist fähig, jene Sprache der Wahrheit und Verlachung zu sprechen, die jahrhundertelang die Träger des Narrenzepters auszeichnete?

Unsere Machtstrukturen ertragen die subversive Komik um so schlechter, als es keine Handhabe gegen sie gibt. Man kann gegen einen Gegner kämpfen, der die Spielregeln beachtet (z. B. die Oppositionsparteien in der parlamentarischen Demokratie); aber man kann nicht einen Possenreißer bekämpfen, der sich außerhalb der Regeln, ja außerhalb des politischen Spiels überhaupt stellt.

Obgleich der Herrscher also keinen Narren mehr an seiner Seite hat, ist die Narrenfigur nicht verschwunden. Nur dient der Possenreißer nicht mehr einem einzelnen, sondern der ganzen Gesellschaft; er ist der *Narr des Volkes*.

Im 19. Jahrhundert löste die satirische Presse den Narren ab, was manchmal mit großen Gefahren verbunden war. Die schärfste Waffe der Ironie war nicht das Wort, sondern die Karikatur, das Spottbild, oder mit den Worten Balandiers: die »graphische Posse«. Schon unter dem Ancien Régime und der Restauration gab es Karikaturen, doch erst im Zweiten Kaiserreich sollten sie ihre ganze Kraft der Verneinung entfalten. Damals erschienen Zeitungen, die auf bissige Illustrationen spezialisiert waren. Der Name einiger Blätter weist sie geradewegs als Nachfolger des Hofnarren aus: *Le Grelot* (Die Schelle), *Triboulet* oder auch *Polichinelle* und *Le Charivari*; ihre Zielrichtung ist die gleiche. »Das satirische Bild«, schreibt Balandier, »führt auf seine Art und Weise in die Erkenntnis des großen Spiels von Ordnung und Unordnung, von Anpassung und Widerstand ein. Wie das närrische Ritual bedient es sich der Umkehrung der Situation, der Respektlosigkeit und Freizügigkeiten aller Art. Die Karikatur führt ihren Angriff mit den Waffen der Komik und des Lächerlichen. So bleibt sie immer zweideutig, denn die Kritik, die sie freisetzt, wird durch Gelächter gemildert.« [165]

Falls es nötig sein sollte, noch darauf hinzuweisen: Die satirische Presse, wie sie im 19. Jahrhundert existierte, ist heute praktisch verschwunden. Was von ihr übriggeblieben ist, erscheint verglichen mit den unglaublich scharfen Pamphletisten zur Zeit *Badinguets* reichlich müde und gemäßigt. Das gilt auch für die Satirezeitung *Le Canard enchaîné**, die sich im Laufe der Zeit eingemeinden ließ und seit dem 10. Mai 1981 einen regelrechten Niedergang erlebt hat. Es ist, als sei die Zeitung plötzlich von Aphasie befallen. Sie, die einst so beredt und neugierig war, die prompt den indiskretesten und kompromittierendsten Klatsch zu berichten wußte, steckt nun scheinbar im Morast fest und kommt nicht mehr heraus. Sie hat dasselbe Schicksal erlitten wie ehemals der Hofnarr: Sobald dieser zum objektiven Verbündeten der Macht wurde, war sein Untergang nur noch eine Frage der Zeit. Natürlich wünschen wir unserem werten Federvieh, das ein Opfer des sozialistischen Wahlsiegs wurde, nicht dasselbe traurige Schicksal. Aber sagen wir es klar und deutlich: Wenn der Hunger auf Spott in seinem Revier keine Nahrung mehr findet, wendet er sich eben anderswo hin. Z. B. zur Zeitschrift *Le Fou parle* (»Der Narr spricht«), die ihrem Titel – der uns schon für sich allein gefällt – alle Ehre macht. Die Monatszeitschrift befindet sich übrigens in einer äußerst prekären Lage, so daß man sich jeden Monat fragt, ob sie den nächsten noch überleben wird. *Le Fou parle* ist das einzige Blatt, dem die schwierige Mischung aus Kritik und Satire gelungen ist. Gestern noch hätten wir auch die Zeitschrift *Charlie-Hebdo* anführen können, wäre sie nicht vor kurzem mit großem Getöse untergegangen...

Seit dem 17. Jahrhundert stellt die Bühne eine der bevorzugten Stätten der Spottkunst dar. Doch darf man die Spottlust weder in der Charakterkomödie noch im Theater der Sittenkritik suchen gehen; man findet sie eher bei den Possenreißern des Pont-Neuf, bei Taburin, Gaultier-Garguille, Gros-Guillaume und deren direktem Nachfahren, dem Clown.

Mit seinen stereotypen Scherzen, seinem rituellen Kostüm, der Maskerade, die einer Tätowierung ähnelt, der hohen, verzerrten Stimme und seiner Komik des Absurden katapultiert der Clown sich selbst ins gesellschaftliche Außen. Er bewohnt gleichsam einen anderen Planeten, dessen Umrisse die Arena markiert. Jenseits des magischen Kreises wird *alles* möglich: Die falschen Gewißheiten zerbrechen, und der unaufhaltsame Strom des Traums hat freien Lauf. Eine verkehrte Welt, ein Universum ohne Schwerkraft! Der Mensch beginnt, im Raum zu fliegen; der Panther wird zum Lamm; die Kugel des Jongleurs bleibt in der Luft hängen; der Bär spaziert auf einem Seil, und der Elefant wird leich-

---

* Wörtlich: »Die gefesselte Ente« (Anm. d. Ü.)

ter als ein Luftballon... der Clown aber, der Fürst dieses Karnevals ohne Anfang und Ende, dreht unserer Denkweise, unseren Werten und Systemen eine hübsche lange Nase. Der Clown ist Spiegel, Karikatur und Prüfstein, er verkörpert die »Kehrseite« des Menschen. – Eines Tages aber ertrugen es die Menschen nicht mehr, von seiner dicken, rotgeschminkten Nase und dem offenen, breit lachenden Mund verspottet zu werden, und haben den Possenreißer mit einem Fußtritt in den Hintern zu den Sternen befördert. Armer Clown, seit jener Zeit hört er nicht auf, in unseren Sehnsüchten herumzuspuken.

Schon seit langem aber hat das Viereck der weißen Leinwand die runde Arena abgelöst. Die großen Narren des 20. Jahrhunderts heißen Buster Keaton, Charlie Chaplin und Jacques Tati. Mit ihnen beginnt der ewige Kampf des schwachen kleinen Mannes gegen den mächtigen Riesen aufs neue. Gleichgültig ob dieser Totalitarismus, Faschismus oder Industriegesellschaft heißt, man weiß, daß Goliath nie ganz unbeschädigt aus diesem Zweikampf hervorgeht. Die Macht hat keinen Humor, sonst wäre sie nicht die Macht. Mit einer Pirouette läßt der kleine Mann sie einfach mitten in der Arena stehen, wo sie, dem allgemeinen Gelächter preisgegeben, wie ein erschöpfter Stier vor Wut schäumt.

Unfähig, das Schauspiel ihrer teils hassenswerten, teils lächerlichen Exzesse mit gleichen Waffen zu bekämpfen, hat sich die Ordnungsmacht ihrerseits in ein Spektakel verwandelt. Dabei wird sie von den audiovisuellen Medien unterstützt, die den Prozeß der Theatralisierung des politischen Lebens beschleunigt haben. Jeder weiß heutzutage, daß eine Präsidentschaftskampagne in erster Linie eine Sache der Werbung ist und daß die »Promotion« jedes Kandidaten, wer immer er sei, sich kaum von der Vermarktung eines Waschmittels unterscheidet. Daher rühren die schwachsinnigen, schematischen Werbeslogans und die Notwendigkeit, daß der Kandidat sich das Medium Fernsehen aneignet. Glücklicherweise rächt sich das Schauspiel manchmal für seine Vereinnahmung durch die Politik und erteilt den Wahlbürgern eine *wirkliche* Lektion in Sachen Komödie... und Politik. So geschehen 1981, als Coluche bei den Präsidentschaftswahlen kandidierte.

Diese Kandidatur hat in der Klasse der Politiker, neben offener Feindschaft, eine Mischung aus mürrischer Verkrampftheit, beleidigtem Stolz und schlecht verhehlter Bestürzung hervorgerufen. Immerhin lag der Pseudokandidat anfänglich bei 12 % der Wählerstimmen. Indem Coluche über den Umweg der Parodie die Regeln des politischen Rituals verletzte, brachte er die Politprofis buchstäblich aus der Fassung. Er hielt den anderen Kandidaten ihr lächerliches Spiegelbild vor und zeigte den Wählern ein Umkehrbild der Institutionen, indem er vergnüglich die Regeln fälschte, die Karten durcheinanderbrachte und die Mechanismen blockierte. Damit hat Coluche das Spiel in seinen Grundlagen gefährdet.

Bewußt oder unbewußt hat Coluche vom Beginn bis zur Zurücknahme seiner Kandidatur einen fehlerfreien Lauf absolviert. Er hat die Rolle des Narren als »Spielverderber« mit erstaunlicher Sicherheit bewältigt, sprich, er ist nicht ein einziges Mal dem Gesetz in die Falle gegangen. Ohne einen Fehltritt hat er das Seil überquert, das hoch über allen Schlammschlachten des Wahlkampfes gespannt war. Bravo also – und Pfui über den Seiltänzer! Lob und Schande über ihn und seine Sprache, die voller Blasphemien, Flüche, Zoten und Obszönitäten steckt und uns unerläßlich die Materialität des Lebens in Erinnerung ruft. Seine Worte werden wie jede Beschwörungsformel endlos wiederholt; sie sind hermetisch abgeschlossen und haben keinen Zugriff auf das Außen; sie können nicht zurückgenommen werden und führen die Zuhörer auf Abwege.

Erinnern Sie sich nur an das Geschrei derer, die sich als einzig legitime »Inhaber« das »wahren« politischen Diskurses fühlten. Was für ein Gezeter auf den Parteisitzungen von rechts und links! Welch ein Schwall von Dummheiten aus für gewöhnlich gut unterrichteten Federn! Welche Narretei gerade auf seiten derjenigen, die erklärten, daß sie für Coluche stimmen wollten (als wäre das der Zweck seiner Kandidatur gewesen)! Sie sind dem Schwindel noch gründlicher aufgesessen als alle anderen. Ja, die »Affäre Coluche« hat nicht nur Zähneknirschen hervorgerufen und den schönen Augen von Madame Garaud einige Tränen entlockt; sie hat auch bewirkt, daß Tausende von Masken fielen. Nun tönt es von allen Dächern, daß der König splitternackt ist. Schon deshalb war die Kandidatur nicht umsonst. Daß Coluches Vorgehen von den Intellektuellen besser verstanden wurde (insbesondere von den Philosophen und Soziologen), ist insofern nicht erstaunlich, als vielleicht der Intellektuelle der einzige Narr und Ruhestörer der modernen Gesellschaft geblieben ist.

Als Jean-Paul Satre von seinem Faß aus auf die Arbeiter von Renault-Billancourt einredete, spielte er dieselbe respektlose, ungehörige Rolle wie der Narr als Bilderstürmer. Freilich fehlte die Komik. Aber Spott besaß dieser Philosoph zur Genüge, der seinen Elfenbeinturm verließ, um sich dem Kampf der streikenden Arbeiter anzuschließen. Eine herrliche groteske Posse, die der Macht die Schamröte ins Gesicht trieb: Sartre, der Clown, stellte das Regime bloß, das den Skandal überhaupt erst hervorrief. Und auch als Zeitungsverkäufer, der die Zeitung *La Cause du peuple* auf dem Boulevard Saint-Michel vertrieb, machte er nichts anderes. Der damalige Polizeipräfekt, Maurice Grimaud, ein kluger und besonnener Mann, ließ Sartre nicht verhaften. Als ein Journalist sich darüber wunderte, entgegnete er: »Glauben Sie, ich bin so dumm, Sartre in den Arrest zu schicken?« In der Tat!... Seltsamerweise ließ die Menge erst beim Begräbnis des Philosophen seine närrische Dimension spontan wiederaufleben. Der Trauerzug verwandelte sich in eine Karnevalsmaskerade: Überall sah man geschminkte Gesichter, groteske Masken, Clownsnasen und absurde Verkleidungen. Manche entrüsteten sich über dieses Schauspiel, das sie geschmacklos fanden. Dabei wurde keine Ehrenbezeugung dem großen Ruhestörer, der da zur Ruhe getragen wurde, besser gerecht als diese.

Bernard Haller, ein Fachmann für Schelmenstücke und selbst ein genialer Narr, mit dem ich einmal über das Thema dieses Buchs sprach, erzählte mir eine Reihe von Anekdoten reinsten närrischen Stils. Ihr Urheber? Salvodor Dalí, der Meisterspötter. Dalí führte mich wiederum zum Surrealismus, dem als perfektes Beispiel subversiver Komik ein Platz in diesem Buch gebührt. Denn in vollem Bewußtsein und in Kenntnis der Sache haben die Dadaisten und später die Surrealisten ihr Domizil auf dem unsicheren Boden des Abnormen errichtet: Für die einen ein Ort ulkigen Schabernacks, für die anderen eine Stätte der Kreativität und Erneuerung der Formen. Wahrscheinlich wurden die äußeren Erscheinungsformen der Narrheit: Ungehörigkeit, Verkehrung und Zweckfreiheit, niemals so bewußt und wissenschaftlich in den Dienst eines Ziels gestellt. Die Absicht lautete: mit allen Mitteln den Umsturz des ästhetischen Konformismus herbeizuführen. »Provokation«, krächzte die beleidigte Akademiekunst. Aber diese Provokation nahmen die Surrealisten selbst für sich in Anspruch, und zwar nicht bloß als Methode der Zerstörung, sondern als Postulat, daß die Kunst anstößig sei. Verspottung und schöpferische Produktion führen denselben Kampf, der seine verschiedenen Darstellungsformen der verborgenen Seite der Dinge entlehnt: dem Irrsinn, dem Unsinn und dem Traum, der Kindheit, Erotik und dem Unbewußten... Indem Dalí seine Paranoia bis zum Übermaß theatralisierte, vereinigte er in seiner Person das gesamte surrealistische Delirium und wurde schließlich zu dessen lebenden Symbol (im Gegensatz zu Breton, der patriarchalischen, biblischen Gestalt). Unter der Maske des »genialen Possenreißers«, der mit jedem Wort, jeder Geste die spektakuläre Hypertrophie seines Ichs betonte, sprengte Dalí die Grenzen des logischen Denkens, das er durch seine »Methode der irrationalen Erkenntnis« (Eluard) ersetzte.

Ebenso wie Dalí hat auch Jacques Lacan, Surrealist durch seine Beziehungen zur Gruppe und seine ersten Schreibversuche in *Minotaurus*, eine persönliche Mythologie des Abnormen entwickelt, die er dazu noch dramatisierte und mit einem an Größenwahn grenzenden Sinn für Pomp in Szene setzte. Der Starruhm nährte sich hier gerade von der Ablehnung seiner Person. Lacan war zweifellos ein Possenreißer im vollen Sinn des Wortes. Während er einerseits das Lachen austrieb, führte er es andererseits in seiner verwüstenden, verheerenden Funktion als Katharsis wieder ein.

Der Abstand, der Lacan von den Normen des Redens und Handelns trennte, erhielt bei ihm unleugbar eine enthüllende Funktion. Catherine Clément vergleicht Lacan mit einem Schamanen vom Stamm der Jukuten im tiefsten Sibirien. Nach ihren Worten ist »der Schamane ein öffentlicher Spaßmacher«. Andere nennen Lacan den »Buster Keaton der Psychoanalyse«; das ist der ernste Clown mit der undurchdringlichen Maske, dessen zahlreiche äußere Absonderlichkeiten das Versagen provozieren, die *Differenz*, das Ausgeschlossensein aus der Gruppe betonen. – Soweit zum »öffentlichen Spaßmacher«. Bleibt noch die zeremonielle Form, in der Lacan seine öffentlichen Darbietungen (Kurse, Seminare, Kongresse) abhielt, die eng mit dem Ritual der Übertretung der Norm verschwistert ist. Wenn alle Bedingungen für den Auftritt des Meisters erfüllt waren, galt es nur noch, sie gleichsam durch einen Überschuß an heiligem Pathos zu überschreiten: die Sekretärin, die den Meister wie eine Dienerin den Großen Priester eskortierte, die Anwesenheit der Eingeweihten in den ersten Reihen, das inbrünstige Schweigen der Getreuen, die Exstase, die sie ergriff, und die hieratische Unbeirrtheit des Priesters, der die Messe zelebrierte, ... alles erinnerte absichtlich an den Kult irgendeiner unsichtbaren Gottheit. Aber der Hohn sollte auch den Meister selbst als *sujet-supposé-savoir* treffen. Beispielsweise erhob Lacan seine Stimme nie über ein schwaches Flüstern, das, trotz der aufgestellten Mikrofone, kaum zu den ersten Stuhlreihen im Zuhörerraum durchdrang. Dazu kam der fesselnde Kontrast zwischen seiner extrem langsamen Sprechweise und den »verschluckten« Silben (*j'vous l'dis ... j'men moque ...* usw.).

Zweifelsohne fand die Übertretung der Norm jedoch am vollkommensten im Vortrag selbst statt. Zunächst weil Lacan in seinen Reden die Respektlosigkeit und Provokation bis zum Äußersten trieb. Er hatte offensichtlich Vergnügen daran, seine Zuhörer durch eine Schocktherapie aus der Fassung zu bringen, indem er sie einem Wechselbad von Verführung / Enttäuschung oder genauer: Einbeziehung / Ausschluß aussetzte. Kennzeichnend für diese Sprechweise, die »profane Geister« oft der Esoterik bezichtigten, war auch (und sogar vor allem) die Verspottung. Indem seine mit Pausen und Leuchtfeuer gespickten Reden im wesentlichen auf »Sprachunfällen« (Versprecher, Verwechslungen, Fehler in der Wortwahl usw.) beruhten und ständig gewählte Ausdrücke und Alltagswörter, lyrische Passagen und Zotiges, Neologismen und Archaismen vermengten, stellten sie die geläufige Sprechweise radikal in Frage.

Diese ständige »Umleitung« des Seins und der Sprache schien um so trügerischer, als Lacan mit dem Unvorhersehbaren und Ungreifbaren spielte. Kaum glaubte man, den Sinn erfaßt zu haben, glitt er einem erneut wie ein Quecksilberkügelchen durch die Finger, war gleichzeitig da und fort. Catherine Clément schreibt: »Lacan tritt maskiert auf, aber selbst unter der Maske ist er nicht.«[166] Lacans paranoisches Delirium ähnelt der Sprache des Narren – des geistreichen, prophetischen, poetischen, tollen Narren. Obwohl er sprach, ohne jemals etwas zu sagen, drückten seine Worte mit ihren Entgleisungen und Sinnverdrehungen, die sich ständig entziehen, dennoch etwas Wahres aus: die Wahrheit des Narren.

»Sartre und Lacan sind tot, Dalí geht es auch nicht gut, die Chansonniers schwätzen nur, bleibt nur Jean-Edern Haller.« – »Ein schwacher Trost.« – »Sie sind aber streng!« – »Ich bin nur anspruchsvoll.«

»Dieser anmaßende, verrückte Haller scheint mir durchaus ein richtiger Narr, ein Narr der guten alten Schule. ... Hören Sie nur, wie er seine Schellen schüttelt, die ihn vom Zipfel seiner Kappe bis zu den Spitzen seiner Schnabelschuhe zieren, und wie er tanzt, stampft und Luftsprünge vollführt. Welch ohrenbetäubender Krach! Was für ein lärmender Gaukler ist dieser Papageno, der von einem Einfall zum nächsten hüpft und Dutzende von riesigen Seifenblasen erzeugt, die sofort wieder in der Luft zerplatzen! ... Und was für ein Faselhans obendrein! Ein Verführer und Scharlatan, wie es keinen zweiten gibt! Und geschäftig. Immer ist er da, wo man ihn gerade nicht erwartet hat, wie das Frettchen in dem Lied ›Es war gerade da, gleich wird es dort sein‹... plappernd und munter auf seinem tänzelnden Holzpferdchen, mit herausgestreckter Brust und in der Faust das Narrenzepter. Ist er nicht, sagt selbst, ein würdiger Nachfolger von Triboulet, Caillette, Brusquet, Chicot...«

»Hören Sie auf, um Himmels willen! Mir wird schwindlig.«

20. April 1982

Anmerkungen

1 Jean Baptiste Thiers, *Traité des jeux et des divertissements*, Paris 1686.

2 Es gibt noch weitere Zeugnisse der Großzügigkeit, die Philipp der Kühne bei ähnlichen Gelegenheiten bewies, vgl. *Inventaires mobiliers et extraits des comptes des ducs de Bourgogne de la Maison des Valois (1367–1477)*, Hrsg.: Bernard Prost, Paris 1902–1913, Band 1, S. 89–90.

3 Man erinnere sich an die Eselin von Balaam, auf der Jesus in Jerusalem einzog, sowie an den Esel von Bethlehem und an den, der die Jungfrau und das Kind bei der Flucht nach Ägypten trug.

4 *Dieser Tag ist ein Freudentag! Glaubt mir: jeder, der traurig ist, soll von diesen Feierlichkeiten verjagt werden! Jeder Anlaß zu Haß und Melancholie soll entfernt werden! Die, die das Eselsfest feiern, wollen nichts als Fröhlichkeit!* Nach dem *Office des Fous* und der *Messe de L'Ane* wurde eine Schallplatte des Vokal- und Instrumentalensembles von Georges Dufay aufgenommen (*Erato*, 1980).

5 Der lateinische Text dieses Briefs wird in Du Tilliots *Mémoires pour servir à l'histoire de la fête des fous*, 1741, S. 23–24 zitiert.

6 Diese Zeichnung trägt die griechische Inschrift »Alexamenos betet Gott an«. Sie könnte ebenso eine boshafte Karikatur wie das Glaubensbekenntnis eines sethischen Gnostikers darstellen, der Jesus Christus mit dem ägyptischen Gott Seth, der einen Eselskopf trägt, gleichsetzt. Bekanntlich wurden die ersten Christen von den Heiden beschuldigt, den Eselskopf anzubeten (vgl. Minucius Felix, *Octavius IX*). Nach Harvey Cox »ist es auch möglich, daß die Christen in den Katakomben sich der komischen Absurdität ihrer Lage tiefer bewußt waren, als wir heute annehmen. Diese bejammernswerte Ansammlung von Sklaven, elenden Gestalten und Armen dürfte das Groteske ihres Anspruchs bisweilen durchaus gespürt haben« (siehe *La Fête des Fous*, Paris 1971, Seuil, S. 167–168).

7 Rabelais, *Gargantua und Pantagruel*, Buch II, Kapitel 38, Übers.: E. Hegaur, München 1974, S. 389–390.

8 Erasmus von Rotterdam, *Das Lob der Torheit*, Übers. und Hrsg.: U. Schultz, Frankfurt a. M. 1979, S. 109.

9 Harvex Cox, *op. cit.*, S. 178.

10 Ebd.

11 Vgl. *Catalogue des Actes de François Ier*, Paris Imprimerie nationale, 1887–1908, Band VII, S. 270 und 280.

12 Michel Foucault, *Wahnsinn und Gesellschaft*, übers. von U. Köppen, Frankfurt a. M. 1977, S. 31.

13 Robert Klein, *La Forme et l'intelligible*, Paris 1970, Gallimard, S. 439.

14 M. Foucault, op. cit., S. 34.

15 Andere Autoren der Antike beschreiben den Narren als vollständig kahlrasiert. Nach Lucilius ließ man ihm nur eine Haarsträhne auf der Schädelspitze stehen, die so behandelt wurde, daß sie gerade abstand wie ein Federbusch. Die griechischen und römischen Spaßmacher werden stets als völlig kahlköpfig dargestellt (*mimus calvus*). Auch im christlichen Europa war es Brauch, die Schwachsinnigen und Verrückten zu scheren. Um 1357 schreibt Jean de Venette in seiner

Geschichte in Versform *Les Trois Maries: »Et pour lui plus encore confondre, / Tous les cheveux lui firent tondre, / Comme à un fol marquiçon / Ce fut par grant dérision«*.

16 Charles Leber weist auf eine merkwürdige Variante der Narrenkappe hin: Eins der berühmten Picarder Rebusse (Ende des 15. Jahrhunderts), die in der Bibliothèque Nationale aufbewahrt werden, stellt einen Narren dar, der auf seiner Kapuze, mitten auf der Stirn, einen erigierten Phallus trägt. Der Gelehrte erinnert auch daran, daß bei den Festen zu Ehren von Bacchus die jungen Männer mit phallischen Lederhörnern an dem Kopf durch die Straßen zogen und obszöne Lieder sangen. Dieser Brauch wurde *saltatio phallica* genannt. Obgleich Leber nicht der Ansicht ist, daß die gehörnte Narrenkappe auf diesen antiken Brauch zurückgeht, besteht zwischen den langen Eselsohren und dem Phallussymbol wahrscheinlich ein Bezug. Die Metamorphose des Lucius im Roman von Apulejus scheint mir in dieser Hinsicht bezeichnend zu sein.

17 Clément Marot, *Coq à l'asne à Lyon Jamet.*

18 Rabelais, op. cit., Buch II, Kapitel 45, S. 410.

19 Als Kuriosum sei ein erotisches Büchlein mit dem Titel *Le Grelot ou les etc. etc.* (1762) erwähnt, das die unterhaltsamen Mißgeschicke eines jungen Prinzen erzählt, der am Penis eine Schelle trägt.

20 Jean Savaron, *Traité contre les masques*, 1608.

21 Anzumerken ist allerdings, daß die Farbe Gelb, die im irdischen Leben mit so viel negativen Werten behaftet war, in der göttlichen Sphäre zum Attribut des Glaubens und des Geistigen wurde. Gelb war die Farbe des Goldes, des ewigen Lebens, die sich im Wappen des Vatikans mit dem Symbol der Reinheit, der Farbe Weiß verbindet. Bemerkenswert ist auch, daß der dem Wahnsinn zugeordnete Safran bei den Mönchen, die ja safrangelbe Gewänder tragen, ein Symbol der Weisheit ist.

22 R. J. M. Begeer, »Le bouffon Gonella peint par Jan Van Eyck«, in: *Ond Holland*, 1952, S. 125 ff.

23 *Chroniques de Gaguin continuées*, Bd. 2, F. 245, zitiert nach Canel, *Recherches historiques sur les fous des rois de France*, 1873, S. 282.

24 *Requeste au roy... par le S. de Vertau*, Paris 1605.

25 Bernard Prost, *Inventaires mobiliers et extraits des comptes des ducs de Bourgogne de la Maison de Valois (1363–1477)*, Paris 1902–1913, Leroux, 2 Bände.

26 Es gab noch einen dritten Triboulet, der gegen Ende des 15. Jahrhunderts einer der ersten professionellen Schauspieler war und wahrscheinlich ebenfalls eine gewisse Berühmtheit erlangte, denn um 1470 wurde er eingeladen, beim »Fest der Könige« aufzutreten. Außerdem nimmt man an, daß er die Figur des Meisters Panthelin in der gleichnamigen Posse geschaffen hat. Dieser Triboulet arbeitete einige Zeit mit einem Kollegen zusammen, der den Spitznamen »Maître Mouche« hatte. Beide werden als »joueurs d'apertise« bezeichnet, was nach Gustave Cohen bedeutet, daß sie Experten in der Taschenspielerkunst und gute Akrobaten waren. Es läßt sich aber nicht mit Bestimmtheit sagen, ob sie mit dem »escamoteur« (Langfinger), von dem Rabelais im XIV. Kapitel des *Pantagruel* spricht, und seinem »Leutnant und Brüderchen Triboulet« zu identifizieren sind.

27 Nach Arnaud d'Agnel, *Les comptes du roi René*, Paris 1908–1910, Alph. Picard, 3 Bde. Siehe besonders Bd. 1, S. 289, 298 und Bd. 3, S. 59–64.

28 Siehe A. Jal, *Dictionnaire critique de biographie et d'histoire*, 2. Aufl., Paris 1872, Artikel *Fous en titre d'office.*

29 R. Caillois, *Der Mensch und das Heilige*, Übers.: B. Weidmann, München 1988, S. 209.

30 »Galli autem, invenientes in hoc loco nomen *Fil*, et nescientes quid esset, pro eo substituerunt aliquid sibi magis notum *Fol*, quo stultus denotatur, qui nec in bello nec politica regni œconomia locum habere potest; nisi forte stulte imaginati fuerint Regis Joculatorem aut Mimum in hunc locum introducendum« (Thomas Hyde, *De Ludis orientalibus libri II, quorum prior historiam Shahiludii continet*, Oxford 1694, S. 77–78).

31 »Senex Nestoris personam gerens explorator est, qui vulgo *alphicus* dicitur. Reginae geminat cursum, gressum obliquans tanquam insidiator.« (Alexander Neckam, *De Naturis rerum*, Kap. *De Scaccis*, London 1863, S. 325).

32 Jean-Marie L'Hôte, *Les Tarots*, Paris 1978, Atlas.

33 In den Städten, die ihren eigenen besoldeten Narren hatten, wurden die herumziehenden Narren, die durchs Land zogen und von Almosen lebten, gerichtlich verfolgt. Im allgemeinen wurden sie ausgewiesen oder mit mehr oder weniger hohen Geldbußen bestraft. Für die Stadt Lille finden sich einige Beispiele in dem bereits zitierten Werk von Canel, op. cit., S. 37.

34 Möglicherweise lautet die verstümmelte Fassung dieses Spitznamens *Gringalet*. So hieß ein Spaßmacher des Hôtel de Bourgogne Anfang des 17. Jahrhunderts, ein Gefährte von Guillot-Gorju, den er seinen »Meister« nannte. In seinen *Contes et discours d'Eutrapel* (1585), Kap. XXIV., nennt Noël du Fail einen seiner Freunde ebenfalls *Gringalet*. Aller Wahrscheinlichkeit nach bezeichnet dieser Name einen volkstümlichen Typus mit bestimmten körperlichen Charakteristika.

35 Eine lesenswerte Studie über diese Feste ist das Buch von Joël Lefèbvre *Les Fols et la folie, Etude sur les genres du comique et la création littéraire en Allemagne pendant la Renaissance*, Paris 1968, (siehe besonders Kap. 1).

36 P.-L. Courier, *Deuxième lettre particulière*.

37 Ein *Prokurator* war im Ancien Régime ein Beamter, der mit den Funktionen der Staatsanwaltschaft an den Gerichten der Lehnsherren betraut war; er wachte über die Rechte des einzelnen Grundherren und über die allgemeinen Interessen der gesamten Lehnsherrschaft.

38 Claude-François Ménestrier, *Des représentations en musique, anciennes et modernes*, Paris 1681, S. 52. Nach Menestrier kommt die lateinische Redewendung *Plaustra injuriarum* (»Flüchekarren«) von diesen Gesangs- und Spottwagen.

39 Du Tilliot, *Mémoires sur la fête des fous*, Zweiter Teil, S. 66.

40 Siehe ebd. S. 110.

41 Ebd. S. 111.

42 Die anatomischen Wachsfiguren Dr. Spitzners befinden sich immer noch in Belgien; 1980 wurden sie vom Belgischen Kulturzentrum in Paris ausgestellt.

43 Martial, *Epigramme*, VIII. Buch, 13, Zürich–Stuttgart 1957, S. 296.

44 Erasmus von Rotterdam, op. cit., S. 30–31.

45 Homer, *Ilias*, II. Gesang, Vers 212 ff.

46 Erstes Buch Samuel, XXI, 13–16.

47 Seneca, *An Lucilius, Briefe*, V. Buch, 50, S. 397, in: *Philosophische Schriften*, Band III, Darmstadt 1974.

48 Diese Anekdote berichtet Sueton in seinem *Leben des Vespasian*, Kapitel XIX.

49 Nach Orderic Vital, *Historia Ecclesiastica*, hrsg. v. Leprevost, Bd. III, S. 99.

50 Die Urkunden sind abgedruckt in *Mémoires de la Société des antiquités de Normandie*, Bd. XV, S. 96, Koll. I und II.

51 Und nicht von Johann V., wie J. Trévédy irrtümlich behauptet. Vgl. »Fous, folles et Astrologues à la Cour de Bretagne«, in *Bulletin de la société archéologique du Finistère*, Quimper-Rennes 1891, S. 5 ff.

52 Das Verb *tribouler* findet sich u. a. bei Alain Chartier: »Aux bons, les adversités viennent et sont foulés et par fortune *triboulés*«, und bei Froissant: »En Angleterre, pour cette saison, ils étoient tout *triboulés* et en mauvais arroi«. Pasquier wiederum verwendet *triboule-ménage* für *trouble-ménage* (Ehestörer). Nach Ansicht einiger Autoren ist das Wort auf das lateinische *tribulus* (Distel) zurückzuführen, da der stachelige Distelkopf den Kopf des Narren symbolisieren soll. Andere meinen, daß *Triboulet* vom provenzalischen *Tribo*, frz. *trépan* (Schädelbohrer) kommt, der einst bei der Behandlung von Verrückten eingesetzt wurde. Aus *tribo* sei *tribounat*, *triboulat* entstanden, also »der mit dem Bohrer behandelt«. – Man denke auch an *Triboulat Bonhommet* (1887) von Villiers d'Isle Adam, eine Sammlung von fünf Novellen, deren gleichnamiger Held den materialistischen und engstirnigen Kleinbürger verkörpert. Schließlich sei noch darauf verwiesen, daß *Triboulet* nicht nur ein Spitzname, sondern auch ein Familienname ist. Jal weist mehrere Beispiele im 15. und 16. Jh. nach, und ein Minister der Fünften Republik hieß Raymond Triboulet. Nach Ansicht von A. Dauzat gehören *Tribout*, *Tribol*, *Triboul*, *Triboulot* und das abschätzige *Tribouillard* zu der gleichen Gruppe von Familiennamen.

53 Neben dieser Medaille hat Laurana von Triboulet ein Marmorrelief angefertigt, das sich heute im *Allen Memorial Art Museum* von Oberlin (Ohio, USA) befindet. Beide Darstellungen ähneln sich sehr, allerdings zeigt das Relief nur den Kopf des Narren. Eine Reproduktion findet man in Tietze-Conrat *Dwarfs and gesters in art*, New York 1957, S. 43.

54 Bonaventure Des Périers, *Les Nouvelles récréations*, 23. Kapitel. Diese Erzählung wurde von Charles Bourdigné imitiert, und zwar im 20. Kapitel seiner *Légende joyeuse de Maistre Pierre Faifeu, contenant plusieurs singularitez et véritez*, erstmals gedruckt 1526. Die vier Verse Des Périers gehen übrigens auf die berühmte Ballade von Clément Marot über den *Frère Lubin* zurück.

55 Vgl. *Les Cent nouvelles Nouvelles*, Kapitel LXII.

56 Vgl. Bonaventure Des Périers, *Les Nouvelles récréations* (68. Kapitel: *De maistre Berthaud, à qui on fit accroire qu'il estoit mort*).

57 Geoffroy wird in der Aufstellung der Ausgaben und Einnahmen erwähnt, die für den König vom 12. Juli 1316 bis zum 1. Januar 1317 getätigt wurden. Der entsprechende Absatz lautet: »Für ein dreiteiliges Gewand von Meister Geoffroy, den Narren.«

58 Guillaume Bouchet, *Les Serées*, Hrsg.: C. E. Roybet, Lemmerre 1873–1882, Bd. V, S. 51.

59 Dreux du Radier, *Récréations historiques, critiques, morales…*, Paris 1767, Bd. I, S. 1. Diese Behauptung hatte schon dreißig Jahre früher Legendre de Saint-Aubin aufgestellt, *Traité de l'opinion, ou mémoires pour servir à l'histoire de l'esprit humain*, Paris 1733, 6 Bände.

60 Shakespeare, *Was Ihr wollt*, III. Akt. 1. Szene, in: *Sämtliche Werke*, Band IV, Berlin/Darmstadt 1955, S. 40.

61 Siehe dazu den hervorragenden Artikel von Pierre Darmon: »Autrefois les nains«, in *L'Histoire*, Nr. 19, Januar 1980, S. 48–57.

62 Vgl. *Sommaire traicté du revenu et despense des finances de France, ensemble les pensions de nos seigneurs er dames de la Cour, ecrit par Nicolas Rémond, secrétaire d'estat, 1622*. Im Gegensatz zu der Datierung ist hier das Budget von 1620

wiedergegeben. Der *Sommaire* ist veröffentlicht in *Variétés historiques et litté-raires*, Hrsg.: Paris 1856, Fourier, Bd. VI, S. 85–130.

63 Boileau, *Satire I*, Vers 109–112.

64 Ronsard, *Œuvres Complètes*, Hrsg.: Laumonier, Paris, Bd. XI, S. 127. Weitere Attacken gegen die Dummheit der Narren findet man im *Passavant* von Thédore de Bèze, Hrsg.: Lisieux, Paris 1875, S. 34, 38, 180.

65 Brantôme, *Œuvres Complètes*, Hrsg.: Lalanne, Paris, Bd. III, S. 343. Das Epitaph selbst hat man in Ronsards Werken nicht gefunden, vermutlich befand der Dichter es für unwürdig und hat es nicht aufgenommen.

66 Der Dichter Antoine de Cotel hat zu demselben Anlaß ein ähnliches Sonett geschrieben, das aber weniger gelungen ist:

> Thulène et son état sont éteints d'un coup, sire;
> Toutefois, s'il vous plaît, encore est-il en vous
> De les faire revivre; il est d'assez de fous
> Et trop de demandeurs pour vous faire encor rire.
>
> Entre un poète et un fou, il y a peu à dire:
> Chacun d'eux est moqué et se moque de tous;
> L'un est souvent dépit, l'autre est prompt à courroux;
>
> Chacun d'eux dit et va où son plaisir le tire.
> L'un porte un gai chapeaux, l'autre des bonnets verts;
> Chacun aime son chant; l'un jaloux de ses vers,
> L'autre de sa marotte on ne saurait défaire.
>
> Ils diffèrent pourtant d'un seul point en vivant:
> Car l'on dit que fortune aide aux fous bien souvent,
> Et qu aux poètes elle est quasi toujours contraire.

67 François Ogier, *Apologie pour Monsieur de Balzac*, Paris 1627, S. 100–101.

68 Jean Duvignaud, *L'Acteur, Esquisse d'une sociologie du comédien*, Paris 1965, S. 47.

69 *The Works of the learned Sir Thomas Browne*, 1686, Trc. XIII, nr. 9.

70 Diese Gemälde sind im Prado aufbewahrt, eine Reproduktion findet man in dem oben zitierten Werk von Tietze-Conrat, S. 41. Außerdem sei daran erinnert, daß Velasquez eine Serie von sechs Porträts der spanischen Hofnarren für die Königsresidenz *Buen Retiro* anfertigte. Von den vier erhaltenen Gemälden befinden sich drei im Prado und das vierte im *Cleveland Museum of Art*. Vgl. José-Lopez Rey, »On Velasquez' portraits of jesters at the Buen Retiro« in *Gazette des Beaux-Arts*, April 1981, S. 33–36.

71 Le Duchat, der im 18. Jahrhundert der Verleger Rabelais war, leitet zwar *Seigni* von lat. *senex* (Greis) ab, doch erscheint uns die Erklärung von La Monnoye zutreffender, die er in seinem Kommentar zur XLI. Erklärung von Des Périers vorlegt: »Das Wort *Seigni* bedeutet im Dialekt von Rouergue *Seigneur*, was die Vermutung zuläßt, daß *Seigni Johan* aus Rouergue stammte und von dort nach Paris gebracht wurde.«

72 Rabelais, op. cit., Buch II, Kapitel 37. Die Urfassung dieses Richtspruchs geht auf Jean André zurück, einen Rechtsgelehrten aus dem 14. Jahrhundert, der 1348 gestorben ist. Demnach stammt die Geschichte vom Seigni Johan aus der Zeit der Regentschaft Philipps von Valois oder seines Vorgängers.

73 In der Stadt Avranches lebte ein Jean Michon, der 1394 die Funktion des Henkers innehatte. Man erzählt, daß er in Mortain ein Schwein aufhängte, das formell zum Galgen verurteilt war, weil es ein Kind getötet hatte. Abgesehen von

dieser närrischen Geschichte besteht aber kein Zusammenhang zwischen dem Henker und unserem Narren.

74 Vgl. Henri Sauval, *Histoire et recherche des antiquités de la ville de Paris*, Paris 1724, Bd. I, S. 331, Bd. III, S. 34. Nach Meinung des Domherrn Muller (*Senlis et ses environs*, 1896, S. 86) handelt es sich nur um die Kopie eines prachtvolleren Monuments, das in St. Germain-l'Auxerrois erbaut wurde und das Werk des Bildhauers Jean de Liège sein soll.

75 *Poeta Regius* heißt übrigens *Dichter des Königs* und nicht *Narr des Königs*, wie Ménage behauptet: »*Poeta regius*, en bon françois, signifie le fou du roi (…) A ce compte, Faustus Andrelinus, qui prenoit tout ensemble la qualité de *Poeta regius* et *Regineus*, étoit le fou du roi et de la reine.« *Menagiana*, 1729, Band III, S. 183.

76 »Jean-Favre Versoris, Benediktinermönch, Abt von Saint-Jean-d'Angely und Beichtvater des Herzogs von Guyenne, vergiftete ihn in Saint-Sever mit einem Pfirsich, zusammen mit der Herrin von Chambes-Monsoreau, der Mätresse des Fürsten und Witwe von Louis d'Amboise, die sich den Pfirsich mit ihrem Liebhaber teilte. Der ruchlose Mörder wurde in dem hohen Turm, in den ihn der Herzog der Bretagne hatte sperren lassen, vom Blitz erschlagen.« Dreux du Radier, op. cit., nach den *Annales d'Aquitaine* von Jean Bouchet, 4. Teil, S. 277–278.

77 Nach Le Duchat kann der Spitzname Caillette nur von den kleinen hirnlosen Wachteln kommen. »Daraus kann man schließen, daß die Pariser in Hinblick auf die simple Gemütsverfassung der Wachteln *caillettes* genannt werden, was aber nur für die *badauds* zutrifft, die niemals etwas anderes als die Glockentürme dieser Großstadt gesehen haben.« Für Monnoye dagegen kommt der Spitzname von »den Eingeweiden des Kalbs, Lamms oder Schafs (die dazu dienen, die Milch gerinnen zu lassen); deshalb wurden die Einfaltspinsel verächtlich *caillettes* genannt«. Andere wiederum meinen, der Name sei dem Wappen der Cauchois entlehnt, die man seit dem 15. Jahrhundert scherzhaft *caillettes* nannte. Das könnte darauf hinweisen, daß unser Narr aus der Provinz Caux stammte. Fest steht, daß das Wort schon zu Lebzeiten des Narren abschätzig verwendet wurde. Marot schrieb 1515, man dürfe ihn gerne *caillette* nennen, wenn er sich jemals verlieben würde. Und Théodore de Bèze sagt in seinem *Passavant* zum Präsidenten Lizet: »Wenn du so sprechen würdest, dann würden sich sogar alle deine Kollegen an der Sorbonne über dich lustig machen und über eine *caillette*.« Und schließlich sei ein Absatz aus der *Satyre Ménippée* zitiert, der die erste Vermutung über die Ableitung des Namens stützt: »Nicht ohne Grund nennen uns die anderen Nationen *caillettes*, da wir herausgeputzte (und also weibische) Wachteln den Sprüchen der Kanzelredner und Professoren nur allzu leicht glauben und nur zu schnell den Tyrannen ins Netz gehen.«

78 Bonaventure Des Périers, *Les Nouvelles récréations*, 2. Kapitel »De trois folz, Caillette, Triboulet et Polite«.

79 Joël Lefèbvre, op. cit., S. 20.

80 Erasmus, op. cit., S. 17.

81 Siehe Anmerkung 78.

82 Jean Marot, *Le Voyage de Venise*, Kritische Ausgabe von G. Trisolini, Genf 1977, S. 127–128.

83 Bonaventure Des Périers, op. cit. (98. Kapitel: »De Triboulet, fol du roy François premier, et ses facétieux actes.«) Der italienische Erzähler Domenichi berichtet dieselbe Anekdote, ohne dabei Triboulet zu erwähnen, in seinen *Facetie e Motti arguti di alcuni eccellentissimi ingegni*, Florenz 1548.

84 Allerdings schreibt Othon Melander (*Jocorum atque seriorum… centuriae aliquot*, 1602) diese Äußerung dem Narren von Leopold, Herzog von Österreich, zu. Der Kommentar des Narren soll sich hier auf den Plan beziehen, in drei Schweizer Kantone einzufallen.

85 Rabelais, op. cit., Buch III, Kap. 38, S. 393.

86 Ebd., Buch II, Kap. 45, S. 410–411.

87 *Als Narr habe ich gelebt und wurde von den Königen nur als solcher geliebt. Könnte ich doch nun der Narr Jupiters, des höchsten Königs werden.* (Leider ist das Wortspiel zwischen *Morio*, Narr, und *Morior*, ich sterbe, im Deutschen nicht wiederzugeben.)

88 Clément Marot, *Chant de Folie de l'origine de Villemanoche.*

89 Pasquier, *Recherches de la France*, S. 675.

90 *Catalogue des Actes de François Ier*, Paris 1887–1908, Imprimerie nationale, 8. Band, S. 267 und 280, 3. Band, S. 741.

91 Ebd., 8. Band, S. 287 und 290.

92 Der provenzalische Gelehrte Raimbault hat in den Archiven des Départements Bouches-du-Rhône sowohl die Bestallungsurkunde zum Garderobenmeister als auch das Protokoll des Amtseides gefunden, den Brusquet bei seiner Ernennung vor Louis de Ronsard ablegte, »dem Ratgeber und Palastmeister« des Thronfolgers und Vater des Dichters Pierre de Ronsard. Beide Urkunden, die vom 23. und 24. Juni 1542 datieren, wurden 1548 veröffentlicht, vgl. Raimbault, *Jean-Antoine Lombard dit Brusquet, viguier d'Antibes en 1548*, Paris 1905. Nebenbei sei bemerkt, daß das Amt des Garderobenmeisters, wie alle anderen, die mit dem Haus des französischen Thronfolgers verbunden waren, seinen Träger von der Salzsteuer, von Anleihen, Wegegeld und anderen Abgaben befreite.

93 »Brusquet« heißt im provenzalischen Dialekt »Hornisse« (lat. *bruscum*); gleichzeitig bezeichnete es ein Kästchen aus Kork, in dem man Salz aufbewahrte (siehe Mistral, *Trésor du Félibrige*, zum Wort »Brusquet«). Das Pseudonym könnte also eine Anspielung auf das *Salz* oder die *Würze* der Aussprüche des Narren sein. *Bruquet* nannte man auch kleine bissige Hunde, z. B. den Mops von Dimanche im *Don Juan* von Molière: »Knurrt Euer kleiner Hund *Brusquet* immer noch so laut und beißt er immer noch die Leute, die zu Euch kommen, in die Waden?« fragt Don Juan seinen Gläubiger (IV. Akt, 3. Szene).

94 Wenn diese Anekdote nicht von Brantôme stammt, hat Brusquet sie aus einer Sammlung von Streichen, die Gonella, dem Narren des Fürsten von Ferrara, zugeschrieben werden. Das Bändchen wurde von Reynaldo von Mantua korrigiert, ergänzt und unter dem Titel *Facecie del Gonella, composte per Maestro Francesco, dicto maestro Reynaldo di Mantua* (Bologna 1506) veröffentlicht.

95 Eine Kopie der von Heinrich II. ausgestellten Urkunden, in denen Brusquet zum Landrichter der Stadt Antibes eingesetzt wird, findet sich in dem oben zitierten Werk von Raimbault, op. cit., S. 10–12. Brusquet war außerdem »Hausmeister und Hüter des königlichen Palastes und der Munition von Marseille«, trat aber dieses Amt am 29. Juli 1547 an einen gewissen Mathieu Everard ab (siehe *Catalogue des Actes de Henri II*, Paris 1979, Imprimerie nationale).

96 Merkwürdigerweise findet man in den Notizen von Antoine Lancelot alle vier Schreibweisen auf demselben Blatt in derselben Handschrift (Nationalbibliothek, Akqu. Nr. 9739, Fol. 192).

97 Die Originalbeschreibung der Kette befindet sich in den Rechnungsbüchern der königlichen Schatzkammern (vgl. Jal, op. cit., S. 61).

98 Mit einem Eselsschwanz, um die Furche zu pflügen und zu bepflanzen. Eine ähnliche Geschichte erzählt Tallement des Réaux, nur geht es hier nicht um Elisabeth, sondern um Katharina von Medici, und das Bonmot spricht Bassompierre aus: »Die Königinmutter sagt: ›Ich liebe Paris so sehr und ebenso Saint-Germain, daß ich einen Fuß da und den anderen dort haben möchte‹. ›Und ich‹, sagt Bassompierre, ›ich möchte in Nanterre sein, das liegt in der Mitte‹.« (*Historiettes*, Paris, Pléiade, Band 1, S. 601).

99 Jedenfalls kommt das Wort *siblot* vom lateinischen *sibilus* (Pfeifen, Zischen).

100 *La Satire Ménippée*, Verlag Charles Labitte, Paris 1874, S. 108: »Harangue de Monsieur le recteur de Roze«, (»Ansprache des Rektors Roze«).

101 Agrippa d'Aubigné, *Confession du sieur de Sancy*, in *Œuvres*, Pléiade, S. 626.

102 Pierre de L'Estoile, *Mémoires-Journaux*, Paris 1875–1896, Band II, S. 117.

103 *Perroniana, Editio secunda*, Köln 1669, S. 50.

104 Vgl. Pierre de l'Estoile, op. cit., »Bouffonneries de Chicot«, Band XI, S. 153–154.

105 Im Gascogner Dialekt bezeichnet das Wort *chic* einen Gegenstand, der nicht viel Wert hat, und das spanische *chico* heißt »klein«. Im Französischen hat sich das Wort *chicot* als Bezeichnung für einen Baumstumpf oder Zahnstummel erhalten.

106 *Correspondance de Marie de Médicis*, Band II, S. 246. Der Brief wird zitiert von J. Mathorez, »Historie de Chicot, bouffon de Henri III«, in: *Bulletin du bibliophile*, 1914, S. 243.

107 Brantôme, *Œuvres Complètes*, op. cit., Band V, S. 257, siehe auch die *Mémoires* von Mergey für das Jahr 1572, Panthéon littéraire, S. 270, und A. d'Aubigné, *Histoire universelle*, Hrsg.: Société de l'Histoire de France, Band III, S. 321.

108 Jacques Auguste de Thou, *Histoire universelle*, London 1734, Band VI, S. 401.

109 Dieses in Romanform verfaßte Pamphlet stammt von Arthus Thomas, Sieur d'Embry. Es erschien das erste Mal ohne Angabe des Erscheinungsdatums und -orts (Pierre de l'Estoile gibt als Erscheinungsdatum das Jahr 1605 an, op. cit., Band VIII, April 1605). Im 17. und 18. Jahrhundert erfuhr dieser »Roman« mehrere Neuauflagen.

110 P. de L'Estoile, op. cit., Band V, S. 167–168.

111 Agrippa d'Aubigné, *Confession du sieur de Sancy*, Buch II, Kap. 1: »Dialog zwischen Mathurine und dem jungen Perron«, (*Œuvres*, Pléiade, S. 626).

112 Pierre Colins, *Histoire des choses les plus mémorables advenues en l'Europe depuis 1130 jusques à notre siècle*, 2. Aufl., Tournai 1643, S. 728–729.

113 *Journal de Jean Héroard sur l'enfance et la jeunesse de Louis XIII*, Hrsg.: Soulié und Barthélemy, Paris 1868, Firmin-Didot, Band I, S. 56, 69, 226, 263, und Band II, S. 4.

114 Die *Perroniana* nennt ihn Le Marchand, während er sich in *Voyage de maistre Guillaume en l'autre monde* folgendermaßen vorstellt: »Maistre Guillaume, Kaufmann aus Louviers, Sohn des Guillaume Marchand, Apotheker« (S. 9).

115 P. de l'Estoile, op. cit., Band VI, S. 219–220.

116 Sigogne, *Œuvres satyriques complètes*, Hrsg.: Fleuret und Perceau, Paris 1920, S. 38.

117 *Discours de M. Guillaume et de Jacques Bonhomme, paysan, sur la deffaicte de 35 poules et le coq, faite en un souper par trois soldats*, 1614, S. 9.

118 *Evangiles des quénouilles, faictes en l'honneur et exaulcement des dames.* Spruchsammlung aus dem 14. Jh., die sich im 16. Jh. großer Beliebtheit erfreute.

119 Louise Bourgeois, genannt Madame Boursier, *Récit véritable de la naissance de mes seigneurs et dames les enfants de France, avec les particularitez qui y ont esté*, Paris 1609.

120 Vgl. Jean Héroard, op. cit., Band I, S. 69–70, 88, 195–196, 198, 218, 368–369, 394–395; Band II, S. 100.

121 Paris 1612, 72 Seiten.

122 Diese *Commandements* wurden von Le Duchat im Anhang zu den *Aventures du baron de Faeneste* neu aufgelegt, Amsterdam 1731, S. 280–283.

123 *La Réponse de Maistre Guillaume au soldat françois, faicte en présence du roy à Fontainebleau, le huictième septembre mil six cens quatre*, 1604, 57 Seiten, mehrere Auflagen.

124 *Le Triomphe de Maistre Guillaume contre la victoire du soy disant Soldat François*, 1606, 23 Seiten.

125 *Maistre Guillaume rendu, soldat par nécessité, depuis le bruit de la guerre*, 16 Seiten.

126 *La maladie de M. Guillaume, morfondu au voyage de l'autre monde, revenant de voir Monsieur son bon amy*, Paris 1612, Fleury Bourriquant, 15 Seiten.

127 *Advis de M. Guillaume, nouvellement retourné de l'autre monde, sur le sujet de l'Anticoton, composé par P. D. C. c'est à dire Pierre du Coignet, jadis mort, et depuis n'a guéres ressuscité*, 1611, 68 Seiten.

128 *Le Tombeau de l'Anticoton, mis à mort par Maistre Gullamue, sur la dispute de leurs escrits*, Paris 1611, 12 Seiten.

129 *Rencontre de M. Guillaume et d'un messager de fortune, parlant des affaires de ce temps*, 1620, 16 Seiten.

130 *L'Estonnement de Maistre Guillaume sur le changement de la Cour*, 1624, 12 Seiten.

131 *Le Grand triomphe de Maistre Guillaume sur les affaires de ce temps*, Rouen, Jacques Besongne, 1617, 8 Seiten.

132 *Le Voyage de Maistre Guillaume touchant le marquis d'Ancre*, Paris 1617, Jean Sara, 8 Seiten.

133 *Les Articles des cayers généraux de France, présentés par Maistre Guillaume aux Estats*, Paris 1615, 15 Seiten.

134 *L'Alphabet moral de Maistre Guillaume, addressé aux françois pour leur servir d'instruction du temps qui court*, Lyon 1616, Guichard Failly, 13 Seiten.

135 »Et les bons tours d'Angoulevent/Valeran emprunta souvent/Pour faire la sauce à ses farces«. *Le Désert des muses*, S. 66.

136 Julien Peleus, *Les Plaidoyez*, Paris 1614, F. Huby.

137 Der Originaltext dieses Urteils steht in: Félibien, *Histoire de la ville de Paris* 1725, Band V, S. 44. Näheres über diese Affäre findet man in der *Histoire du théâtres françois* der Brüder Parfaict (1734–1749), Band II, S. 41 ff. Furetière berichtet, daß es noch mehr als 50 Jahre nach dem Veschwinden des Narrenfürsten im Hotel de Bourgogne eine Loge gab, die man die »Loge von Angoulevent« nannte.

138 Héroard, op. cit., Band I, S. 227, 228, 387; Band I, S. 81.

139 *Discours sur l'apparition et faits prétendus de l'effroyable Tasteur. Dédié à Mesdames les poissonnières, fruitières et autres, qui se lèvent du matin d'auprès de leurs maris. Par Angoulevent*, Paris 1613, Nicolas Martinaut, II–10 Seiten IV, Neuabdruck in *Var. hist. et litt.* Paris, Verlag Fournier, Band II, S. 37–47.

140 *Les Satyres bastardes et autres œuvres folastres du cadet Angoulevent, sieur d'Angoulême*, Antoine Estoc, Paris 1615, III–172 Seiten. Dieser Sammelband enthält 168 unsittliche Stücke. Nach Odier legte sich Estoc den Namen des

Narrenfürsten zu, um sich »von der Verantwortung für ein schlechtes Buch zu befreien«.

141 *L'Archi-sot, Echo satyrique (...)*, 1605, 8 Seiten. Neuabdruck in *Var. hist. et litt.*, Verlag Fournier, Band VII, S. 37–52.

142 »A haute voix s'escriant bien et beau / A! mes amis, voyez ce maquereau! / Il est venu débucher ma femme.« *La surprise et fustigation d'Angoulevent, poëme héroïque adressé au Comte de Permission par l'Archipoëte des pois pilez*, Paris 1603; Neuabdruck in *Var. litt. et hist.*, Band VII, S. 81–91.

143 Das Verb *engouler* oder *engoler* (von *gula*, frz. gueule, Maul), das aus dem 12. Jahrhundert stammt, bedeutet *in den Mund stecken, schlucken*. Furetière erwähnt es noch im 17. Jh. im Sinne von: »alles auf einmal hinunterschlucken«. Er fügt jedoch hinzu, das »dieses Wort veraltet ist und nur noch spaßhaft verwendet wird«. *Engoulevent* heißt also wörtlich *Windschlucker* und bezeichnet eigentlich einen Vogel der Sperlingsfamilie, der nach Insekten schnappt. Angoulevent ist einer, der mit offenem Mund dasteht, die Zeit vertrödelt, ein Tölpel – von daher der Spitzname des Narrenfürsten.

144 Vgl. Margaret Mc Gowan, *L'Art du ballet de Cour en France (1581–1643)*, Paris 1978, S. 67. Die Autorin berichtet auch, daß Guérin im *Ballet de la Boulangère* (1617) sich selbst darstellte.

145 Pierre de L'Estoile, op. cit., Februar 1610.

146 1620 lebte Guérin noch, denn er wird im April dieses Jahres als einer der Gläubiger der verstorbenen Königin erwähnt, die eine Schätzung des Besitzes verlangten. Das Protokoll der Besichtigung und Schätzung des berühmten Palais in der Rue de Seine ist nachzulesen bei: Charles Duplomb, *L'Hôtel de la reine Marguerite*, Paris 1881, Léon Willem.

147 *Archives Nationales*, K 199, Fol. 13 v.

148 Malherbe, *Œuvres complètes*, Hrsg.: L. Lallane, 1862–1869, Band III, S. 249–250.

149 Margaret Mc Gowan, op. cit., S. 107.

150 Vgl. Tallement des Réaux, op. cit., Band I, S. 336.

151 Ebd., Band II, S. 797–798.

152 Ebd., Band I, S. 339.

153 Brief vom 18. März 1678.

154 Jean Loret, *La Muze historique, ou recueil de lettres en vers*, Paris 1857–1891, Band I, S. 465.

155 Zitiert von Pierre Darmon in *Le Mythe de la procréation à l'âge baroque*, Paris 1981. Der Originaltext wurde als achtseitiges Bändchen unter folgendem Titel veröffentlicht: *Arrest notable de la Cour du Parlament de Grenoble, donné au profit d'une Demoiselle, sur la naissance d'un sien fils, arrivé quatre ans après l'absence de son mary, et sans avoir eu cognoissance d'aucun homme, suivant le rapport fait en ladite cour par plusieurs médecins de Montpellier, sages-femmes, matrones et autres personnes de qualité*, Paris 1637.

156 Pierre Darmon, op. cit., S. 108.

157 Ebd., S. 112.

158 Vgl. Tallement, *Historiettes*, op. cit., Band I, S. 61–62, dessen Bericht von Guy Patin bestätigt wird. P. Darmon (op. cit., S. 107–108 und 112) bezeichnete das Urteil ebenfalls als einen Schwindel, ohne jedoch den Urheber zu benennen.

159 *Menagiana*, Paris 1729, Band I, S. 18; Band II, S. 205; Band III, S. 53.

160 *Délices de la poésie galante*, Erster Teil, 1665, S. 232.

161 Die *Maranzakiniana* wurden im 19. Jahrhundert von Philomneste Junior neu herausgegeben; Paris, Librairie des bibliophiles, 1875.

162 Brief an Horace Walpole vom 15. Juli 1768, in Voltaire, *Œuvres*, Paris 1878, Garnier, Bd. XLVI, S. 80.

163 Voltaire, *Das Zeitalter Ludwigs XIV.*, Kapitel XXV, Leipzig 1885, S. 432.

164 Ich danke Roselyne Laplace, die ihre Doktorarbeit über Boutet de Monvel schrieb, daß sie mir diesen Auszug aus seinem unveröffentlichten Manuskript überlassen hat.

165 Georges Balandier, *Le Pouvoir sur scènes*, Paris 1980, Balland, S. 88.

166 Catherine Clément, *Vies et légendes de Jacques Lacan*, Paris 1981, Grasset, S. 63.